SHOUHU
DUNHUANG

守护敦煌

敦煌石窟保护与建筑艺术研究

DUNHUANG SHIKU BAOHU YU
JIANZHU YISHU YANJIU

孙儒僩————————著

甘肃文化出版社
甘肃·兰州

图书在版编目（CIP）数据

守护敦煌：敦煌石窟保护与建筑艺术研究 / 孙儒僩
著. -- 兰州：甘肃文化出版社，2025.4. -- ISBN 978-
7-5490-3011-8

Ⅰ. K879.214

中国国家版本馆CIP数据核字第2025HL5122号

守护敦煌：敦煌石窟保护与建筑艺术研究

孙儒僩 ｜ 著

责任编辑 ｜ 史春燕
封面设计 ｜ 马吉庆

出版发行 ｜ 甘肃文化出版社
网　　址 ｜ http://www.gswenhua.cn
投稿邮箱 ｜ gswenhuapress@163.com
地　　址 ｜ 兰州市城关区曹家巷 1 号 ｜ 730030（邮编）

营　　销 ｜ 贾　莉　王　俊
电　　话 ｜ 0931-2131306

设计制版 ｜ 兰州大雅文化艺术有限公司
印　　刷 ｜ 西安国彩印刷有限公司
开　　本 ｜ 889mm×1194mm　1/32
字　　数 ｜ 220 千
印　　张 ｜ 10.875
版　　次 ｜ 2025 年 4 月第 1 版
印　　次 ｜ 2025 年 4 月第 1 次
书　　号 ｜ ISBN 978-7-5490-3011-8
定　　价 ｜ 78.00 元

目录
catalogue

杂记篇

保护篇

莫高窟壁画保护的若干问题

　　莫高窟现存 492 个石窟（北区没有造像的洞窟不在此数之内），保存着约 45000 平方米壁画。这些壁画上起十六国，下止元代，上下绵延 1000 多年，历史悠久，内容丰富，是我国历史文化艺术的珍宝。这些艺术珍品能保存到今天，除因地处偏僻，还有赖于敦煌地区气候干燥这一有利条件。在历史长河中，壁画经受了多种自然和人为因素的影响，损坏严重。为了使敦煌壁画尽可能长远地保存下去，除了研究壁画的制作方法及制作材料之外，还应调查石窟内外大气的温度、湿度、日照、通风等自然因素，认识壁画保存的客观条件及病害产生的原因。下面是我对壁画保护有关问题的粗浅认识。

一、自然环境与壁画保存

　　莫高窟位于敦煌盆地的边沿，在三危山与鸣沙山之间，石窟坐西向东，南区窟前为大泉沟一级台地，宽 150 米～200 米，石窟开凿在台地西侧的陡岩上，陡岩系第四纪酒泉系砾石层，高 15 米～20 米，是石窟开凿的集中区域。砾石层表面风化严重，用手触摸即行散落。但在石窟内部，因为受气候的影响较小，砾石层表面开凿洞窟时锤凿痕迹犹新，说明这种砾石层的耐候性还是比较好的。

敦煌地处河西走廊西端，坐标位置在北纬 40°，东经 94° 49′，莫高窟海拔为 1320 米～1380 米，地处荒漠戈壁腹地，离敦煌县城 25 公里，小区域气候与敦煌相似。根据我 1962—1965 年间的观测，年平均温度 10℃，最低-2℃。年平均相对湿度约 35％，年风速 4 米／秒，以西南、东北风为多，集中在夏秋二季。年平均降雨量 20 毫米～35 毫米，而蒸发量高达 4200 多毫米。降雨量的稀少在全国是少见的。敦煌全年降雨日数平均不足 20 天。连续两三个月干旱无雨是常有的。1939—1940 年，曾有连续干旱无雨的日数长达 207 天的记录[①]，是很特殊的。敦煌地区是典型的大陆性气候，它的特征是温差大、雨量少而蒸发量大，这样的气候是莫高窟文物能长期保存的得天独厚的自然条件。

二、洞窟内部的温湿度

在莫高窟了解洞窟内的温湿度是十分必要的。1964 年，我曾对第 161 窟（最高层小窟）作了为期一年的观测，全年平均相对湿度仅 16％，最高为 47％，最低仅 3％。观测方法为每 10 天记录 1 天，每天 3 次，10 天观测一次带有一定的偶然性，这对准确性有一定的影响。此外对第 161 窟（石窟平面 15.7 平方米）、第 98 窟（下层大窟，平面 215.86 平方米）每两小时记录一次，连续观测 1 天。窟内平均温度：第 98 窟为 20.03℃，第 161 窟为 22.1℃。第 98 窟最高为 22℃，最低为 17℃，日较差 5℃。13 时～21 时温度稳定在 21℃～22℃，21 时至次日凌晨 5 时温度稳定在 18.5℃左右，仅在晨 7 时降至 17℃，日变化曲线是相对稳定的。石窟外的温度最低为 11.5℃，最高为 29.5℃，日较差高达 18℃，反

映出沙漠干旱气候的特点。第 161 窟面积较小，窟内温度变化较大，最
低 20℃，最高 28℃，仅在 11 时出现一次，其余各次在 20℃～24℃。石
窟外的平均温度只比窟内高 0.4℃，变化幅度很大，最低为 15℃，最高
为 28.5℃，窟内的日较差为 8℃。第 98 窟内部平均相对湿度 29.4%，
一昼夜观测 13 次，仅晨 7 时一次相对湿度上升到 78%，其余 12 次大
都在 30% 以下。第 161 窟内部平均湿度为 33.9%。晨 7 时～11 时上升
为 76%～84%。其余 11 次观测，相对湿度大部分在 30% 以下（图1、
图2）[②]。

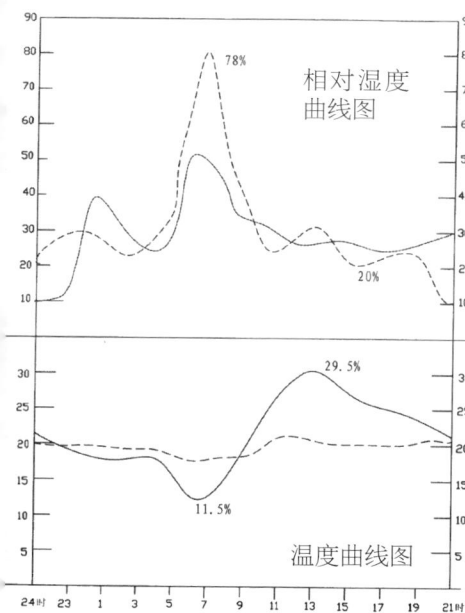

图1　第161窟　晚唐　　　　　图2　第98窟　五代

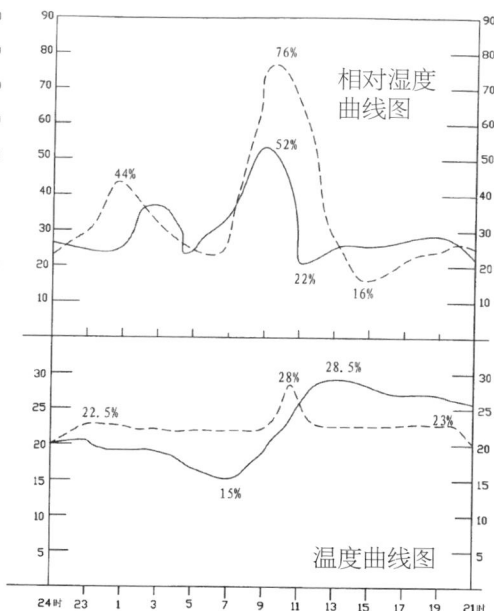

说明：

时间：1962 年 9 月 4 日 21 时至 9 月 5 日 21 时

仪器：阿斯曼通风干湿表

观测：马载涛　马竞驰

图例：洞窟外……洞窟内——。

　　以上两窟的相对位置差别较大和面积悬殊。在相同的外部大气条件下，窟内的相对湿度相差不大，但因为第 161 窟面积较小、较浅，随洞窟外部气候而波动，壁画因干燥，普遍产生严重的起甲病害。第 98 窟虽然相对湿度比第 161 窟低，但洞窟既大又深，后半部洞窟的壁画严重酥碱，而引起这种病害的主要原因是潮湿。为什么气候如此干燥，洞窟内却会潮湿呢？这与洞窟内通风不良和洞窟位置低有直接关系。据粗略调查，莫高窟共有酥碱壁画 677 平方米，发生在下层的有 505 平方米，占酥碱壁画总面积的 74.6％。而在下层中有酥碱病害的洞窟又基本上集中在第 22 窟至第 108 窟一段位置较低的洞窟内。这是由于洞窟地势低，洞窟外灌溉渠道的水分向窟内渗透；再加上通风不良，洞窟内部的空气基本处于静止状态，造成窟内局部潮湿，致使壁画严重酥碱。

　　再据我们长期观测分析，莫高窟北魏第 254 窟、251 窟及南北大像窟除有一个窟门外，窟门上部还有一个或几个明窗，其他洞窟只有一个门洞。根据建筑物理的常识，当一间房屋只有一面开口时，室内空气的对流是比较困难的，内部空气的流通只能依靠建筑物内外的温差引起空气交换，石窟的情况也是这样，但这种流动是有限的。中小型洞窟缓慢的自然通风，对于保持洞窟内温湿度的相对稳定是非常必要的，而且是有益的。莫高窟大部分洞窟基本保持完好就可以证明这一点。莫高窟第85、98、108窟这一类洞窟面积大，甬道深，地势低，中华人民共和国成立前，窟外还有木构窟檐，通风不良是产生病害的主要原因。此外，20世纪50年代发掘的第50—54、第467、第469、第470—474、第480—484窟等，这些洞窟都是被后期建筑物完全封闭，壁画已经严重酥碱，起甲剥落。

三、洞窟的日照

莫高窟窟群坐西向东，每年春分、秋分前后，上午7时许，阳光射入洞窟，11时阳光不再射入洞窟，洞窟内的日照时数约4小时。当阳光进入洞窟后，窟内温度随之迅速升高。仍以第98窟、161窟为例。1962年9月4日21时～5日21时的记录中，第98窟上午7时～11时温度升高5℃，第161窟7时～11时温度升高6.5℃，13时温度又下降4℃，这是一天中温度变化最大的几个小时（图3）。阳光进入

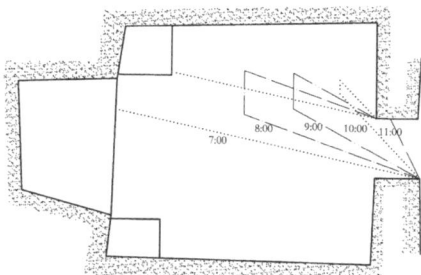

莫高窟第258窟春风秋分日照图

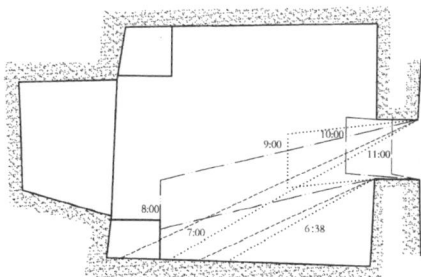

莫高窟第258窟夏至日照图

图3

洞窟后温度随着上升，相对湿度却迅速下降。第 161 窟由于温度的上升，相对湿度由 76％下降到 16％，壁画每天经受这种剧烈的湿度变化，是导致壁画严重龟裂起甲的重要因素。当然，这一过程是相当缓慢的，已经持续进行了 1100 多年。除引起洞窟升温干燥外，日光对于这种视觉艺术的基础——颜料涂层的破坏也是十分明显的。莫高窟地区空气干燥，空气透明度大，紫外线强，洞窟内正对窟门迎着光的一壁，壁画变色比较显著。背光的一壁，如第 321、329、322、220 窟东壁变色情况明显比别的壁面轻。第 220 窟四壁是从宋初壁画下剥出来的初唐贞观十六年（642 年）壁画，各壁都保存完好，变色也不严重。东壁上部几身菩萨身上的朱砂、石绿，色泽饱和，鲜艳如新，主要是因长期隔绝阳光、空气的结果。第 328 窟龛内塑像及各壁西夏壁画保存得完好，变色不严重，这是因为 20 世纪 50 年代以前该窟外有一低矮破旧的窟檐，正面有一个很小的气窗，窟内非常阴暗，不借助人工照明，就什么也看不见。可见，保持洞窟内部的低照明，对于保护壁画颜料的色泽有极重要的作用。石窟内的光照，是我们在保护工作中应予充分重视的问题。

四、关于壁画变色与褪色问题

壁画的变色与褪色，虽没有列入病害的统计范围，但实际上变色与褪色是一种严重的慢性病，对壁画的长期保存来说是一种隐忧。变色和褪色是两种不同的现象。壁画变色是颜料在光和其他因素的长期作用下，由一种色相变为另一种色相，使原来鲜明、强烈的色调变得晦暗、模糊。敦煌各时代壁画都存在程度不同的变色。隋、初唐、盛唐、宋元时期最为严重，例如第 419、420、321、335、205 等窟壁画除石青、石绿、赭石、白色外，其他颜色几乎都变成程度不同的深棕、棕黑色调。如第 329 窟龛顶壁画颜料变色之后色调沉着，显现出古香古色的高雅色调。但部分变色严重的壁画，色调暗淡，形象模糊，已不便于观赏和研究，减弱了壁画的艺术效果。近年来，经化工部涂料研究所分析，壁画中大量的深棕、棕黑在衍射中呈明显的二氧化铅（PbO_2）物相，同时还出现较弱的铅丹（Pb_3O_4）物相的衍射峰[3]，足以说明色度不同的深棕、棕黑是由铅丹经长期氧化而转化成的二氧化铅。第 220 窟甬道新发现的五代壁画，画面使用大量铅丹颜料，可以证明这一点。关于壁画变色，在第 263 窟内可以看到极为有趣的现象。第 263 窟原是北魏石窟，西夏时重抹泥层作画，大约 40 年前有人剥去西夏泥层，北魏壁画便重见天日，这些壁画色彩鲜艳，线条清晰。北魏绘制的壁画经历了约 600 年的封闭，经过约 840 年又重新剥露出来，现在看见的可以说是八百多年前壁画的状态。壁画中人物的肌肉部分是一种肉红色，边沿部分是更红一些的肉红色边框。鼻梁部分用纯白色表示高光部位，形成人体的立体感。同一窟中没有被隐蔽的部分，肉红色变成灰色，边沿变成黑框，白鼻梁和白眼仁依然呈白色，人物造型线条也没有了，这就是常见北魏壁画变色后的千佛"脸谱"。上面已经提到过的第 220 窟唐贞观壁画及甬道上后唐同光的壁画保存的情况，充分说明壁画变色是光照引起的光化学作用所造成的。这些情况表明如第 220 窟这一类壁画今后可能会继续变色。所以，严格控制洞窟内的光照是保护壁画，使其延缓变色绝对必要措施。

　　壁画褪色现象是颜料色泽饱和度降低、色泽的鲜明程度和相互之间的对比减弱后的结果。特别是壁画上的墨书题记，墨描人物的五官、手脚、衣物纹饰的线条、轮廓会褪色模糊，甚至完全消失。其中晚唐壁画墨色的消退特别明显，曾有人误认为敦煌这些壁画为"没骨画"。
1941年，张大千先生在第251窟南北壁上的两条墨书题记，南壁一条
约22字，现在仅有3个字可以辨认。1941年至今不过43年，时间并不
长，但在放大镜下可以看出是小片状的风化剥落现象。古代壁画的褪
色也是一种缓慢的表层风化。壁画的表层风化，实质是颜料和胶质材
料的老化。任何物质都存在老化问题，这是自然规律。在莫高窟特定的
自然条件下，这些珍贵的壁画大多保存了千年以上，这已经不是易事。
如何防止或减缓这种风化过程，延长它的艺术生命，是我们文物保护工
作者迫切需要考虑的问题。

五、文物保护预防措施

近30年来，我们对壁画的起甲、酥碱、大面积脱落等病害进行了
治理。由于人少、工作量大，至今还有不少未经修整的洞窟，但危险性
大的洞窟已经进行了抢修。随着我们人力的不断加强，若干年后，一些
明显的病害终会抢修完毕。今后保护工作的重点是保护的预防措施：
1.进一步深入研究壁画保存的主客观因素，人为地创造一个最佳的保
护环境，加强旅游管理，防止人为的损伤。2.为防止壁画风化、褪色、
龟裂、起甲，给壁画喷涂一次黏结剂，适当提高壁画的表面强度。这一
想法是从洞窟内一种偶然现象中得到的启示。各个时代石窟建成之后，
善男信女在佛龛上燃灯供佛，燃灯的油流到龛下的壁画上，造成油渍
污染。污染较轻的地方，没有随油渍下流的炭黑，只有一层已经固化的
油渍，颜色已经老化发黄，但油渍遮盖下的壁画，保存较好，线条清晰，
形象完整，只是色彩较暗，但壁画的强度较高。透过这一现象，可以设

想，在壁画上喷涂一种耐老化、无色、透明的保护涂料，使壁画具有较强的耐光、耐摩擦、耐风化等方面的性能。甬道两侧的壁画应该提前实施绘制。材料的选择要经过反复试验，取得若干数据后方可应用。俗话说"防病胜于治病"，在确保文物安全的前提下开展壁画保护的预防治理，是应该提到日程上的科研课题。

（原载《敦煌研究》1985 年第 2 期）

【注】

① 敦煌气象站编：《甘肃省敦煌农业气候志》第 26 页。

② 图 1、图 2 由马竞驰同志提供，谨此致谢。

③ 徐位业、周国信、李云鹤：《莫高窟壁画·彩塑无机颜料的 X 射线剖析报告》，《敦煌研究》1983 年创刊号，第 187 页。

榆林窟的
病害及保护

　　榆林窟亦名万佛峡，在甘肃省安西县西南 76 公里的山谷中，石窟开凿在榆林河东西两岸的陡壁上，河水由南向北蜿蜒奔流在两岸石窟之间，夏秋两季岸边榆杨成荫，环境清幽，是当地群众的游憩胜地。石窟创建于初唐、盛唐时期，[①] 经中唐、晚唐、五代、宋、西夏、元代及清代兴建，现存 41 个洞窟，其中东崖上层 19 个，下层 11 个（图 1、图 2）。西崖仅有1层 11 个洞窟（图 3），以五代和宋代的洞窟居多，保存壁画约5000 平方米，与莫高窟同属一个艺术体系，是敦煌石窟艺术体系中重要的组成部分。中唐时期的第 25 窟，西夏时期第 2、3、4 窟等，内容丰富，技巧娴熟，反映出该时代绘画的杰出成就，是我国古代壁画艺术中难得的珍品。

　　榆林窟是第一批全国重点文物保护单位之一，石窟从创建至今已有一千二三百年的历史，在漫长的岁月中，在自然因素和人为活动的影响下，石窟岩体逐渐风化开裂，窟内塑像倒塌，壁画酥碱、起甲、剥落等多种病害发生，威胁着石窟及其艺术作品的安全。近 30 多年来，我们在榆林窟曾做过一些保护工作，如填塞第 25、17 窟窟顶戈壁上的两条大冲沟，支顶加固了第 33—36 窟悬空的岩体。在大部分洞窟中加固

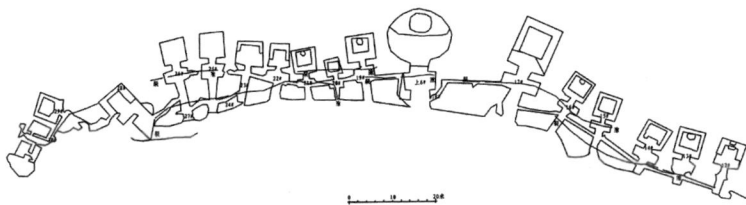

图 1　榆林窟东崖上层洞窟平面图

图 2　榆林窟东崖下层洞窟平面图

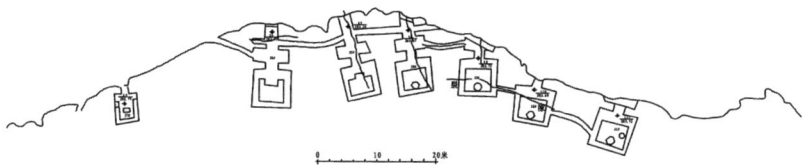

图 3　榆林窟西崖部分洞窟平面图

过剥落壁画的边沿，以及修复过若干洞窟的起甲壁画。这些应急抢修措施都起到了一定的保护作用，但未能从根本上解除隐患。榆林窟地处偏僻之地，交通不便，要进行系统的加固维修确有困难。现在各方面的条件有所改善，特别是道路交通的改善使榆林窟加固工程的进行已有了可能性。近年来我们曾多次对榆林窟进行勘察，现将病害情况及保护情况报告如下。

一、榆林窟的自然状况②

（一）地形地质

安西县在河西走廊的西端，地处祁连山北麓的山前地带，榆林窟附近是起伏不平的沙丘和丛山。榆林河发源于肃北蒙古族自治县境内的野马山，水源主要由野马山冰川和日常降水补给，由源头向北流，经戈壁渗入地下，过石堡城后与渗出地表的泉水汇集成溪，再北流约45公里至榆林窟。河床长期受河流下切侵蚀，榆林窟河谷两岸形成陡壁，为开凿石窟提供了理想的地形和地质条件。

本地区第四纪沉积层分布于榆林窟附近的丘陵平原地带，从老到新依次为下更新玉门系砾石层及上更新酒泉系砾石层。玉门系砾石层见于河床中，主要为钙质胶结层，较坚实。开凿石窟的陡壁为酒泉系沙砾层，由5毫米~30毫米的砾石组成，孔隙中多5毫米以下的沙粒。这种地层由于地层重力作用，沙粒中又富含泥质，缓慢地形成坚实稳定的地层，因为没有经过地质构造的变动，因此还保持原沉积时的水平层次。这种地层的壁立性、整体性都很好，看似酥松，却很坚固。它由砾石沙粒组成，开凿石窟之后，不能形成光洁平整的表面层，无法进行精雕细刻的加工，因此才选择了壁画、塑像的艺术表现形式。我国内地石窟大多数开凿在砂岩或大理岩上。榆林窟、莫高窟及其附近的几处石窟均开凿在酒泉系地层上，这是河西地区石窟的地质特点之一。

（二）地震

榆林窟南约 1 公里处有榆林河水电站，根据中国科学院兰州分院地球物理研究所为电站提供的资料，电站地区地震烈度定为 7 度。榆林窟与电站相去不远，又属同一地层，可参照此资料。另据有关资料，1927 年 5 月 23 日，震中在古浪县，烈度达 8 度，莫高窟曾受到影响。1932 年 12 月 25 日，震中在玉门昌马堡，烈度达 10 度。1952 年 1 月 23 日，震中在三危山中。[③]后两次地震震中距榆林窟不足 100 公里。1988 年 11 月至 12 月，距安西稍远的肃南县及临泽县相继发生 5.7 级、5.1 级及 4.7 级地震。1989 年 2 月 23 日至 26 日，安西县和玉门昌马之间发生了 15 次小地震活动[④]，同年 3 月 3 日至 4 日，再次发生小震丛集现象。根据地震部门分析，在河西祁连山地震带近年连续发生 5 级左右地震的形势下，有可能发生更大的地震。榆林窟在此严峻的地震形势下，石窟整修加固是当务之急，以确保石窟文物的安全。

（三）气候及水文

榆林河流域的气候特点是：降水量小，蒸发量大，四季多风，气候干旱，多年平均降水量仅 59 毫米，而蒸发量高达 1540 毫米。多年绝对最高气温为 35.5℃，绝对最低气温为 -30.4℃，冬夏温差大，每年 4 至 9 月平均气温在 8.5℃ 至 22℃ 之间，年平均风速 2.9 米／秒，最大风速为 21 米／秒，东风居多。榆林河年平均流量为 1.74 立方米／秒，月平均流量变化幅度不大，但因山区气候特点，每年6月、7月、8月常降暴雨，暴雨之后随即发生山洪，来势很猛，流量很大。据调查1911年农历六月初一发生山洪，推算流量为350立方米／秒，是百年一遇的大洪水。根据观测和估算，1964年最大洪峰流量为310立方米／秒，榆林窟第6窟（大佛窟）进水，窟内水深约2.2米，水位与现在河床高差约5米。榆林河河床纵坡约15／1000，流速很大，洪水期间浊流滚滚，有力地冲刷着西崖下部的崖脚，第31—36窟下部已被冲蚀内凹2.5米，上部岩体已呈负坡状，第31、32窟前室以外部分的坍塌与水的冲刷有直接关系。

二、石窟围岩的病害状况

（一）岸边裂隙——与崖壁走向相平行的裂隙（表1）

榆林窟河谷宽约70米～100米，东西两岸高约20米，崖面陡峻几呈垂直状态，东岩开上下两层洞窟，下层从第1窟到第11窟，分布在长约350米的崖面上，第1窟在第2窟以北相距约210米，第2至11窟比较集中。上层从第12窟到第30窟，比较均匀地分布在长约170米的一段崖面上，从第12窟到第26窟，崖面外表比较完整，并无严重的风化破碎现象（图4、图5）。但窟内在甬道、前室、主室的顶部及两侧壁上有1条或3条平行于崖面的岸边裂隙。南起第12窟向北至第30窟的范围内，共有长短不一的8条裂隙，第一条裂隙贯通了第19—26窟，裂隙长约60米，距崖壁外沿3米～10米，下层第2、3、4窟内均有裂隙，是受同一裂隙的影响所致。此条裂隙在第26窟北侧外崖面上露头显著，裂隙从地面直达崖顶成垂直状。第26窟前甬道顶及两侧壁上裂隙面比较破碎，缝宽2厘米～3厘米，开口宽约10厘米，缝内无填充

物及渗流泥水的痕
迹。2 号裂隙在第
20—26 窟之间，长
约 40 米，南端在
第 20 窟至第 21 窟，
范围长约 15 米，属
前沿第一层裂隙，
距崖壁外沿 4 米，
此裂隙在第 21 窟
前室向北延伸与 1
号裂隙相交。从第
22—26 窟长约 28
米的一段裂隙属
第 2 条裂隙，距离
1 号裂隙 5 米～6
米。第 3 号裂隙经
第 15、16、17 窟前

图 4　榆林窟东崖第 18—第 23 窟崖壁上的大小冲槽

图 5　榆林窟西崖第 31—第 36 窟崖壁上的冲槽

室及第 6 窟上层前室与第 1 号裂隙相交于第 19 窟前室，裂隙长约 60 米，
距崖壁外沿 6 米～8 米。第 4 号裂隙起于第 12 窟南侧，经第 13、14、
15、16 窟，止于第 17 窟，裂隙长约 55 米，距崖壁外沿 2 米～4 米。第
12 窟前甬道顶部裂隙开口约 10 厘米，裂隙外的壁画已开裂，一侧已经
剥落，从破裂处可看见裂缝中填塞了几根直径约 3 厘米的木棍，木棍外
侧再抹草泥壁画地仗。这一现象说明这一裂隙在开凿石窟前早已形成，
是原生的裂隙。上述 1—4 号裂隙大都在洞窟前甬道或前室之间的通道

上。这种横向的洞窟间通道比洞窟开凿的时代为晚。通道的开凿削弱了岩体的整体性，通道离岸边 2 米 ~ 10 米，位于岸边重力剪切作用较大的范围内。岸边裂隙的产生是内因和外因共同作用的必然结果，是石窟保护的严重隐患。

表 1　榆林窟石窟围岩病害调查表

病害名称	病害位置（窟号）	病害状况
岸边裂隙	2、3、4、6、10、11、12、13、14、15、16、17、19、20、21、22、23、24、25、26、28、29、32、33、34、35、36、38、39、40	裂隙与崖壁走向平行，并与地面垂直，窟内前甬道、前室及主室中可见 1 道或 3 道裂隙，第 1、2 道距崖壁前沿 2.8 米
纵向裂隙	3、10、17、20、22、26、32、33、34、35、36、38、39、40	裂隙与洞窟纵轴相平行，并与地面垂直，见于洞窟前甬道，前室或主室中部
错落危岩及危石	26、2 窟北、38—39 窟之间 15—16 窟之间 35—36 窟之间	裂隙切割而成孤立危岩、危石
冲槽	12 窟南、17 窟北、28 窟前 30 窟左右、31 窟南、37 窟北	洞窟上戈壁雨后径流沿崖边下流冲刷成槽，切割岩体。中、小冲槽未计

　　西崖共 11 个洞窟（图 3），分布在约 480 米长的崖壁上，其中第 31—36 窟比较集中，在南端离河床约 13 米的岩壁上，此段的下部崖脚因受水流的长期冲蚀，第 31、32、33 窟前室以外全部坍塌；第 32、33 窟主室顶及南北两壁又出现裂隙，裂隙距崖壁外沿 4 米 ~ 8 米；第 34 窟南侧前甬道与第 33 窟之间老通道外侧已坍塌，现尚存通道痕迹，原

通道坍塌后又从前室另开了通道，新通道的顶部又出现了新的岸边裂隙。第33窟主室北壁中部裂隙处，从1964年6月22日安装的裂隙观测标记看，没有裂隙扩大的迹象。第38、39、40窟居半岩之上，窟前有大体积的风化砾石堆，第38窟前室顶部有纵横裂隙，但不甚发育。第39、40窟前室及主室顶部均有岸边裂隙，但距崖壁外沿约8米。石窟之间的间隔又比较大，石窟围岩处于相对稳定状态。

（二）垂直于崖壁的裂隙（表1）

此种垂直于崖壁、平行于石窟轴线的裂隙，在第3、10、17、20、27、32、33、34、35、36、39、40窟等石窟中都有发现，断续出现于石窟前甬道和主室的顶部，但不甚发育。垂直裂隙从崖壁外沿向窟内延伸2米~5米即闭合，裂隙宽1毫米~5毫米，裂隙的两侧无破碎现象。此种裂隙大约出现在开凿洞窟之后，岩体内应力重新分布，甬道及前室中部应力集中形成次生裂隙，一般对石窟安全无大的威胁，只是裂隙边沿两侧的壁画多有脱落，应予注意。

（三）危石

第26—28窟之间，窟外有一块错落崖体（高12米、宽14米、厚约3米）与母体完全分离，其中的裂缝宽20厘米~30厘米；但体积较大，又呈内向倾斜状态，虽不致崩塌，但应防止其继续风化。第15、16窟上部岩壁边沿顺裂隙露头部分（图6），均有危石，应予清除或加固。西崖第36、35窟外上部岩体为岸边裂隙所切断，裂隙上达崖顶，崖体较薄，摇摇欲坠。第38—39窟之侧有一大块断裂岩体（图7），体积很大，在外力作用下一旦崩塌，虽不影响石窟安全，但有可能塌入河道内，阻塞

图 6　榆林窟西崖第 16 窟上部危崖

图 7　榆林窟西崖第 38—39 窟之间的危岩

河道，引起其他问题。东西崖顶的斜坡部分岩体组织较为疏松，雨雪之后，卵石经常坠落。榆林窟东岩下层洞窟的窟檐被下坠的石块砸得千疮百孔，有的已完全被砸毁。这种砾石已危及下面建筑及行人安全，应进行处理。

（四）冲沟和冲槽

东西崖顶部是平坦的戈壁，每当雨雪之后，水分经砾石空隙渗入洞窟；若遇较大的雨水，在渗透之外，雨水还在地面汇集成水流，将平坦的戈壁冲蚀形成宽窄深浅不等的冲沟，在崖壁边沿下落水流把崖体冲蚀成垂直的沟槽（图4、图5）。东崖第28窟前的冲沟切入崖体深约6米，冲毁了第28窟中心柱前的崖体。在第29、30窟南北30多米的范围内有4条冲槽把崖面切割得支离破碎。第17窟北侧的冲槽深入崖面5米，直达地面。在第17窟与第28窟两大冲沟之间，每隔6米、7米有深入崖体1米～2米的中等冲槽。中等冲槽之间每隔1米、2米又有小冲槽，崖壁边沿状若锯齿，崖头上的斜坡被冲蚀成为波状起伏的倾斜面，严重风化而剥落，经常有砾石坠落。第31—37窟南北约120米的范围内共有4条较大的冲槽，切割崖体，直接影响石窟的安全。敦煌西千佛洞及新疆克孜尔石窟也因冲沟、冲槽的侵蚀，严重危害石窟安全，这是非常难以治理的。十多年前，我们前后填塞了第26、17窟窟顶上的两条大冲沟，共约4000立方米，并在距崖壁边沿约50米处开挖了排水沟，这对堵截戈壁上的水从窟顶上的冲沟里流下起了一定作用。但顶部尚有排水防渗的许多未尽事宜，而崖顶部的冲沟还有待处理。

（五）窟内顶部壁画剥落及岩体风化（表2）

东西崖大部分洞窟顶部的岩体厚仅5米~10米，雨雪之后，水分缓慢下渗，溶解岩体中的盐类，随水分的下渗，盐类富集在窟内顶部，使洞窟顶部壁画剥落和岩体风化坍塌。东崖上层共20个洞窟（包括第6窟大佛窟上层），除少数几个小型洞窟外，其余洞窟的主室、前室、前甬道顶部壁画极少有保存完整的，少的剥落约30%，多的几乎全部剥落。壁画剥落后的岩体接着被风化而坍塌。东崖第26、17窟前甬道的顶部已坍塌得不成样子。西崖第31窟主室的顶部严重风化，西南角及顶部已风化成洞穴。第6窟（大佛窟）窟高约26米，顶部壁画剥落百余平方米，残存壁画亦摇摇欲坠，情况相当危急。

表2　窟顶壁画剥落统计表

窟号	剥落壁画面积(平方米)	占窟顶面积之比（%）	窟号	剥落壁画面积(平方米)	占窟顶面积之比（%）
2	23	50	22	36	82
3	6	10	23	36	100
4	7	15	25	59.5	88
6	85	50	26	47	70
12	12	21	28	13	57
13	8	13	31	35	80
14	15	24	32	25	24.6
15	19.64	33	33	5	11
16	10.8	19	34	13	28

续表

窟号	剥落壁画面积(平方米)	占窟顶面积之比（%）	窟号	剥落壁画面积(平方米)	占窟顶面积之比（%）
17	97	72	35	17	34
18	1.6	60	36	17	30
19	46.7	68	38	2	3.6
20	12.1	44	39	18	23
21	25	55	40	23.5	46

共 28 窟，窟顶总面积 1753.5 平方米，剥落壁画 712 平方米，占窟顶总面积 41%。

三、其他病害

（一）洞窟之间的横向通道

榆林窟东崖上层第 12—30 窟，西崖第 31—36 窟均开凿在陡崖中部，距地面高约 12 米～14 米，洞窟之间的交通是依靠洞窟内的横向通道，通道开凿在洞窟内的前室或前甬道之间。从一些迹象分析，通道最早可能开凿于五代时期。在开凿这些横向联系的通道之前，榆林窟上层洞窟如何联系，有否类似莫高窟之间的木结构栈道，不得而知，因为现存洞窟崖壁上没有任何安装梁椽孔洞的痕迹，仅在第 5 窟窟檐顶崖壁上有一段长约 2 米的石凿登道，与上下、左右均无相连的通道痕迹。榆林窟在唐、五代时期之间洞窟崖壁外层可能有一次大面积的崩塌，把原来崖壁外表及有关的人工痕迹完全塌毁了（现在第 26 窟下第 2 窟北侧还可以看到一片原约 3 米的错落岩体似可证明）。但东崖上层第 14、16 窟和西崖第 35、36 窟前甬道口凿出重层边沿，这是洞窟口的一种简单的装饰处理。这种完整的边沿似可说明榆林窟外崖壁没有严重的风化与坍塌。如果这一点属实，那么榆林窟建窟初期的唐、五代时期，洞窟之间的交通是如何解决的就颇为费解，还需进一步研究。现存的洞窟内通道曾多次变动。东崖第 26 窟至第 23 窟在前室之间凿有通道，后来又将第 25 窟前甬道外端两侧的小窟（南侧编号为第 24 窟，北侧小窟为漏编洞窟）凿通，北侧与第 26 窟相连，南侧与第 23 窟前甬道相连。第 6 窟（大佛窟）上层前室原来的甬道在前室南北壁上，元代将通道封闭，并在封闭的墙上画供养人像；另凿通道绕行洞窟外面，为了与向南的通道相连，将小窟第 18 窟东南壁凿通成为通道，使洞窟受到破坏。北端第 30 窟也被凿为通道。西崖第 31、32、33、34、35、36 窟之间也有洞窟内的横向通道，第 31、32、33 窟因前室以外的部分已经坍塌，又改在第 32、33 窟主室北壁上开凿了通道，既破坏了洞窟的完整性，又凿损了很多壁画。

洞窟内横向通道的开凿，既方便了交通，也有利于窟内的通风，这是横向通道的有益之处；但通道的开凿又削弱了岩体的整体性，使石窟存在严重的安全隐患。东崖第 12—30 窟之间总长 170 米，在 20 个洞窟内，岸边裂隙都沿着通道发展，第 23—24 窟在前室、前甬道之间有前后两重通道，而此处的前后两重岸边裂隙也适位于通道上，可见裂隙的形成、发展与通道的开凿是有因果关系的，随着时间的推移，岸边裂隙将顺着横向通道继续发展，在一定的外力作用下，有可能对石窟产生较大的破坏，应考虑通过岩体加固予以防范。

（二）窟前附属建筑

榆林窟因处于两岸峡谷之间，环境较小，东崖下有一片狭窄的带状

土地，已辟为林地和菜地，仅在第 2 窟至第 11 窟之间约 3000 平方米的
范围内是榆林窟的建筑地带，在第 2、3、5、6、10、11 窟等窟前有清代
修的窟檐，窟前有山门、土塔、门楼、观音阁等土木建筑，因环境局促，
建筑规模也较小。如第 5 窟前的观音阁及南侧的门楼，实际只能说是一
种建筑模型，造型别致，小巧玲珑，在荒凉的山谷中，是颇为生动的点
缀。但这批建筑因常年失修，有的已经残破，有的濒临倒塌，洞窟前呈
现出一派残破凄凉的景象。整修这些窟前建筑，既能起到保护石窟的
作用，又能改善榆林窟的环境，所费不多，作用不小。

四、石窟加固整修的设想

如前所述，榆林窟东西崖石窟存在岸边裂隙和冲沟的切割破坏，此
地区地震活动又比较频繁，近期内适当地对石窟进行加固维修，可消除
隐患，增强抵御外力影响的能力，使珍贵的石窟艺术品得到妥善而安全
的保护，并流传千古。对榆林窟的加固维修，我们有以下几点设想：

（一）用喷锚工程措施加固岩体

榆林窟加固工程可资借鉴的工程，其一是 20 世纪 60 年代竣工的
莫高窟加固工程。这项工程是根据莫高窟的地质及病害特点，采用了
重力挡墙及梁柱支顶的工程措施。此项工程竣工已 20 多年，工程和洞
窟均完好无损，对防止石窟和危崖坍塌是有效的；但它的缺点是很大程
度上改变了石窟的自然外貌，工程量大，造价也高。

其二是 20 世纪 80 年代竣工的麦积山加固工程。它采用较先进的
锚杆加固裂隙、钢筋网喷射混凝土封护岩体、粘托支顶危岩，以及裂隙

灌浆等综合工程技术，加固效果良好，既消除了严重的裂隙隐患，又基本上达到了"修旧如旧"的外观要求。榆林窟各方面的情况均不同于麦积山，能不能采用加固麦积山的工程技术是需要试验来证实的。1987年3月，甘肃省文化厅委托甘肃省第五建设公司在榆林窟现场试验，在砾石层岩体上钻孔，注浆，埋设锚杆，并进行锚杆张拉及钢筋混凝土悬臂梁的荷载试验。锚杆和悬臂梁试验结果均很理想，锚固技术完全可以用于榆林窟加固工程。为保证锚杆在裂隙处不被锈蚀，锚固之后尚应对裂隙作灌浆处理，但榆林窟的裂隙在窟内，有的地方尚有壁画，需要再做防止漏浆污染壁画的试验。

（二）平整窟顶戈壁和铺设水泥方砖，以便排水防渗

第 17、28 窟顶上原来的两条大冲沟已填塞，但没有进行平整及防渗排水处理，疏松的戈壁雨后饱含水分，除蒸发外，水分缓慢下渗至窟顶。拟将平整东西崖窟顶，铺设水泥方砖，使其有 1%～2% 的坡度把水排向相反的方向，汇流入离窟区较远处的排水沟，再排入榆林河。此项工程所费不多，但效益是显著的。

（三）新建窟外栈道，改进石窟管理

前面已经提到，榆林窟上层洞窟的内通道使用起来的确又安全又方便，但不便于石窟的日常管理。将来一旦开放石窟，因为通道在石窟前室或前甬道之间，观众参观洞窟，一进入通道即可顺通道进入任何洞窟，人为破坏因素大增。为改变这种状况，在窟外崖面连通窟口建栈道，改窟内交通为窟外交通，每个洞窟均安装窟门，便于分别启闭管理。外栈道虽对石窟外观稍有改变，但它是防止人为破坏的必不可少

的有效措施。栈道的结构、形式、色彩应与石窟外观相协调。

（四）加强壁画的维修保护

鉴于榆林窟壁画病害的严重性，几十年来我们曾做过剥落壁画边沿的加固以及酥碱起甲壁画的维修，但终因人力不足，当地条件所限，只能突击抢修。目前榆林窟已经设立了管理机构，希望能逐步增设保护人员，把壁画保护纳入石窟保护的议事日程。估计不久后，可将病害壁画初步维修完毕。

作为全国重点文物保护单位的榆林窟，一直受到各级政府的重视，目前榆林窟的加固维修已提上议事日程，并已按上述设想进行了工程设计，不久将付诸实施。

（原载《敦煌研究》1990 年第 3 期）

【注】

① 在 1961 年公布的第一批全国重点文物保护单位名单中，称榆林窟的建窟时代为北魏至元，经再次查勘认为，榆林窟的建窟时代最早为初唐或盛唐时期。

② 本节中有关地形、地质、气象、水文的部分资料摘自安西县水电局《榆林河水电站初步设计报告书》（未刊）。

③《莫高窟加固工程地质勘察报告》（未刊）。

④ 酒泉地区地震办公室：《酒泉地区 1989 年下半年震情趋势意见》。

莫高窟石窟
加固工程的回顾

　　1962 年 8 月，文化部"敦煌莫高窟考察组"在莫高窟考察期间，了解到石窟严重病害的情况后，决定进行石窟加固工程。同年 11 月 20 日，文化部在致甘肃省文化局的文件中提到："关于崖壁加固工程，文化部党组已报请总理拨给经费和材料，设计施工由铁道部指定单位担任"，由此揭开了莫高窟大规模加固工程的序幕。1962 年 11 月—12 月的严冬季节，勘测队伍[①]在莫高窟进行地质调查及测绘工作，1963 年春夏进行加固方案论证及施工设计[②]，同年 6 月施工队伍[③]进入莫高窟施工现场，加固工程开始。经过三年的紧张施工，到 1966 年 7 月基本竣工。加固工程分三期完成，加固崖面全长 576.12 米，工程范围内包括 358 个洞窟，使莫高窟 73% 的洞窟得到保护（参见附表 1、表 2、表 3），第一、二期工程以加固石窟为主要目的，如第一期加固工程中的第四号工点的 5 个工段，以西魏大统四年、五年（538 年、539 年）所造第 285 窟为中心，南北 138.8 米范围内是莫高窟十六国晚期、北魏、西魏、北周、隋等几个早期时代石窟的精华所在（图 1），另一处第五、六、七号工点在莫高窟著名的南北大像之间，是唐代石窟的集中区域。以上两处也是洞窟崖壁险象丛生的地段（图 2）。第一期加固工程有 7 个工点，

第二期工程有 6 个工点，工点之间不相连接（图 3），第三期加固工程
有 6 个工点，除加固任务之外，着重为洞窟修建了外走廊（图 4），使一、
二期工程连接成统一的整体。从 20 世纪 50 年代开始在第 254 窟南北
一带进行试验性加固工程，到 20 世纪 80 年代完成第四期加固工程（参
见附表 4）后，基本上解除了地质病害对石窟安全的威胁，为莫高窟的
长期保护、研究及旅游开放创造了有利条件。从 1963 年开始进行第一
期加固工程到 1993 年正好 30 年，回顾一下工程的有关问题，对今后进
一步加强石窟保护，应该是有一定意义的。

图 1 第 285 窟附近加固后

一、关于石窟病害的基本情况

　　莫高窟全部石窟开凿在大泉沟西侧的陡崖上，全区总长1680米，崖高20米～25米，岩层属第四纪酒泉系砾石层，岩质由砾石、沙土及少量钙质胶结而成，有的尚坚硬，因为没有受到造山运动的破坏，岩层还保持原来沉积时的状态，因此整体性尚好。据20世纪60年代收集到的气象资料，敦煌年平均降雨量为28.3毫米，以1947年总量为95.4毫米为最高，最低为6.4毫米，全年降雨日数平均不足20天，连续两三个月干旱无雨是常有的情况，因为干燥少雨，昼夜温差大，岩层易受风化影响。根据国家地震局所编地震烈度区划，敦煌为6度震区，据有关地震记录，1927年至1960年初36年间敦煌共发生有感地震

图2　南北大像之间唐代石窟集中区域加固后

图 3　各工点之间不相连接

图 4　为洞窟修建的外走廊

7 次，震级虽不高，但频率较高，对于莫高窟密集的石窟群和比较疏松的岩层是不利的。

　　莫高窟的开凿已经历了千年以上的岁月，由于崖壁原生的地质病害在开凿石窟以后更加发育，历史上多次造成洞窟崖壁的崩塌，现在见于莫高窟崖壁上的地质病害和人为造成的病害有下述几种。

（一）平行于崖壁的岸边裂隙

　　一种平行于崖壁，基本上垂直于地面的裂隙，是莫高窟石窟的主要的地质病害，它的产生是由于古代河流侵蚀下切，崖壁下部又继续被水流冲蚀凹进，当岩体一侧失去侧向的抗力，崖面外侧成为应力释放区，逐渐形成岸边剪切裂隙，以后又经开挖密集的洞窟，更加进一步破坏了岩体的稳定状况，使原生裂隙更加发育，在自身重力和外力共同作用下岩体发生局部或成片崩塌。第一期加固工程第四工点第三工段第三层洞窟中的第 435—442 窟，大约在五代之前曾发生过大崩塌，崩塌面的里侧又形成了新的裂隙，即第 13 号裂隙，贯通了上下二、三、四层洞窟（图 5-1、图 5-2、图 5-3）。第一期四号工点第五段第 417 窟北至第 410 窟，及其以下第二层第 315—319 窟，第二期第四工点的第 239—243 窟等处主要就是沿此种裂隙发生的大崩塌，岩体的崩塌造成洞窟的大破坏，崩塌区域的洞窟仅存其后部或佛龛。经勘察，仅第一期工程第四工点附近从第 21—59 窟全长 160 米的上下各层洞窟范围内共 157 个洞窟，就发现断续的岸边裂隙 23 条，贯穿 90 个洞窟，裂隙大部分存在第二层洞窟以上的第三、四层洞窟，裂隙与水平面的倾角以 60°～90° 为普遍，裂隙宽 2 毫米～5 毫米，最宽处达 15 毫米，其中第 442—434 窟之间的 13 号裂隙长达 45 米，根据长期观测，这条裂隙在加固前有

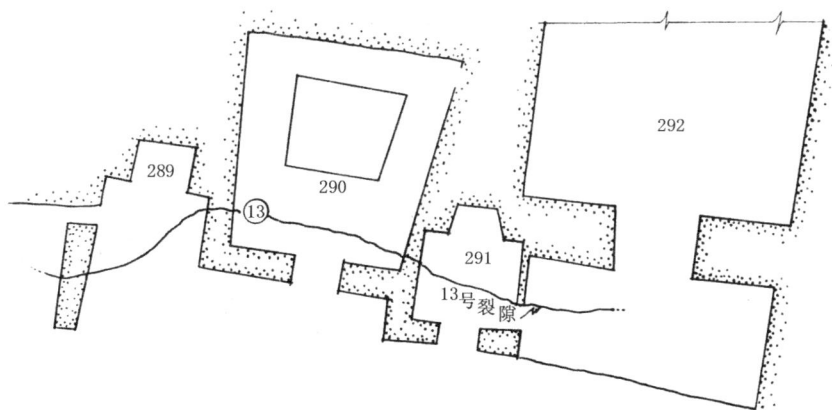

图 5-1　第三段第二层洞窟　第 13 号裂隙影响范围约 15 米

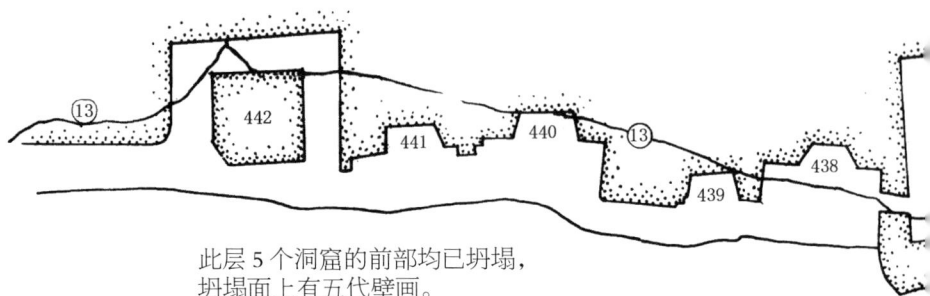

此层 5 个洞窟的前部均已坍塌，
坍塌面上有五代壁画。

图 5-2　第三段第三层洞窟　第 13 号裂隙影响范围约 40 米

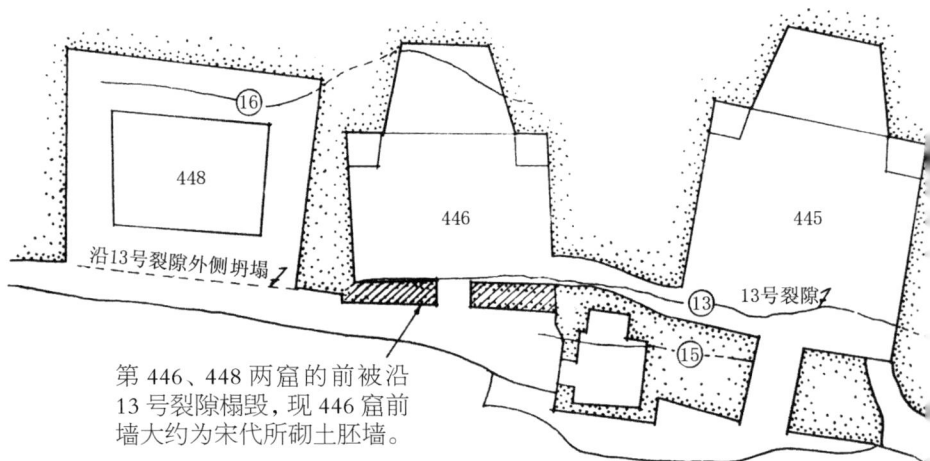

第 446、448 两窟的前被沿
13 号裂隙榻毁，现 446 窟前
墙大约为宋代所砌土胚墙。

图 5-3　第三段第四层洞窟　第 13 号裂隙影响范围约 20 米

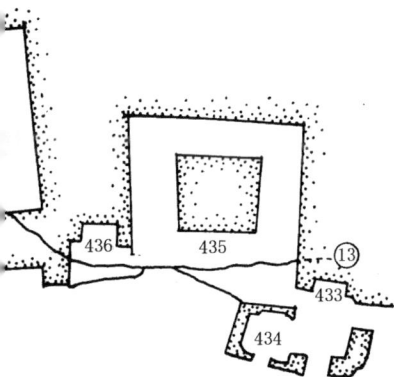

增大的迹象④，此条裂隙范围内的洞
窟如二层的第 289、290 窟，三层第
435—436、438、439、440、441、442
窟等，以及第四层的第 446、448 窟等
的前室及主室约在 1000 年前发生过
再崩塌（图 6），第 13 号裂隙的存在
及发育情况是此段窟群安全的严重
威胁，是加固工程中特别需要引起重
视的石窟病害之一。第五号工点最上
层的第 196 窟有两条岸边裂隙，外侧
第 1 号裂隙距崖面 1.5 米～8 米，长约 35 米～45 米，
裂隙宽 2 毫米～5 毫米。第 196 窟南在 1954 年修建的
流水槽的水泥砂浆抹面上顺裂隙方向又出现了新的裂
隙，说明此条裂隙尚在发展扩大中，第 196 窟的下层
是第 202 窟，此窟前室开口既宽又深，使第 196 窟前
室下部的岩体呈现悬空状态，可能是第 196 窟裂隙发
展的因素。

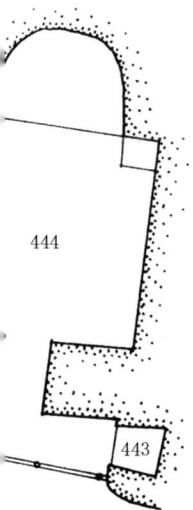

（二）构造裂隙

此种裂隙大致垂直于地面和崖面，可能是在岩体
节理的基础上发育而成的，在石窟陡壁上大约每隔 5
米～20 米即出现一条，裂隙的倾角、方向也有比较一
致的规律，裂隙由一、二层洞窟向上直通崖顶，向内伸
入窟内 2 米～9 米即行闭合，裂口张开 5 毫米～10 毫

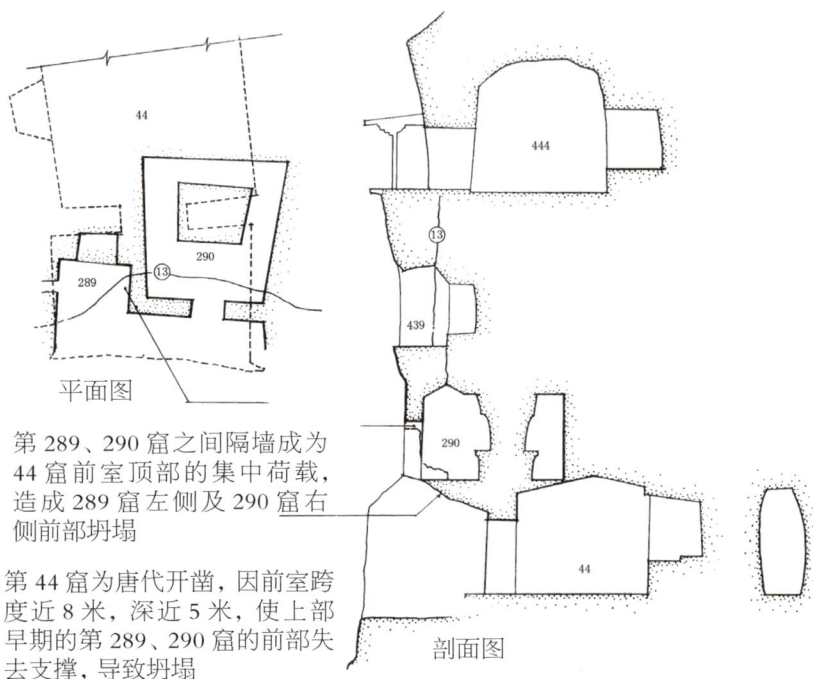

第 289、290 窟之间隔墙成为
44 窟前室顶部的集中荷载，
造成 289 窟左侧及 290 窟右
侧前部坍塌

第 44 窟为唐代开凿，因前室跨
度近 8 米，深近 5 米，使上部
早期的第 289、290 窟的前部失
去支撑，导致坍塌

图 6　第 44 窟与第 289、290 窟病害关系示意图

米，它虽不如岸边裂隙对石窟安全的影响那么严重，但它起着横向切割
岩体的作用，如果与岸边裂隙共存于一个区域内，则有可能产生大规模
的石窟崩塌，如第一期第四工点北侧第 410—412 窟，第一期第六工点
第 185 窟（图 7）、第二期工程第 241—243 窟残破的崖面，就是沿构造
裂隙或岸边裂隙与构造裂隙面交叉切割岩体形成崩塌之后的地貌。

（三）其他裂隙

除上述两种岩壁裂隙外，见于石窟崖壁上还有垂直裂隙和水平裂
隙，垂直裂隙大多见于前室及甬道顶部，一般不太显著，是开凿石窟之

后窟顶部分因产生张力而形成。沿裂隙周围易发生小规模的岩体剥落。水平裂隙是莫高窟比较普遍的地质病害，它的产生是由于砾石层中央随着较薄的细沙层，因胶结不良受风化剥蚀所致，如第 202、170、171、428、344 窟等前室顶部就是沿水平裂隙崩塌之后形成的残破外貌。

（四）悬崖危石

由于上述各种裂隙的发展并造成崖体崩塌之后，在崖壁上遗留下许多悬岩危石，如第 410—402 窟，第 202—205 窟，第 170—172 窟等的上部岩体都呈现悬空 55°～65° 的负坡，岩体残缺破碎，第 180—185 窟，第 150—151、454 窟上部突出的悬岩，体积都在 50 立方米～100 立方米，第 328—365 窟崖壁边沿因长期遭受雨水和流沙的冲蚀，又把崖体切割成许多孤立的危石，有的与崖壁仅一线相连，摇摇欲坠。每当雨雪之后因受潮而崩解，成块成片地坠落，

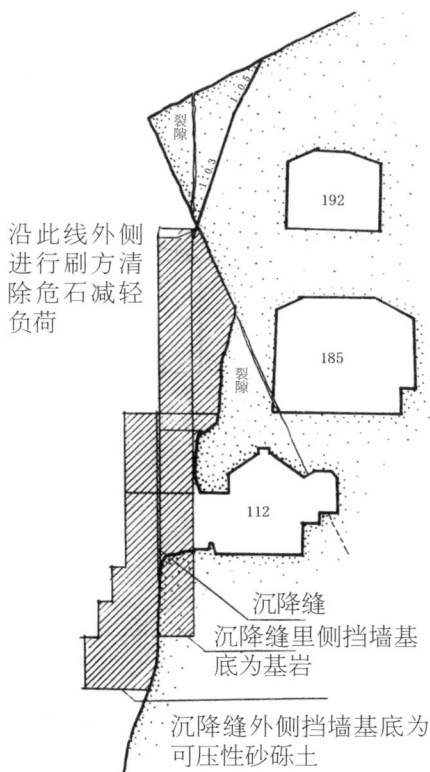

图 7　挡墙沉降缝处理及岩体刷方示意图

危及下层的石窟及行人，是一种不安全的因素（图 7、图 8、图 9）。

（五）人为的石窟病害

莫高窟从十六国晚期（400 年前后）开始兴建石窟，经过 400 多年，到了晚唐时期，莫高窟南区长约 900 米的崖面上，已经布满了状若蜂巢的洞窟，据第 156 窟前室晚唐人所题"莫高窟记"记载，莫高窟当时已有 500 余窟龛。晚唐时敦煌地方统治者张淮深想兴建一处石窟时已感到在崖面上难于选择到适当的空地[5]，说明当时崖壁上的石窟已经达到饱和状态。如此密集的石窟群，是在数百年中逐渐凿造形成的，仅在南区中段早期洞窟的集中区，从第 21 窟—59 窟长 160 米，高 15 米～25 米的崖壁上，就分布了三层洞窟。在第 285 窟一带，洞窟多达五层，这一片约有 2500

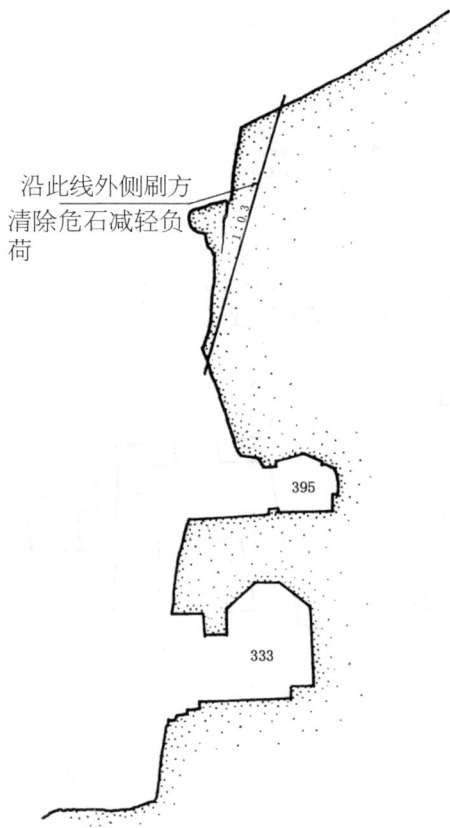

沿此线外侧刷方清除危石减轻负荷

395

333

图 8　挡墙沉降缝处理及岩体刷方示意图

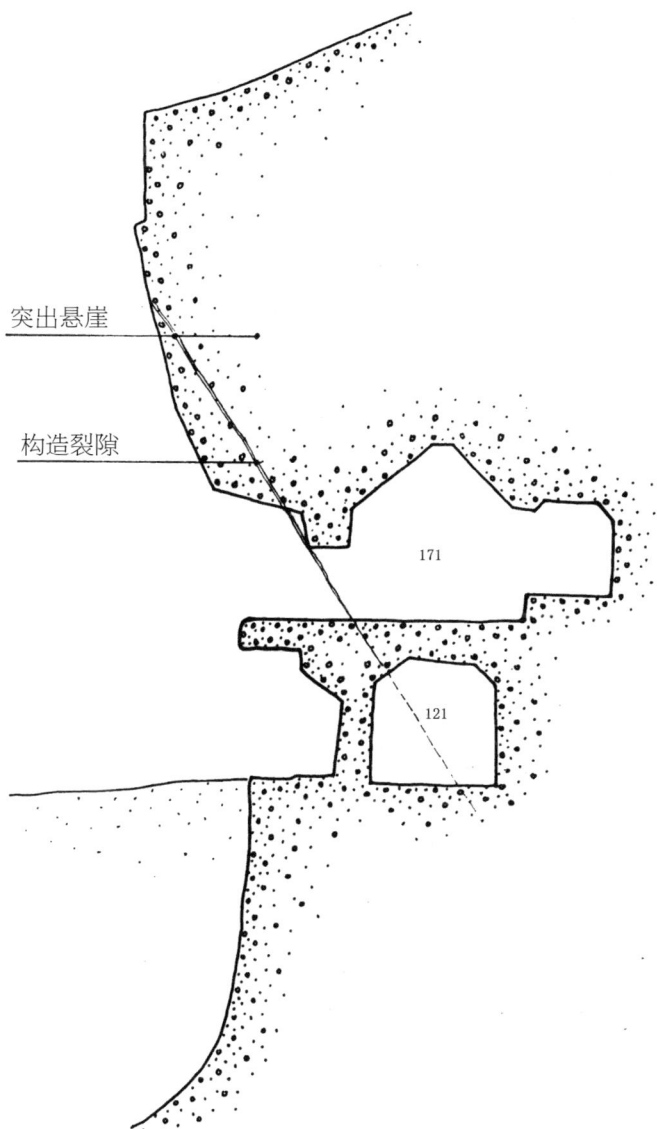

突出悬崖

构造裂隙

171

121

图 9　第一期加固工程第七工点地质病害——悬岩与裂隙

平方米的崖面上，共集中开凿了157个洞窟，平均每16平方米崖面上就有一个洞窟。南北大像窟之间长约140米的崖面，是唐代石窟精华所在，共有78个洞窟，分布在2100平方米的崖壁上，每个洞窟占据27平方米的崖面。在如此密集的情况下，石窟的大小悬殊，形成不同层次、间距参差错落的状态，石窟之间的墙壁和上下层之间的顶板间壁过薄，岩体的中下部被开凿挖空，上部岩体失去稳固的支撑，形成许多不的稳定状态。例如：在大窟之间开凿小窟。

　　大窟之间开凿小窟在早期石窟集中的中段石窟群中比较普遍，大约在隋代之前，石窟一般均开凿在二、三层的上层位置上，估计当时石窟之间已经建造了栈道，善男信女们为了造窟祈福以及瞻仰石窟的方便，在已经布满石窟的壁面上见缝插针，在洞窟前室之间的有限崖面上开凿小窟（图5-2）。此种情况比比皆是，现择其典型的举例如下：

　　第423窟（隋）与第424窟（隋）之间的间壁上隋代开凿了第425窟小窟。

　　第425窟与第427窟（隋）前室之间插入隋代第426窟小窟。

　　第427窟与第428窟（北周）两大窟前室之间隋代开凿了第429窟小窟。

　　第428窟与第431窟（北魏）前室之间开凿第430窟小窟（北周）。

　　第432窟（西魏）与第435窟（北魏）前室间壁上隋代增开第433窟、434窟两小窟。

　　以上所述洞窟之间的小窟，有的仅1平方米，大的也不足3平方米，两大窟前室的间壁上开凿小窟之后，与相邻两窟之间的岩壁厚度仅有10厘米～30厘米（图5-1）大大削弱了洞窟之间岩体的强度，是人为严重病害的一种。此外在洞窟上下层之间也有许多因相互妨碍而造成的石窟损坏。如：

第 435 窟（北魏）的下层，隋代开凿了大型的第 292 窟，但第 292
窟前室顶部与第 435 窟的底部之间的岩体较薄，在不胜负荷的情况下，
第 435 窟中心柱前连同第 436 窟的北侧一并塌毁（图 5-1、图 5-2）。
北周第 290 窟，其南侧为隋代的第 289 窟，两窟之下为盛唐时开凿的第
44 窟，此窟的前室深入崖壁 6 米，使第 290—289 窟之间墙壁厚约 60
厘米，成为下部第 44 窟跨度 8 米前室顶板中部的集中荷载，这一荷载
所产生的力矩，直接造成了第 290—289 窟前部的坍塌。当然此处大破
坏是原生的岸边裂隙与人为病害互为因果，在共同作用下的结果。类
似这种情况还有不少，如 20 世纪 50 年代加固工程中的第 257—259 窟
两个北魏优秀洞窟，两窟的下部是盛唐开凿的第 68 窟，窟顶正位于上
两窟之间的墙壁下，由于岩体太薄，造成第 257—259 窟的大坍塌，损
失严重。晚唐开凿的第 76 窟，由于前室凹入岩体，使上层早期石窟第
249、250、251 窟的前部失稳，形成坍塌。此种由于开凿石窟缺乏计划
造成的不稳定因素，有些已被发现并作了处理，有些尚未发现，是石窟
长期保护的一种隐忧。

二、洞窟病害加固措施

上述石窟存在的种种病害，早在 1954 年 6 月 28 日，在文化部致敦
煌文物研究所的信中就曾明确指出："首先应明确认识，保护敦煌石窟
不使其遭受任何损坏是一项重要的政治任务，当前最严重的问题是石
窟本身由于地质关系已时有崩塌的危险，风沙雪水正不断地损坏着壁
画和雕塑，因此继续做好及时的抢修工作仍是必要的。"

如何运用现代工程技术为大型文物——石窟危崖进行加固，是在没有先例和既有经验做参考的条件下进行的，文物主管部门要求加固石窟，解除地质病害对石窟安全的威胁，并尽可能地保存石窟原有风貌。1963年春夏之际经过反复讨论，根据石窟病害发生发展的规律提出当时在设计和施工技术上比较现实的方案，可以归纳为下述几种技术措施。

（一）"支顶"

莫高窟大部分洞窟前室都是敞开式的，前室的顶部只有三面有岩体支撑，外面为半悬空状态，如前室的跨度和进深较大，顶部岩层往往产生水平裂缝，并逐渐坍塌，如上部层体较厚，则可能坍塌并自然形成拱状，达到相对稳定状态。但有时上部是洞窟，下层洞窟前室发生坍塌将直接影响上层洞窟的安全。解决这种病害，就是用片石砌体或钢筋混凝土梁柱对悬空岩体加以支顶，在几期加固工程中，如第 351、342、334、202—205、218、217、61、171、172 窟等前室的加固都是用"支顶"的措施防止病害发展的具体运用（图 10）。

（二）"挡"

是在洞窟陡壁前建造厚重的石砌体或混凝土结构的挡土墙，以抵抗岩体侧向压力和地震的负荷，防止因崖壁岸边裂隙产生向外倾覆的趋势，从而达到保证石窟安全的目的。在莫高窟加固工程中，各主要工点广泛运用了"挡"的技术措施，这是加固工程中防止石窟崖体崩塌的主要手段之一。此种加固方法，在设计时要求结构本身和地基土壤面有足够的应力强度以抵抗岩体的压力，不致因强度不够而发生结构倾斜或滑动，当基底是可压性土壤时，须防止内外产生不均匀沉降。在满足这些力学要求的同时，还应考虑减少工程量和便于施工，并结合解决建筑形式和人行栈道的设置等使用功能问题（图10、图11）。

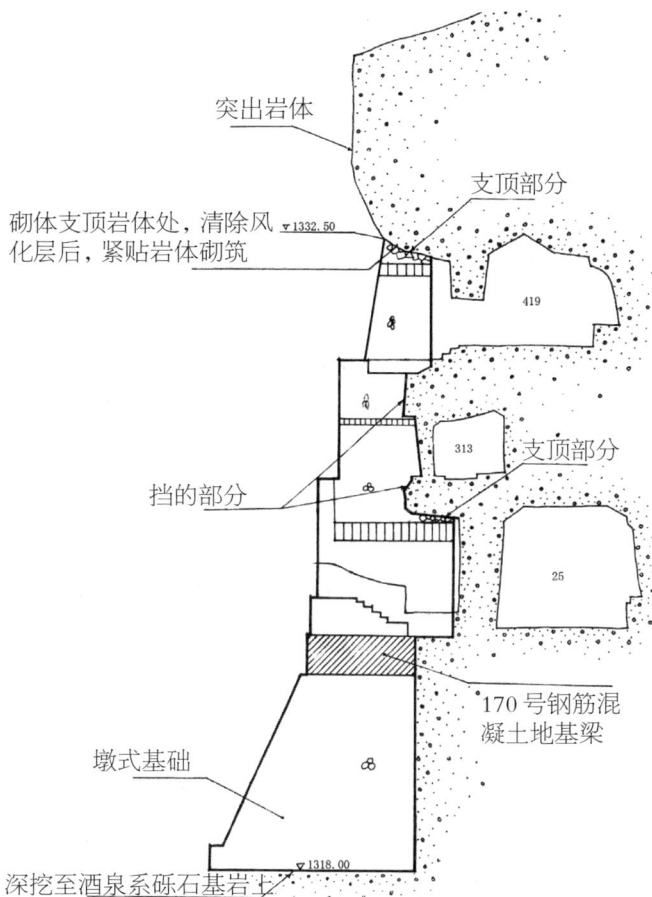

图 10　莫高窟第一期加固工程第四工点第五段挡墙断面
（挡和支顶措施的综合运用）

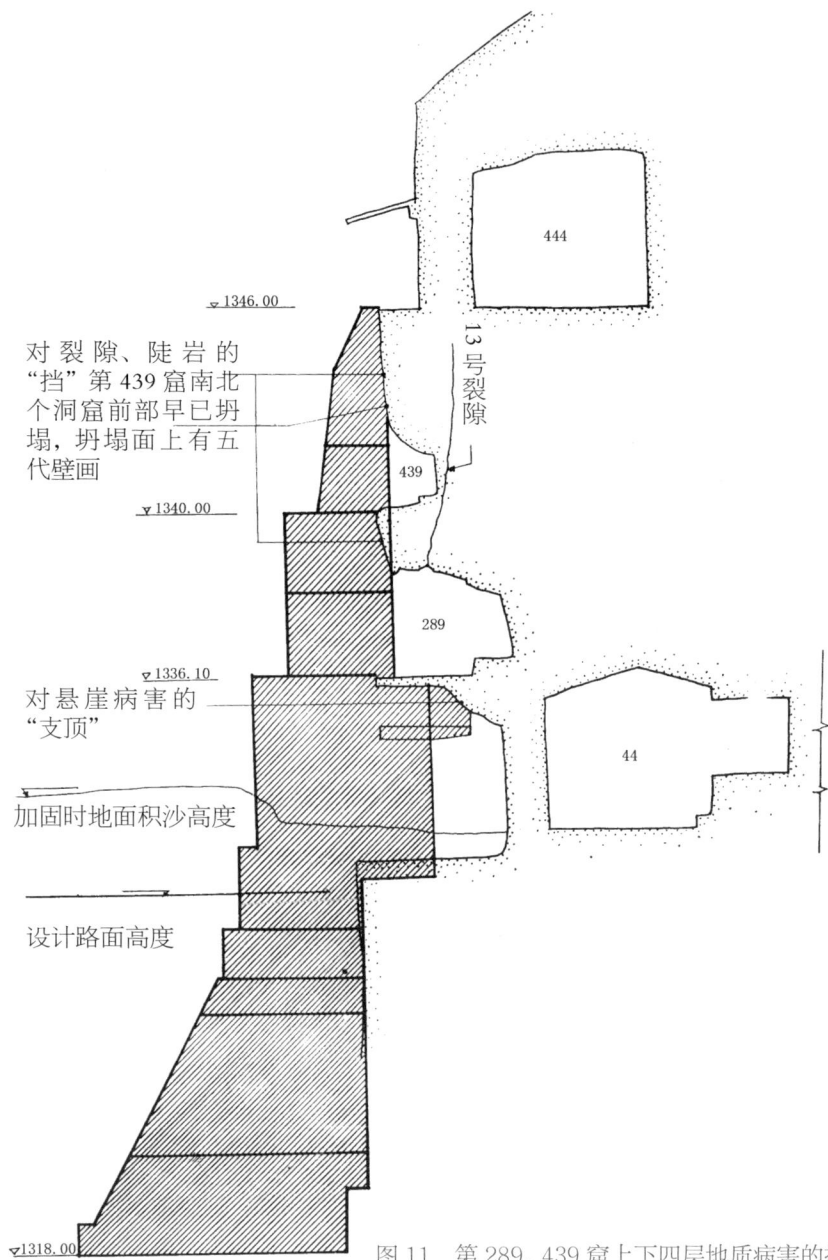

图 11　第 289、439 窟上下四层地质病害的挡墙加固

（三）"刷"

所谓刷即对部分悬崖危石予以凿除，在工程技术上称作"刷方"（图7、图8），这一技术措施不仅使崖壁边沿的危石得以清除，而且也减轻了上部岩体的自重。

在综合运用"支顶"和"挡"的措施时，又采取以下几种技术手段以实现"顶"和"挡"的目的：砌体结构形式，按不同崖壁的病害状况有三种结构形式，即梁柱结构、挡墙结构及柱式结构三种。

梁柱结构仅起支顶作用，当支顶范围较小如只支顶某一洞窟前室顶部，而下部又有岩石地基时，这种结构形式简便可靠，柱基直接砌在岩层地基上，在两柱顶上架设钢筋混凝土梁，梁上再砌片石，紧贴上部悬空岩体。在设计时使柱体离开前室各壁，在一定程度上保存前室各壁的壁画及原有空间范围。

挡墙结构是莫高窟加固工程的主要技术措施，挡墙加固石窟崖面的范围比较大，为满足各种力学要求，砌体必须有足够的体量，在外观上显得比较厚重、坚固，在各个洞窟位置上，留出相应的石窟门洞，根据不同大小的石窟，挡墙所留开口亦应有所变化。按结构需要挡墙的断面，应由下而上逐层减少，大体上相当于每层洞窟在地面高度的位置形成向内收进的错台，利用错台形成各层的人行走廊，如错台的宽度不够，可以从挡墙上挑出悬臂梁，梁上搭设混凝土板成为人行栈道，形成虚实对比，使外观增加一些变化。

关于基础的处理和沉降缝的设置在加固工程中，凡是起支顶作用的结构物必须避免砌体下沉，其基础要尽可能落实在基岩上，但在个别地段，因为上部洞窟崖壁为负坡，崖体悬出很多，支顶面积必然较宽，结构物也随之加厚。如要求砌体底部全部落实在基岩上，基础可能深十数米，工程量将大大增加。为解决这一问题，采用加大基底面积的方法，在施工过程中观察其下沉度，当支顶结构砌筑到被支顶的崖体之前，留下一段砌体不完成，使砌体在一定时期中逐渐下沉并达到相对稳定之后，再封砌顶部以达到紧密支顶崖体的目的，第171窟前室的支顶工程就是此种施工方法的例子。

柱墩式深基础：第一期加固工程四工点第三、五工段，因病害严重，挡墙高达20米，因结构需要，挡墙的基础必须坐落在坚实的基岩上（图10、图11），该工段基岩较深，设计时采用了柱墩式深基础，在墩上用连续地基梁承担上部挡墙砌体，减少了大面积挖方和砌体的工程量。

挡墙基础分别在两种地基上的处理：如果砌体较厚，因而使砌体前后分别坐落在基岩上和可压性土壤上时，则在两种土壤基础上的砌体之间设变形缝，其外侧的砌体有一定的下沉量，为保持外侧挡墙均匀地下沉，基底应全部置于同一可压性土壤上。如因范围较大，地基变化较多时，根据不同的基础处理，在横向每隔20米～30米处设变形缝一道，作为伸缩兼沉降缝。如第一期工程第四工点共分为五段，既是结构所需，也方便施工。

三、结语

文物主管部门为莫高窟加固工程向设计单位提出："工程设计原则应以保证洞窟安全为主，同时也要考虑到艺术形式的问题，主要不使莫高窟的面貌有太大的改观，因此，必须使加固工程的建设与原崖壁洞窟的气氛协调一致，尽可能保存洞窟的原来面貌。"已故建筑家梁思成先

生于 1963 年 8 月 9 日在《关于敦煌维护工程方案的意见》中明确表示:
"在敦煌的整个历史过程中,恐怕就没有过全部完整修洁的日子。即使
有,也只能维持极短的几年。因此'破破烂烂'就是千年来敦煌的正常
外貌——少数完整的窟廊或殿阁,其余就是满崖残破的窟窿眼。这就是
敦煌给人的基本印象。今天我以砌墙为主,基本上保持这一面貌,我们
也只能做到这样。所以我同意这一总原则……只觉得敦煌的一切主要
都在洞内……我们的目的在保护洞内的东西——从外面加固去保护它,
因此,这一目的必须明确"。⑦当时在加固原则及工程的外观形式问题
上无所适从的情况下,梁思成先生对敦煌石窟加固工程的意见大大促
进了设计工作的完成,经过不断探索产生并付诸实施的工程方案,在
工程相继竣工之后,其外观形式与石窟的气氛是协调的。例如:第一期
加固工程的第四工点南北约 160 米范围内,有四段是大体积的挡墙,另
两段由于结构上的需要,第二层用柱梁结构,形成既有统一的风格,又
有局部变化。挡墙依山随形,曲折变化,随加固的需要和石窟的位置而
有高低错落。在局部形式处理上,如挡墙的顶部砌成斜面与崖体自然
相接,挡墙上的窟门大小不一,一些代表性的洞窟,只要条件允许,就
尽可能加大开口,使洞窟的前室显露在外,不受遮挡。崖面上的露天壁
画也尽量予以保留。唐宋时代崖面上的木构窟檐全部进行了妥善保护,
并尽可能保护它原来那种凌空的感觉。挡墙各层走道外侧安装了形式
简朴的钢筋混凝土栏杆,与坚实的大体积挡墙形成虚实对比;挡墙表面
用甩石子抹面的方式做了一层仿砾石层崖体,使整个工程砌体的外表
略具天然砾石层的质感,避免了工程立面平板单调的感觉。

在加固石窟之前,洞窟之间,特别是高层洞窟之间的交通,是靠窟
外一些极简陋的木结构走廊,更主要的是依靠清末民初道士、喇嘛们在

洞窟内开凿小穿洞作为通道，有的地段一层有几十个洞窟，就在几十个洞窟的壁画上开凿穿洞，使每个洞窟的左右壁都被破坏。这种穿洞既矮又狭窄，更不符合文物保护的原则，不能继续作为通道使用。

在加固工程中，洞窟之间及上下层之间的交通得到合理方便的解决，随着加固工程结构上的变化，洞窟间的通道尽量利用工程结构上的特点，作不同的处理，其中利用挡墙层层收进的错台作走廊，或从挡墙上挑出悬臂梁形成走廊，第172窟以南一段工程则在砌体内留出内通道。洞窟之间的交通问题解决后，随即堵塞了洞窟内部壁画上的穿洞，恢复了洞窟的完整性，有利于文物保护及日常管理。

总的来说，从1963年到1966年4个年头中所完成的三期加固工程以保证洞窟安全为主要目的，结构合理，而且解决了石窟之间的交通问题，不强调建筑形式及色彩，不附加装饰，形成一种坚固稳定、朴素大方的建筑风格，没有喧宾夺主之嫌，加固工程与石窟原有风貌是协调的。

按上述原则，1984—1985年又加固了莫高窟第130窟以南一段172米范围内的26个洞窟，使莫高窟最荒凉破败的区域也得到了治理，至此莫高窟的石窟加固工程初步完成，石窟保护工作也告一段落，也为莫高窟全面进行科学研究、科学保护及旅游开放创造了有利条件。

莫高窟第一、二期加固工程的勘测设计任务由铁道部第一设计院承担，在1962年及以后的几年中，先后派遣工程地质、钻探、电探、测绘、工程设计、工程预算等方面的工程技术人员来莫高窟工作。他们在非常艰苦的条件下进行了浩繁的勘测设计工作，为加固工程的顺利进行及时提供了设计文件。铁道部西北铁路工程局第一工程处从1963年6月接受加固工程的施工任务后，把保护莫高窟文物的加固工程作为一项重要工程任务，选派了优秀的工人队伍来莫高窟施工。在三年的施工过程中，在保证文物安全的前提下，他们严肃认真，精心施工，不断提高施工质量并按期完成施工任务。当时莫高窟没有发电设备，所有工程全靠人力，他们那种吃苦耐劳的精神，至今仍令人感动。他们在莫高窟奋战三年，为莫高窟的保护工作作出巨大贡献，值此我院建院50周年之际，谨向曾经参加莫高窟加固工程的工人、工程技术人员致以深切的怀念和谢意！

表 1　莫高窟第一期加固工程加固洞窟统计表

工点编号		洞窟层位	工点范围的洞窟
第一工点		第一层	351、347、342、343
		第二层	381、382、383
第二工点		第一层	334
		第二层	392、393
第三工点		第一层	328
		第二层	402、403
第四工点	第一工段	第一层	55、486、478、479、480、481、482、483
		第二层	56、57、58、59
		第三层	266、267、268、269、270、271、272、273、274、275
		第四层	495、460

续表

工点编号	洞窟层位		工点范围的洞窟
第四工点	第二工段	第一层	487、488
		第二层	49、50、51、52、53、54、467、469
		第三层	280、281、282、279、278、277、276
	第三工段	第一层	40、41、42、43、44、45、46、47、48、446
		第二层	283、284、285、286、287、288、289、290、291、292
		第三层	435、436、437、438、439、440、441、442
		第四层	443、444、445、446、447
	第四工段	第一层	24、25、26、27、28、29、30、31
		第二层	305、306、307、308、309、310、311、312、313、314
		第三层	418、419、420、427
	第五工段	第一层	24、25、26、27、28、29、30、31
		第二层	305、306、307、308、309、310、311、312、313、314
		第三层	418、419、420、427
第五工点		第一层	100
		第二层	217、218、219、220、221、222、223、224、225、226、227
		第三层	201、202、203、204、205
		第四层	196

续表

工点编号	洞窟层位	工点范围的洞窟
第六工点	第一层	110、111、112、113、114、115、116
	第二层	180、181、182、183、184、185、186、187
第七工点	第一层	121
	第二层	171
第一期工程范围总长 209.17 米，总计 160 个洞窟		

表 2　莫高窟第二期加固工程加固洞窟统计表

工点编号	洞窟层位	工点范围内的洞窟
二期第一工点	第一层	15
	第二层	9、10、11、12、13、14、
	第三层	357、358、359、360、361、362、363、364、
二期第二工点	第一层	18、19、20、340、341、344
	第二层	353、354、369、379、380、384、385、386
二期第三工点	第一层	484、60、61、62、63、64、65
	第二层	262、263、264、265
二期第四工点	第一层	79、80、81、82、83、84、85、86、87、88
	第二层	240、241、242、243、244、245、246、247
二期第五工点	第一层	119、120、121、122、123、124、125
	第二层	167、168、169、170、172、173

续表

工点编号	洞窟层位	工点范围内的洞窟
第六工点	第一层	21、22、24
	第二层	315、316、317、318、319、320
	第三层	413、414、415、416、417、
第二期加固工程总长 152.15 米，洞窟共 84 个		

表 3　莫高窟第三期加固工程加固洞窟统计表

工点编号	洞窟层位	工点范围内的洞窟
三期第一工点	第一层	321、322、323、324、325、326、327、329、331、332、334、335、336、337、339、345、349、350、352
	第二层	370、371、372、373、374、375、376、377、378、386、388、390、391、394、395、396、397、398、399、400、401、404、405、406、407、408、409、410、411
三期第二工点	第一层	89、90、91、92、93、475、474、473、472、471、470、
	第二层	231、232、235、236、237、238、239、
	第三层	233、234、
三期第三工点	第一层	97、98、99
	第二层	211、212、213、214、215、216
	第三层	206、207、208、209、210、

续表

工点编号	洞窟层位	工点范围内的洞窟
三期 第四工点	第一层	108
	第二层	101、102、103、104、105、106、107、109
	第三层	186、187、188、189、190、191、197、198、199、200
	第四层	192、193、194、195
三期 第五工点	第一层	126、127、128、129
	第二层	162、163、164、165
第三期加固工程总长 214.8 米，总计 114 个洞窟		

表 4　20 世纪 50 年代莫高窟试验性加固工程洞窟统计

加固洞窟层位	加固范围内的洞窟
第一层	66、67、68、69、70、71、72、73、74、75、76、77、78 共 13 个洞窟
第二层	248、249、250、251、252、253、254、255、256、257、259 共 12 个洞窟
第三层	258、261　共 2 窟
	总计加固 27 个洞窟

表 5　莫高窟第四期加固工程加固洞窟统计表

加固洞窟层位	加固范围内的洞窟
第一层	130、146、
第二层	131、132、133、134、135、136、137、138、139、140、141、142、143、144、145、147、148、149、150、151、152、153、154、155、
	总计 26 个洞窟

（原载《敦煌研究》1994 年第 2 期）

【注】

① 根据铁道部 1962 年 10 月 20 日铁基计（62）字第 3221 号文，莫高窟加固工程的勘测设计工作由铁道部第一设计院承担；1962 年 11 月 1 日至 12 月 31 日，第一设计院第二勘测队敦煌组在莫高窟现场进行工程、水文、地质调查及石窟测绘。

② 1963 年，铁道部第一设计院桥隧处根据铁道部铁基（63）字第 1051 号文转发文化部关于莫高窟加固工程的意见进行设计。

③ 1963 年 6 月，铁道部乌鲁木齐铁路局第一工程处组建莫高窟加固工程队进入莫高窟施工现场。

④ 1959 年，莫高窟一些显著的裂隙上曾安装自制的裂隙观测片，第 438、445 窟两处观测片于 1962 年各裂隙分别扩大到 0.5 毫米及 1.0 毫米，说明此两处裂隙正在发展中。

⑤ 莫高窟第 17 窟出土晚唐文书《张淮深碑》中有"更欲镌龛一所，踌躇瞻眺，

余所竟无，唯此一岭，嵯峨可劈"等语。

⑥《关于敦煌维护工程方案的意见》，《梁思成文集》第四卷，中国建筑工业出版
社，1986年，第289页。

回忆敦煌石窟
保护工作

一、敦煌艺术研究所筹备委员会的第一张布告

我是 1947 年 9 月初到敦煌的，初来乍到对什么都觉得新鲜，没事的时候就到洞窟内外到处走走看看，一次偶然在九层楼北侧看见一张告示：中华民国三十二年（1943 年）"敦煌艺术研究所筹备委员会"为农历四月初的庙会加强洞窟保护的布告，布告的发布人是筹备委员会主任委员高一涵，副主任委员常书鸿。我大致记得，布告上说莫高窟已经收归国有，是国家重要的文化古迹，要加强保护，不得破坏。布告上还有要求参观群众必须遵守的若干具体规定：不得在壁画、塑像上题写刻画；不得在洞窟中住宿；不得在洞窟中生火；不得在洞窟中嬉戏打闹；等等。这一张布告结束了莫高窟长期无人管理的状态，为石窟保护开创了人为管理的先例，具有划时代的意义。这一评价并不过分，起码在主观上树立了要主动防止人为破坏的观念，这在石窟保护上具有非常重要的意义。

关于庙会，这里补充一点，我来莫高窟的第二年，第一次经历了农历四月初八的浴佛节庙会，从四月初一之前的几天，就有敦煌的地主

和商人到莫高窟的上下寺占据房子，准备住在这里吃喝玩乐好几天。初一就陆陆续续有人来赶庙会，到初四、初五达到高潮。莫高窟上上下下、里里外外车水马龙、人头攒动，这种情况近年也是这样，不足为奇。所不同的是：当时洞窟的情形是大门洞开，仅有的几个窟门也没有上锁，洞窟里上下左右四通八达，任由群众参观。当时研究所总共不到30人，我们从事业务的有十来个人，大家全部出动，到洞窟里巡逻检查，宣传保护。行政人员及工人也是全体出动，看管园林树木。那时不像现在，最好的交通工具就是坐马车，那是地主和商人们用的，骑驴代步也很不错，大量的是赶着牛车和步行的群众，所以莫高窟树林中到处是牛、马、驴、骡，非常难管理。

那时到这里的群众多是来赶庙会求神拜佛的，或是来春游的。一家大小在树林里铺上毡子，三个石头支上一口锅，树林里有的是柴火，烧水做饭，都很方便。不时还从洞窟里传出高亢的秦腔曲调，伴随着悠扬的琴声，围坐着一群听众。这些听众中有的怡然自得地抽着老旱烟，有的则背靠在壁画上，对壁画造成损伤。我们只有请他们离开洞窟，到外面活动。这样的状况已经持续千百年了，现在有人要约束他们的行为，他们一时还难以理解。只有长期坚持宣传和管理，才能使人们在洞窟中的行为逐渐符合保护文物的要求。

对于文物保护来说，人为破坏的速度比自然破坏的速度快得多，举例来说：第217窟是盛唐的代表窟，南北壁经变画的下部，在伯希和图录上还相当完整，而我在50年前见到的该处壁画，已经被人为破坏殆尽，这之间只不过30多年时间，已经成为我们今天所见的样子了。现在洞窟内有了玻璃屏风，可以有效地防止参观群众接触壁画，起到了很好的保护效果。但是作为石窟的保护管理和研究机构，需要在洞窟内进行各种业务工作，有接触壁画的可能，保护管理部门应制定一些在窟内工作的制度和细则，把保护工作落实到本单位的各项业务工作中。

二、拆除土台后发现的一批新洞窟

现在从事石窟保护的一些同志也许不太明白，一部分下层洞窟为什么损坏得那么严重，而一些与它相邻的洞窟却比较完好。这一问题要从拆除窟前的几座土台说起。从 20 世纪 40 年代到 50 年代，窟前原来有几座残破土台，这些土台所遮挡的崖面内有被封闭的洞窟，为早日把这些洞窟发掘出来，并改善窟前的零乱情况，20 世纪 50 年代前后相继拆除了这些土台，共计发现了 18 个洞窟。情况大致如下：

（一）第 51、52、53、54 窟前的大土台（图 1）

我刚到莫高窟时，这个土台大部分已经拆除，还残存南侧与台阶相连的部分。土台南北宽约十米，高八九米，封闭了中下两层洞窟，下层

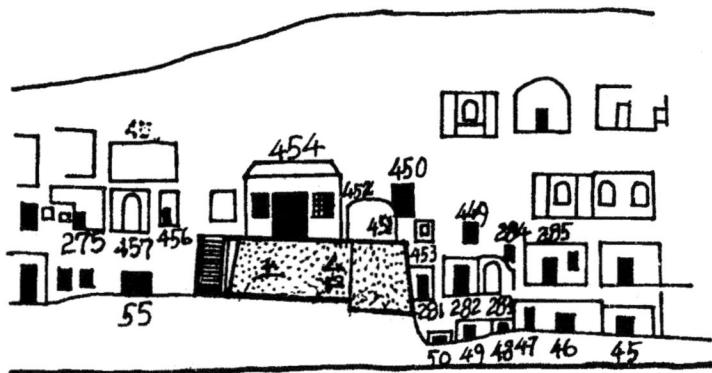

图 1　第 51、52、53、54 窟前的大土台示意图

有第 51、52、53、54、467、469 等 6 个洞窟，中层有第 276、277、278、279、280、477 等 6 个洞窟，一共有 12 个洞窟被土台封闭，土台的台面与上层洞窟的第 454 窟平齐。第 454 窟建于公元 980 年前后曹氏家族的曹延恭之时，是宋初所建的大窟之一。曹氏是敦煌地区的显赫家族，第 454 窟建成之后，为了有壮观瞻，也为了上下洞窟的方便，在窟前修建了大土台是有可能的。土台中封闭的十几个洞窟里，位于中层的是一批建于隋代的小窟，位于下层的是唐代和五代的洞窟，这十几个洞窟都没有在西夏被改造过，大致可以说明土台的建成是在宋初（在《莫高窟石窟内容总录》中，第 276 窟佛龛中有西夏改画的局部，可能不准确）。清代晚期又在第 454 窟中进行了较大的改造，但与土台的关系不大。修建土台如果与第 454 窟基本同时，这十几个洞窟就封闭了近 1000 年了。即使估计错误，如果土台建于清代，这批洞窟的封闭也有约 100 年，也不是个短时间了，以至造成洞窟中壁画和塑像的严重损坏。

1949 年以前，这批洞窟在土台拆除之后已经发掘出土，并且编了窟号，但是窟内积沙很多，洞口几乎被流沙堵塞，窟前是连绵不断的沙堆，我还记得当时要上第 285 窟，只需搭一个 2 米高的梯子就行了。直到 1953、1954 两年中大量清除积沙后（大概有五六千立方米），情况才好转。自此以后，从第 45 窟到第 61 窟以南一带的低层洞窟才免于再度被流沙埋没。这十几个长期被封闭的洞窟，塑像绝大部分倒塌损坏，壁画也严重酥碱起甲，第 53、469、467 窟起甲的形态也较为特殊，起甲的鳞片比较大，其直径在 3 厘米以上，与一般中上层洞窟壁画起甲的形态有所不同，可能是洞窟内部小环境有显著差异的原因。

（二）第 231、232、235、236 窟下的大土台（图 2）

此处窟群共有三层，上层是建于宋代的第 233 窟，中层即第 231、232、235、236 窟，下层第 93 窟以南有一个土台挡住崖面。土台的台面与第二层洞窟平齐，从土台顶上又修建有一座台阶直上第 233 窟，估计土台建于宋或西夏时期。台阶靠崖壁一侧挡住了第 235 窟，此窟因为窟外有了台阶的遮挡，洞窟内比较避风，人们就把洞窟当作厨房，洞窟内长期遭受烟熏火燎，四壁的上半部已经漆黑一片，损失严重。根据前述土台封闭洞窟的情况，估计这一座土台后面也有洞窟。从 1952年开始到 1953 年把土台全部拆完，土台内共发现 6 个建于中晚唐时期的洞窟，后来被编号为第 470、471、472、473、474、475 窟。我记得在 1953 年的《文物参考资料》第 8 期上发表了一条关于莫高窟发现新洞窟的消息。

当时刚发现这批洞窟的时候，洞窟内积沙很多，经过长期的封闭，塑像的木骨架都已糟朽，全部倒塌在沙堆上了。四壁下部的壁画与地仗层一起剥落了，上部壁画也严重酥碱，壁画表面的白粉层及颜料层普遍起甲。第 474 窟的壁画绘制得很精致，但由于长期的封闭，造成了严重的病害，壁画和塑像损失殆尽，造成不可挽回的损失，非常可惜。

（三）第 129 窟前的土台（图 3）

这处土台体积不大，不知修建于何时，目的是上下第 130 窟的二层通道（即第 162 窟南侧），估计是在第 130 窟下层通达上层的通道口被流沙埋没之后，改在第 162 窟前修建一座土台及台阶，土台的里侧是被封闭的第 129 窟。到 1949 年前，敦煌艺术研究所在土台与崖壁之间开挖了一个小洞，才可以勉强进出。大概因为这个土台的体积较小，洞窟

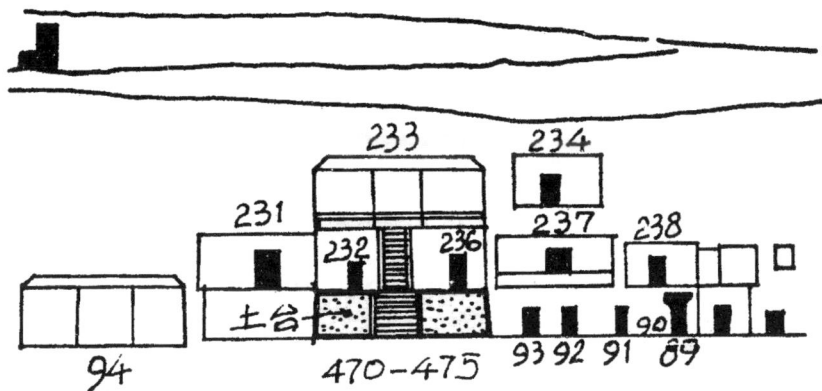

图 2　第 231、232、235、236 窟下的大土台示意图

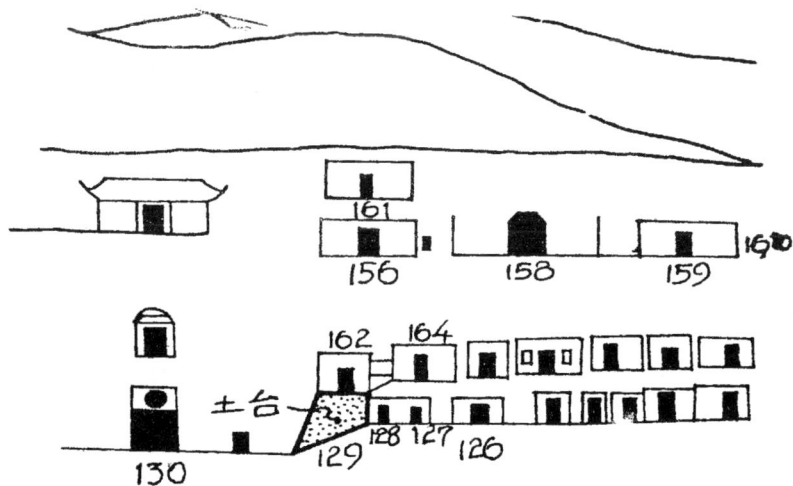

图 3　第 129 窟前的土台示意图

封闭不严，窟内的壁画保存得比较好。这个土台到 1964 年进行洞窟加固工程时才被拆除。

以上记述的这 3 处土台中被封闭的洞窟，都是在伯希和、张大千到敦煌之后重新被发现的，因此在他们的编号中也不包括这 20 多个洞窟。

（四）第 71 窟的土台阶

第 71 窟是初唐时代的优秀洞窟，窟前原来有一座土台阶，使洞窟处于封闭状态。这一段洞窟的崖顶又是窟区最严重的流沙口，台阶附近经常都有大堆积沙，此洞窟伯希和编为 108a，而张大千没有编号。1949 年以前，我们经常从土台与崖壁之间的小洞出入，到 1957 年对该段洞窟进行整修加固时，土台被拆除，洞窟内几十厘米厚的积沙才得以清除。由于长期的封闭，洞窟各壁下部的壁画已经剥落，因为洞窟被土台遮蔽，洞窟内长期有人居住，受到严重的烟熏，四壁上部及窟顶变得漆黑一片。我记得不太清楚的一点是，大致在土台拆除不久，为了防止壁画继续剥落，由窦占彪同志把壁画剥落处重新上泥补齐。在施工过程中，无意中把水洒到了壁画上，偶然地使一小片壁画得到了清洗，烟尘去除之后，壁画的颜色和线条显现出来，显示了盛唐壁画清晰美观的原貌。从这一偶然事件中，我们得到一点启示，即：烟熏壁画是可以清洗的，清洗烟熏严重的壁画塑像，可以在一定程度上恢复它的艺术生命。

20 世纪 50 年代前后清理出来的 20 多个洞窟，窟内塑像、壁画大多已经损坏，尤其是被土台封闭的第 51、52、53、467、469、470、471、472、473、474、475 窟等，残损最为严重。第 51—467 窟上层的第 276、277、278、279、280、477 窟等洞窟位置较高，也被土台封闭，窟内壁画虽有损失，但相对比下层洞窟轻，基本原因是下层洞窟比窟前林地的高程低了两三米，林地中的灌溉水经由沙层渗入岩体洞窟中，使封闭的洞窟长期处于高湿环境中，壁画地仗严重酥碱，绘画层也普遍起甲。至于第55—61窟之间下层的小窟，完全被流沙埋没，沙土塞满了这一组洞窟，水随沙走，连树根也随着窜进去了，所以洞窟完全被破坏了。

三、关于洞窟编号

1947年我刚到莫高窟时，洞窟使用的还是张大千的编号，张氏的编号共得309个号，南区有305窟，北区仅4窟，许多小窟成为大窟的耳洞，石窟总数还不清楚。同年冬天，在常书鸿所长的领导下，开始为洞窟重新编号，当时为数不多的业务和行政人员，大部分都参与此事。按常所长的意图，我具体设计了编号牌，用阿拉伯数字横书，下面并排标注（C）和（P）二字，以表示张大千和伯希和的编号。编号牌在洞窟外采用白石灰抹面，上书黑字的形式，洞窟内使用较小的纸质编号牌，编号工作直到1948年上半年才完成，共编得465个窟，其中南区为460个窟，北区为5个窟。到1949年为止，又发现3个新窟：其中第47窟下发现一小窟，编为第466窟；第54窟南侧发现1个五代窟，编为第467窟；在第150窟与第151窟之间发现1个晚唐窟，编为第468窟。1951年夏天，在第53窟内的北壁又发现1个五代窟，编为第469窟。关于拆除第93、94窟之间的土台时发现的6个洞窟已见前述，此处不再重复。1963年至1966年，在进行石窟加固工程的过程中又陆续发现第476窟到第492窟。到20世纪80年代，在进行南区南段加固工程时，在第148窟右下侧发现一小龛，编为第493窟。

四、主动封闭的三个窟龛

在进行石窟加固的工程中，由于工程结构的原因，封闭了几个洞窟，其中在第108窟右上方的第101窟，是一个盛唐小窟，残破很严重，没有保留价值了，在工程施工中被加固工程的砌体完全封闭了。在加固工程中才被发现的第491窟，是西夏开凿的小龛，残存的3身塑像已取出另行保存，它位于第21窟北侧，其上部是第321窟，在工程施工中，小龛已被半封闭。第493窟在第148窟的南下侧，是1个小龛，残存的壁画已剥取另行保存，小龛被封闭在加固工程的砌体中。

（原载《敦煌研究》2000年第1期）

我经历的敦煌石窟
保护工作

　　我初到敦煌，常书鸿所长给我的任务是测绘木结构窟檐，并临摹壁画中的古建筑形象。到了 1952 年，成立了石窟保管组，我从当时的美术组调到保管组，从事石窟保护与管理工作，直到 1993 年退休，在石窟保护工作岗位上工作了 41 年。对于上千年的石窟来说 40 多年是短暂的，对我个人来说是从青年到老年的毕生精力。

　　20 世纪 50 年代初，国家已开始重视文物保护工作，并将其提上议事日程。对于敦煌这样有着极高艺术价值且规模庞大的三处石窟群，如何进行保护，真是无从下手。当时有关石窟文物的保护，还没有前人的经验可以借鉴，石窟保护中存在的问题可以说是积重难返，工作千头万绪，一切都得从零开始。在我过去的 50 年中，我见证了敦煌石窟保护工作的方方面面，但感受最深的是我们的保护工作一直是在国家文物局的具体领导和关注下进行的，从 20 世纪 50 年代初期一步一个脚印，逐步走上健康发展的道路。现在我虽然已经退休十多年了，但是敦煌的石窟保护工作依然使我魂牵梦绕，不能去怀。

　　前几年我在莫高窟期间，曾为保护研究所的年轻同志简单谈过石窟保护工作的过去，为他们提供一点石窟保护的历史资料，现在我根据当时的思路，写成这一份石窟保护工作的回忆录。这些工作已经过去半个世纪了，所以只能是一种概括的记述。保护工作中的有些事情做了就过去了，不可能留下什么痕迹，譬如说从 20 世纪四五十年代以后长期进行的清除窟前的积沙，累计三四万立方米，清除了就完了，什么也没有留下。塑像、壁画的维修也是同样的情形，塑像开裂或是即将倒塌，经过设计和修缮予以扶正加固。空鼓起甲的壁画经过加固处理，在一定程度上恢复了原有的形象，今天看来它本该就是这样，修旧如旧，修了之后也没有留下什么明显的痕迹。石窟保护是历史遗留给我们的重任，对于已经伤痕累累且脆弱的文物，我们能够维持它的现状已经是很不容易的事，能做到这一点就算是我们的成绩了。

在石窟保护工作中，石窟加固工程留下了大体量的挡墙、石柱等构筑物，这在很大程度上改变了石窟的外观形式；同时也在一定程度上改变了它的内在保护条件，它的是非功过，已经有人评说，但一般都以在外观方面的居多，加固工程是否对石窟存在负面的影响，只有若干年以后才能得到验证，这是留给今后的敦煌石窟保护工作者长期考虑和研究的任务。

一、20 世纪 40 年代的石窟保护工作

我在敦煌石窟保护工作的岗位上工作了 40 多年，经历了石窟保护从草创时期到发展时期的各个阶段。十几年前退休之后，离开了保护工作第一线，虽然我仍然时刻关注着它的发展，但限于地域条件，对石窟保护的发展已经不甚了解，想为它做点什么已经不可能了。可是我是从半个世纪前走过来的，我把我的保护工作经历写成回忆录，为以后

的保护工作提供一点历史素材。

以下所述的各项保护工作绝大多数是我经历或是直接经手的，大致按年代顺序进行叙述。

（一）1943 年修建围墙

我虽没有参与修建围墙，但我到莫高窟时围墙是完整的，所以这里一并加以叙述。修建围墙是常书鸿所长 1943 年初到敦煌干的第一件大事，1943 年秋天完成。围墙只包括南区石窟，南起第 131 窟南侧直到上寺以南，再沿现在窟前柏油路的西侧，到达上中寺，中间留有一道大车门，这是其中一段。然后从上中寺后院向东到达河岸七八米处折而向北，一直到达下寺以北折向第 1 窟。这道围墙的范围是将上寺排除在外的，这是因为在 1943 年时，上寺还没有收归国有的缘故。现在第 1 窟北边山坡上通往上山小道的门和旁边一段几十米的残垣断壁就是当时围墙的历史见证。

这一围墙高约 2 米，平均厚约 50 厘米，全长约 1000 米，基本是就地取土夯筑而成。1958 年的莫高窟地形测绘图上可能标注了围墙的位置。关于修建围墙的艰难过程可参见常书鸿先生著《九十春秋——敦煌五十年》。

在当时的条件下，修筑这么长的围墙也是一项十分艰难的工程，围墙的修建加强了石窟的管理，防止牲畜进入窟区毁损林木。但修筑围墙的另一个重要的象征意义是，它明确地向人们宣告莫高窟进入有人管理的状态，有了保护机构，再不能任人破坏了。

（二）20 世纪 40 年代的治沙工作

20 世纪 40 年代石窟前堆积了很多流沙，南区从第 131 窟到第 153 窟流沙堆积高达四五米，直到第二层石窟前的地面；从第 129 窟到第 109 窟流沙堆积到了石窟门口；从第 108 到第 100 窟流沙已经封堵了窟门；从第 79 窟到第 21 窟，流沙普遍比下层石窟地面高出几十厘米到一两米，这一段的多数石窟特别是大型石窟，如第 76、61、55、53 窟等的窟门都被流沙封堵了，第 71—46 窟一段还有不少的大沙堆比下层石窟的窟门高。经常要用人工把窟门前的沙子清除，否则下层石窟根本进不去。当时有人曾提出用水冲沙，即把大泉河的水引到窟前，用沙土堆筑几十厘米高的临时水坝，等水聚到一定高度后，突然放水冲沙，这样沙堆固然可以削去一些，但是并没有冲去多远，只是把它平摊到大范围的树林中了。这个办法使用了一段时间后，发现作用不大就停止了。

1946 年以后开始在石窟的山崖边上修建防沙墙，第 196、第 233 窟及第 256 窟几处重点流沙

图 1　第 256 窟崖顶修建防沙墙（1955 年拍摄）

处，相继修建了土坯防沙墙，墙高约 150 厘米（图 1）。防沙墙的作用在于把流沙聚集在墙的后面，减少飘落在窟前的流沙数量。过上一两年，防沙墙后面就被流沙填满，如不及时清除，流沙就溢出墙外，防沙墙也就失去作用了，但当时别无良法，虽是消极的，但暂时能起到一些控制流沙的作用。

（三）修建石窟之间的临时通道

敦煌艺术研究所成立之前，要上下石窟是很困难的，据说张大千为了上第 161 窟，搭了一个蜈蚣梯，人是上去了，但是不敢下来，在等人来帮助他的时间里，他在 161 窟甬道北面（甬道北壁是素壁）用土红色画了一幅大胡子自画像，至今尚存。1944 年常书鸿所长上到第 196 窟，因为扶梯倒了，没法从洞窟上下来，又没有胆量从山坡上爬到山顶，最后是工人窦占彪从洞窟爬上山顶，再从九层楼的楼梯下来，取了绳索后才把常所长拉上山顶，可见当时洞窟之间的交通是何等困难。

为了解决石窟之间的交通，王圆箓把石窟之间的南北壁打通作为通道，破坏了大量的壁画，现在二层以上的石窟普遍如此。举例说吧，从第 428 窟可以通过洞窟之间的穿洞一直到达三层楼，从第 285 窟可以穿到第 317 窟（图 2）。下层洞窟通往二层及二层通往三层的垂直交通，往往利用藻井较薄的部位向上打洞。从第 72 窟的藻井上打洞通到第 254 窟中心柱的北侧，第 257 窟中心柱的北侧有洞向上通到第 258 窟，第 263 窟窟顶打洞通到第 264 窟，第 442 窟西壁有洞通到第 446 窟，这个洞比较大，有台阶上下。之所以一一举例，是想说明敦煌艺术研究所建立之初，连上洞窟工作都是非常困难的，下层洞窟被沙封堵，上层洞窟之间没有通道，一切都得从零开始。

我是 1947 年到敦煌的，我来的时候，洞窟之间的交通已经初步改观了，如前面说的第 161 窟前已经有了简单的走道；第 194 窟到第 196 窟前修了十多米长的走廊及台阶；第 249 窟至第 251 窟、第 259 窟至第 263 窟、第 315 窟至第 320 窟、第 276 窟至第 280 窟原来都没有通道，以

图 2　王道士在第 296 窟开的穿洞（1954 年拍摄）

后都就地取材，因陋就简地修建了走廊。方法就是在窟前的树林中间伐一些树木，做成檩条和椽子搭建成栈道，在椽子上铺树枝，上面再铺草泥。这样的栈道走起来尽管还有点软晃晃的，但还是可以比较方便和安全地上下洞窟了。这些极其简易的走廊栈道在 20 世纪 50 年代都曾重新翻建，显得稍为整齐一些，也更为坚固一些（图 3）。20 世纪 60 年代，在全面进行石窟加固工程时这些走廊栈道全部被拆除了。

（四）安装洞窟门

原来洞窟是否有门不得而知，常书鸿先生为了保护洞窟，对一部分具有代表性的洞窟，如第 428、61、98 窟等都安装了窟门，这些大部分

图 3　第 234 窟前修建走廊（1954 年拍摄）

是下层洞窟。当时没有经费，常先生在敦煌县城动员士绅官商做功德捐献窟门，大概做了大小不等的几十幅洞窟门。这些窟门一直使用到 20 世纪 60 年代加固工程竣工时才拆除。

　　上面提到的是 1949 年前的修缮工作，都是在缺少经费、建筑材料的情况下，由老所长常书鸿先生亲自策划和领导下完成的。

二、20 世纪 50 年代对石窟保护的探索

　　1950 年 7 月 1 日，敦煌艺术研究所更名为敦煌文物研究所，并成为文化部文物事业管理局的直属单位，此后敦煌石窟的重大保护项目和举措都是在文化部和文物局的领导下进行的。以下按时间顺序说明。

（一）敦煌石窟考察组

1951 年 6 月，国家文物局委派北京大学赵正之、宿白教授，清华大学莫宗江教授，以及古代建筑修整所（现中国文物研究所）余鸣谦工程师 4 位专家，组成工作组来莫高窟进行全面的考察，在 3 个月的考察期间，他们主要从以下几个方面对莫高窟进行全面考察：（1）自然环境；（2）各洞窟的损害情况；（3）石窟崖面原状研究；（4）洞窟的建造年代；（5）窟檐情况。上述考察情况由古建筑学家陈明达写成《敦煌石窟勘察报告》一文发表在 1955 年第 2 期《文物参考资料》上。报告的第六部分实际就是敦煌石窟维修保护和研究工作的中长期工作规划，成为国家文物局和敦煌文物研究所长期进行保护工作的纲要。报告在发表之前曾在文物研究所展开讨论，并由常书鸿所长及我写成《对"敦煌石窟勘察报告"的补充意见》，与上文同时发表。

国家文物局要求 4 位专家在进行考察的同时，可以进行一些临时性的修缮工程，为此拨了若干万斤小米的经费（20 世纪 50 年代初期，因为物价还不稳定，单位的经费和个人的工资都是以小米价格计算，并折合成当时的货币）。为了取得敦煌当地政府的支持，还成立了莫高窟修建委员会，在当年进行并完成了以下一些维修工程：

1.第 427、431、444 窟宋初窟檐的局部修缮（撤换部分椽檩，添配门窗等）。

2.第 437 窟窟檐的落架大修（添配部分椽檩及斗拱、门窗，但施工时因为专家已经离开，我又出差在外，工人因为看不懂图，复原时窟檐结构发生错误，有些问题后来作了处理，但有的问题至今没有纠正）。

3.为第 458、459、159、194 窟修建临时窟檐，以保护露了天的窟龛塑像，这几处窟檐至今尚在。

图 4　第 118—128 窟前的临时窟檐（1954 年拍摄）

4. 为第 118、119、120、121、122、123、124、125、126、127、128 窟修建临时窟檐，保护前室的壁画，此处窟檐在 1963 年加固工程时被拆除（图 4）。

5. 为第 156、205 窟前室建土坯墙；在第 292 窟前室建砖墙支顶第 435 窟悬空岩体。

6. 为改善职工生活，修建了饭厅、厨房、厕所，以及客房等临时建筑。

7. 拆除千像塔：为王圆箓所修，塔在现在大牌坊的西北角处，距离石窟前三四十米，二层八边形，下层塔身外面包砖，塔的形象并不完整，好像没有修完就停止了。塔的用途是王圆箓把石窟中的残破塑像集中起来，存放在塔内。塔的西面有"千像塔记"石碑一通。为了弄清楚塔内究竟存放了些什么，经拆除后，塔中确实存放了不少残破塑像，这些塑像后来存放在洞窟内。20 世纪 50 年代我和窦占彪同志选择了其中一些较好的或是有参考价值的收藏在第 450 窟；对于一些可以看出部分形象、有一定研究价值的，则将其竖立起来，做一个基座，便于保存和观览。

8. 第 469 窟的发现。据我后来了解，在他们工作期间，窦占彪同志在第 53 洞北壁发现有洞窟痕迹，霍熙亮同志请来了 4 位专家，在大家的注视下把封堵石窟的土坯拆除，发现有一个小窟，但窟内没有塑像和壁画，石窟的三面都有壁橱，但没有存放东西，只有少数的经轴，可以说明此窟原来是作为藏经之用的，但在封闭之前又把藏经搬走了。这是新中国成立后发现的第一个石窟，编号为第 469 窟。

9. 发现并测绘了"慈氏之塔"。后来宿白先生及肖默先生都曾撰文研究和介绍此塔。1981 年为妥善保护此塔，经上级批准，迁建在莫高窟窟前园林中。

（二）1953 年发现新洞窟

现在的第 470—475 窟 6 个洞窟前，原有一个大土台，土台上有台阶直上第 233 窟（图 5）。土台南侧有两间简陋房屋，当时有姓马和姓全的两位汉人喇嘛偶尔在这里居住，房屋东侧有喂牲口的槽。1949 年

图 5　第 233 窟前土台拆除前
（1953 年拍摄）

图 6　清理第 233 窟前土台后发现的
第 470—475 窟（1954 年拍摄）

以后喇嘛们不再来了，我们便把破房子拆了，发现土台南面与岩体之间
有大缝隙，透过缝隙可以看见一个小洞窟。

　　1953 年为了利用土台子的土拓制土坯，在一边挖土一边拓制土坯
的过程中，于 5 月 1 日在土台南边又发现一个小洞，到 5 月 29 日土台
已所剩不多，当时的业务人员们急切地想看新洞窟，大家拿来杠子套上
绳子，齐心协力把剩下的土堆拉倒了，里面出现了 4 个唐代小洞窟，加
上前面先发现的 2 个，共有 6 个洞窟，从南面依次编号为第 470、471、
472、473、474、475 窟（图 6）。这批洞窟刚发现时，窟门内堆了很多流
沙，第 474 窟龛中的塑像散乱地倒在流沙中，塑像造型很好，可惜都破
碎了，当时没有修复残破塑像的技术，只得先收存起来。新发现的洞窟
里的壁画特别是第 474 窟的壁画线描、造型及色彩俱佳，由于洞窟长期

封闭，一经打开暴露在空气中，壁画就出现了大片起甲，地仗也有严重的酥碱现象。

关于这一批新洞窟的发现情况及洞窟内容调查，我写了《敦煌千佛洞新发现的洞窟内容调查》一文，发表在《文物参考资料》1953 年第 12 期。

这里要特别提到 1957 年，大约是夏秋季节，国家文物局委托一位捷克斯洛伐克的文物保护专家来莫高窟考察壁画保护情况，并准备作壁画病害的操作示范，我们当时就选择在刚发现的第 474 窟做试验。这个洞窟壁画保存较多，内容也很丰富，但壁画病害比较严重，既有起甲，也有酥碱，病害类型较为典型。当时我们对这类壁画病害可以说是束手无策，捷克专家的到来，可以说是雪中送炭，大家都寄予很高的希望。

在第 474 窟做试验那天，常书鸿先生及美术、保护组的业务人员都到现场观摩学习。只见这位专家把一种白色牙膏状的材料挤在一杯清水中（估计在 10% 以下），然后用玻璃棒搅和成白色乳状液体后（这种材料是用锡管装的，可能是一种化学品，捷克专家没有告诉我们这种材料的性状和名称），用一支兽医使用的粗大针管吸满了白色乳状的黏合剂，在起甲壁画的缝隙边沿挤入黏合剂，因为壁画地仗比较酥松，液体很快就渗透到地仗里了；在渗透的同时，起甲壁画随着液体的渗透贴回地仗层。待壁画表面的水分稍一收干，再用纱布包着的棉球，轻轻按压壁画表面，使其粘贴牢固并保持壁画表面平整。由于起甲壁画的颜料层非常薄，在注射过程中，稍有不慎，就会将颜料层碰掉，捷克专家在操作中就有表层脱落的情况。在用纱布按压过的颜料表面，也留下了清晰的布纹压痕。

当大家看过演示后，都感到这种打针修复的方法很神奇，在不断向起甲裂隙注射液体的过程中，起翘的壁画颜料层在瞬间就平整了，这种修复技术非常适合莫高窟壁画病害的修复，是很有效的一种加固方法，但也有需要改进之处。

这次在第474窟的演示大概只有两个多小时，修复壁画的具体位置在佛龛内的北壁以及佛龛外北侧的起甲酥碱壁画，总共修复壁画面积大约0.15平方米。捷克专家除了在洞窟内进行实地演示外，还给全体业务人员做了一次关于壁画修复的专题报告。其中关于修复材料的成分，他介绍说是用奶酪和石灰水制作的黏合材料。在作报告时，他认为对于敦煌莫高窟全部洞窟病害的修复，大约需要50人工作20年，最重要的是首先进行人员培训（在国外培训）。后来国家文物局组织了一批人去国外学习，可惜我们这里没有派人参加。

总之，此次捷克专家来敦煌共三四天的时间中，主要考察了莫高窟的壁画病害，并进行了壁画修复示范，使我们开了眼界，受到很好的启发，开了用打针注射的方法修复壁画的先河。

（三）第459窟塑像倒塌

1953年9月18日，第459窟佛龛南侧一身唐代菩萨塑像倒塌，菩萨头部及手臂受损较严重，但可以修复，其他部分尚完好。倒塌原因系土蜂在腿根部筑巢，把菩萨的木骨蛀空了，没有及时被发现。

（四）露天壁画边沿加固

在调查的基础上，1953年第二季度对第94、130、203、431、432、428、454窟外崖面上的五代、宋初露天壁画做了边沿加固处理。在这些露天壁画的边沿剥落处，用麻刀石灰浆作加固处理，原露天壁画的表面是用石灰浆内掺和麻刀及少量的红土制成，在我们的修复中，所用石灰浆中也加入麻刀和少量红土，使其与原壁面协调一致。经过加固的壁画至今保持完好（图7）。

（五）最上层洞窟顶部风化破碎岩体的封护

这批洞窟中以第159、196窟风化最为严重。在石窟内，顶部岩体严重风化，卵石沙砾经常掉落，有时成片成块地掉落，在洞窟地面上成堆地堆积着卵石沙砾，清扫之后不久又会掉下一堆，对于工作和参观都很

图7　第428窟顶露天壁画边沿加固（1953年）及防雨棚（1965年前后）

不安全。为此，工作人员首先在第 159、196 窟进行试验并取得了成功，以后又陆续进行了第 194、258、260、264、445、444 窟等处的加固，并对顶部的风化岩体用水泥砂浆进行了封护，效果很好，50 年过去了，没有发现这批洞窟有岩体剥落的现象。在封护时注意到封护材料的颜色应与洞窟壁画相协调，如第 159、196 窟，在灰色的水泥砂浆上再抹一遍白灰砂浆，第 444、445 窟因为壁画已被烟火熏黑，水泥砂浆的灰色也是协调的。以上所说的是洞窟内部风化岩体的封护。在这一批洞窟中的第 196、258、260、264、444、445 窟外部的山坡上也普遍抹了水泥砂浆，目的是防止雨水渗入窟内。在工作完成的当年，因为忽略了排水处理，在下雨时，雨水顺着山坡往下流，污损了第 444、445 窟下面的第 438、439、440 窟上部的五代壁画，造成一定损失。但由此发现用合适的材料封护山坡可以减少雨水向高层洞窟的渗透。

（六）空鼓破损壁画的边沿加固

1953 年，在一些洞窟内做了空鼓破损壁画的边沿加固工作。有第 65、66、70、54、71、26、87、88、99、470、471、472、473、474、475、121、115、45、128、221、223、225、249 窟，共 23 个洞窟中进行边沿加固 153 平方米。

1954 年 5 月 23 日前在第 67、64、54、467、53、51、50、49、46、45、43、42、41、38、35 窟，共 15 个洞窟中进行边沿加固 116 平方米。同年又在第 293、283、282、281、280、279、278、277、450、459、460（图 8）、449、61、76、75、85、89、240、252、257、259、320、346、344、335、334、265、263、95、29、22 窟，共 31 窟中进行壁画边沿加固 325.5 平方米。

　　当时的记录不是很完整，但在这两年中，曾普遍对破损壁画的边沿进行了加固。1956 年，对榆林窟大部分洞窟中大面积剥落的壁画进行了边沿加固。这个工作一般都只用草泥修补，墁抹得也比较粗糙，但最后的实际效果还是不错的。经过边沿加固的壁画再没有发生剥落现象。

（七）治沙工作

1. 清除窟前的流沙

　　从 1944 年成立的敦煌艺术研究所，到中华人民共和国成立后的敦煌文物研究所（1954 年前后），一直把治沙列为保护工作中重点的日常工作，常所长认为，"沙是保护石窟的大敌，一定要首先制服它"。

　　这里首先简单表述一下 20 世纪 50 年代石窟流沙的堆积情况，总的说来，石窟南端距离鸣沙山比较近，流沙的情况比较严

图 8　第 460 窟薄顶及壁画边沿加固（1954 年拍摄）

重，从石窟最南端第 131 窟至第 155 窟，积沙高度与第二层石窟的地面等高。这一段石窟中的第 146 窟在下层，因为地势较低，很容易被流沙埋没，只得用人力经常清沙，在高 4 米～5 米的沙堆之间，第 146 窟前形成一个缺口。第 130 窟下层窟门更低，也是经常用人清除积沙才免于被流沙埋没。当时进入第 130 窟的下层也是在沙堆上修的台阶，进入窟门要下十几步台阶才到窟内的甬道地面，里外高差有 2.5 米～3 米。第 130 窟以北的第 129 窟至第 111 窟一带，积沙与石窟地面等高。第 108 窟也是地面较外面的沙堆低 1 米左右。第 108 窟以北如第 100、98、96（北大像）、94 窟直至第 85 窟等都是大型洞窟，这一段是人群活动的中心，因为经常有人清理，所以积沙不太严重。由此往北从第 79 窟直到第 45 窟一带，是流沙堆积严重的地段，下层洞窟窟门大多被流沙掩埋，如第 79、76、71、68、61、55、53 窟等，在第 55 窟与第 61 窟之间有 7 个唐代及唐以前的小窟早已被流沙埋没，后被发掘出来，编号为第 478、479、480、481、482、483、484 窟，但壁画和塑像已经全部损坏了。

上述第 76、61、55 窟因为洞窟大，流沙仅封堵了甬道，形成 30 多度的斜坡流入窟内，甬道内被流沙掩埋的壁画全部遭到破坏。堆积的流沙也将水分带入甬道，甚至窟前树木的树根也伸进了甬道。当时第 61、55 窟的窟门非常矮小，进入窟门后要顺着在沙堆上修的台阶向下走，才能进入洞窟。这一带第二层洞窟，如第 56、57、58、59 窟，沙堆几乎与洞窟地面等高，当时上第 285 窟只需搭一个矮梯就能上去。第 322 窟以北的下层洞窟距地面较高，流沙封堵的情况不太严重。

因为洞窟前普遍都有积沙，使得在窟前的活动，真是走一步退半步，对于石窟保护及其他日常工作都极不方便。1953 年计划在洞窟前修一条临时的简易路面，所以首先要把窟前大量的积沙清除掉。于是在

1954 年 4 月 至 5 月间雇用了莫高窟附近农民的几十辆大轱辘牛车，集中在第 61 窟至第 45 窟一带进行清沙，共清除流沙 3340 立方米，当年及第二年又清除第 33 窟以北及第 112 窟以南的积沙六千立方米以上（图 9）。

图 9　1954 年搬运窟前积沙

第 130 窟以南的高大沙堆，一直到 20 世纪 80 年代进行第四期加固工程时才被全部清除掉。清除积沙之后，窟前显得宽敞平坦多了，与清除前积沙成堆、荒芜零乱的景象形成了鲜明对比。尽管地面上还有沙子，走起路来仍然吃力，但毕竟感觉到了人为管理的效果。

2.修建防沙墙

20 世纪 50 年代敦煌文物研究所仍然把防沙治沙作为石窟保护的重点，但是苦于对治沙缺少理论指导和实践上的借鉴，当时只是凭着对石窟保护的热情从事这项工作。中华人民共和国成立前，常书鸿所长就主持修建了一些防沙墙，如第 233 窟崖顶上有一段防沙墙，有十多米长，上面还有段文杰先生书写的"请爱护古迹"几个大字。1954 年秋天，所里邀请了敦煌地方上一些老先生座谈石窟保护及有关问题，敦煌名士任子宜先生又提出在石窟山崖边上修建防沙墙的建议，实际上，1954 年我们已经计划在几处流沙比较严重的地段，如第 372、412、326、256、205、182、194、356 窟附近的山崖上修建防沙墙，每一处防沙墙的长度大约 15 米，第 412 窟顶上的防沙墙长约 20 米。

防沙墙全是土坯砌成，高约 1.5 米、厚 0.35 米，墙的两面用草泥墁抹，上述几处防沙墙相继在 1954 至 1955 年完成，大部分承包给了敦煌一个叫杨生全的泥工。防沙墙所用的土坯是在莫高窟就地取土拓成的，砌墙的泥土也是就地取土，取土的地点在靠近中寺的一些较高的地块。

这些防沙墙相继完成之后，当年石窟前的流沙的确是减少了，看来是起了些作用，但是当防沙墙后面被流沙填满之后，流沙越过防沙墙的顶部，继续不断地顺着山崖向窟前飘落，这种情况当时也估计到了，但没有想到这么快防沙墙就会失去作用了。因为我们没有办法计算出鸣沙山每年向莫高窟的输沙量。

为了让防沙墙能继续起到防沙的作用，于是又在防沙墙的底部每隔两三米就打开一个洞，把防沙墙后面拦蓄的流沙放下来。在放沙的时候，防沙墙上面还得有工人把沙推向流沙孔，流沙的时候沙尘四处飘扬，使附近的洞窟也受到沙尘影响。为了控制放沙时的沙尘影响，又想办法用帆布缝成直径 30 多厘米的布筒，长约 20 米，布筒的上口紧靠在防沙墙的流沙孔上，下面固定在离洞窟较远的地方，用三脚架固定起来，这样流沙可以有控制地流在一定的地方，集中成很大的沙堆，以方便用牛车运走。但是好景不长，流沙筒很快就被流沙磨蚀得千疮百孔。这种清沙的办法虽然比较可行，但是在当时经费困难的条件下，经常更换帆布流沙筒，造成一定的经济困难（图 10）。

这些防沙墙在后来进行石窟加固工程期间大部分被陆续拆除了。我这里不是介绍治沙的成功经验，而是向后来者述说当时在石窟保护中我们所遇到的困难与困惑。

3.挖防沙沟

在修防沙墙的后期，为了进一步防沙，1955年 3 月 16 日开始又在洞窟山顶上的平坦处开挖防沙沟，到 4 月 4 日共挖沟 1014 米，沟深 120 厘米、

图 10　第 256 窟前用帆布袋向下放沙（1960 年拍摄）

宽约 200 厘米（这 1000 米长的防沙沟用工 471 个），挖出来的沙砾堆在沟的东面，目的也是拦蓄流沙，与洞窟山崖顶上的防沙墙作用相似（图 11）。1955 年相继完成了防沙墙和防沙沟，大概在两三年时间之内，洞窟前的流沙的确减少了。后来防沙沟也被流沙填满，就干脆把它填平了，现在山顶上还能隐约看见痕迹。

4.在莫高窟召开治沙会议

在我们对治沙感到困惑的时候，1959 年夏，国家文物局邀请中国科学院治沙队（沙漠研究所的前身）陈明道队长、治沙专家李鸣岗等人，会同甘肃省农林厅、酒泉地区林业局的领导在莫高窟开治沙会议，会议期间考察了莫高窟鸣沙山及莫高窟的流沙情况，李鸣岗研究员提出了治沙的规划意见：

第一步，在莫高窟山顶上建立气象观测站，收集气象资料，为治沙

图 11　挖防沙沟（1955 年拍摄）

提供气象数据。

　　第二步，在莫高窟与鸣沙山之间设置高立式沙障，在鸣沙山下的沙丘之间布设草方格沙障。

　　第三步，在草方格中试验种植梭梭、柠条等耐旱植物。

　　在讨论中，陈队长感慨地说："你们这里治沙也难哦，你们文化部门要人没人，要钱没钱。"李鸣岗研究员提出一个主意，说："包兰铁路沙坡头一段铁路边上，有大量的高立式沙障已经没有用处了，你们和铁路部门联系一下可以无偿调拨给你们。"

这次会议之后，我们拟定了一个治沙规划并上报文物局，当年冬天之前就从沙坡头运回来一火车皮沙障，同时在敦煌南湖收购了上万斤的芦苇（做草方格沙障），并在鸣沙山下做了些实验。但因当时正值三年严重困难期间，生活极端困难，他们无力进行沙障的施工。到了1960年，研究所的大部分职工忙于生产自救，这次治沙工作就中断了，仅把气象站建立起来并开始作气象记录，马竞驰同志是第一个也是唯一的气象记录员。

气象观测站建在九层楼山顶上的平坦处，距离九层楼约四五十米，观测的项目有：风向、风速、降水、蒸发、日照、温度、相对湿度、地表和地表以下的温度。因为只有一个记录员，所以每天只安排在8时、14时、20时三次记录。每年的春、夏、秋三季记录工作没有多大困难，但是到了冬季以及冬季的前后两月是记录工作的困难时期。早晨的8点及晚上的20点两次记录大多是在天黑的时候，摸黑上山顶观测站进行记录，一手拿着电筒，一手还提着马灯，吃力地爬上九层楼山顶，月黑之夜，戈壁上漆黑一片，孤身一人被黑暗包围着，不由得会产生莫名的恐惧。因为天寒地冻，仪器中的湿球结冰，按照记录的操作规程首先进行消冰，消冰之后要等三四十分钟才能记录，每次上下山，一个人作一次观测记录要花一个多小时，数九寒天观测站的气温在零下十几度到零下二十几度，真是天寒风似刀。在这样的条件下，马竞驰坚持记录工作，我和李云鹤在他调休时顶班，所以才有上述困难情况的亲身体会。从1962年开始进行加固工程的前期工作，1963年加固工程开始，因为人手紧张，到 1964 年停止了气象记录。

（八）试验性加固工程

1956 年夏秋之间，国家文物局委派古建研究所（现在的文物研究所）古建专家余鸣谦、杨烈、陆鸿年三位工程师到莫高窟来调查研究，中心任务是为第 248—260 窟一段北魏石窟的加固收集资料，他们三人进行石窟测绘，我则配合他们进行地质挖探，为加固设计收集地质资料。

同年冬天，我到北京古建所配合杨烈进行这一段石窟加固工程的设计。当时对石窟加固都没有经验，为了郑重起见，1957 年 1 月 25 日，国家文物局在古建所召开专家会议，参加的人员有文物局文物处的陈滋德处长、陈明达研究员、北京大学的赵正之，清华大学建筑系的刘致平、莫宗江教授、朱桂莘先生，以及古建所的祁英涛、余鸣谦、杨烈等专家，当时我也在座。会上对石窟加固的原则进行了广泛的讨论，并对第一次加固的几个方案中的第三方案作了肯定。第三方案的要点是：

1.虽然是临时性的加固，但要和长远规划相结合。

2.工程的结构部分如支顶危岩的柱子可以是永久性的，其他如隔断墙和装修等部分可以是临时的。封闭王道士打的穿洞，修建外走廊。

3.事先做好测绘及地质勘探工作。

后来国家文物局下达的文件中说明，这段工程是试验性的加固工程，方整石柱用石灰砂浆砌筑，如果有必要还可以拆除。加固工程是可逆的，在施工中我们是严格执行的。

1957 年的第一、二季度为工程备料。首先在敦煌雇请石匠，在大泉的苦口泉开采花岗岩方正石，后来因为大泉河有一段称为"石碣子"的路段，交通很困难，又改去安西东坝头以北的塔儿泉开采石料。这里的花岗石料结晶稍粗一些，颜色偏暖一些，但还可以用。采石地点虽然远一些，但可以用汽车运输。

塔儿泉远离城乡，生活十分艰苦，水也是苦咸的，吃的面粉可以一次多运去一些，蔬菜就没有办法了，采石的工匠们只有吃点咸菜下饭。我当时有一点体会就是莫高窟无论搞点什么，只要是需要劳动力的事情，离了当地群众，我们就寸步难行。如果说研究所几十年来在石窟保护上做了些工作，取得了一定的成绩，首先有敦煌地方政府和群众的一份功劳。

第248—260窟这段加固，是敦煌文物研究所成立以后规模最大的工程，其主要的工作是方整石砌石柱，当地的泥瓦工还承担不了这项工程，当地的石匠只会开石料，不懂得工程技术，后来是常所长通过任震英先生从张掖找来一批退休的青岛石匠。1957年8月开始挖基础，9月开始砌石块，工程进行得很顺利。

1957年，当时社会上的政治气候已非常紧张，莫高窟的山沟里也不是世外桃源，三十几个人的单位，反右斗争也进行得如火如荼，我白天在工地负责施工，夜晚参加会议。10月份以后，我正式受到批判和斗争，身体和精神上的压力很大，但是对工程我不敢有丝毫马虎，只想戴罪立功。到年底入冬之前，这项支顶工程的所有石柱全部砌完，工程暂告一段落（图12）。1958年春继续施工，完成了柱子之间的隔断墙。因为墙并不承重，下层用土坯墙砌筑，上层用板条抹灰墙。砌墙之后又完成了木结构的外走廊。

在工程顺利进行的过程中，一时石料供应不上，经所里和七里镇石油运输公司联系，他们支援了几辆大卡车去安西塔儿泉拉运石料。当时正在接受批判的段文杰、史苇湘、毕可和我都随车搬运石料，当

然也有其他干部参加这一重体力劳动。在施工期间我和段文杰、史
苇湘、毕可、李其琼在施工现场搬运石料，一条1米长的料石约重
四五百斤，对我来说也是严峻的考验，不过一咬牙也挺过来了。这是
题外话。

施工期间，常书鸿所长夫妇去日本访问，当他一回到所里，马上就
到工地察看，因为这是所里第一处加固工程，他一直非常关切。这一段
工程完工之后的若干年中，研究所的干部们都非常爱护这一段木结构
走廊，冬天每当下雪之后，干部们就扛上铁锹、扫把很快把雪除掉，保
持走廊木地板的干燥。爱护加固工程，实际体现了大家对石窟文物的
爱护。

图12　第248—260窟前实验性加固（1957年）

20 世纪 50 年代的石窟保护工作可以说是百废待兴，我们在缺少文物保护经验和理论知识的情况下，努力进行外部的维修工作，如除沙、修走廊栈道、安装窟门等，尽量减轻对自然的破坏。同时，组织好群众参观，减少人为破坏。而将根本性地保护修缮，留待时机成熟之后。

我上面回忆的只是比较大的重点项目，一些零星的修缮从来就没有停止过，可能永远也停不下来。总的说来，20 世纪 50 年代石窟保护主要是调查研究和探索试验的阶段，当时我们还是国家文物局的直属单位，我们进行的主要工作都是由文物局领导安排的。

1954 年 8 月，常书鸿所长从北京带回一封文化部给敦煌研究所全体同志的公开信，信中对我所的中心任务做出了明确的规定：保护、研究和发扬。现在事隔 50 年，敦煌研究院仍然按照上述方针在进行工作，只是它的深度和广度大大不同而已。信中除深刻地论述了研究和壁画临摹的关系，同时严肃地指出："保护工作，首先应明确认识，保护敦煌石窟艺术不使其受到任何损坏是一项重要的政治任务。"与此同时，《敦煌莫高窟考察报告》中对莫高窟的维修加固也有了比较明确的规划，保护工作进入有章可循的阶段。

三、20 世纪 60 年代大力进行石窟保护

（一）1962 年，文化部莫高窟考察团在莫高窟的活动

20 世纪 50 年代后期，经过三年严重困难时期之后，1961 年敦煌文物研究所为进一步开展石窟保护，曾经陆续上报了几个工作报告：第一是关于进行鸣沙山防风治沙的规划；第二是清理石窟中所存清代末期丑恶塑像的报告；第三是关于石窟加固工程的报告。

1962 年 8 月，以徐平羽副部长为首的文化部莫高窟考察团来敦煌考察，成员都是一些知名的专家，其中有王朝闻（美术理论家）、刘开渠（中央美术学院教授、雕塑家）、宿白（北京大学教授、考古学家）、陈明达（建筑研究院研究员、建筑史家）、李鸣岗（沙漠研究所研究员、治沙专家）、赵松乔（教授、地理学家）、余晓尧（文物出版社总编辑）、李槐之（甘肃省文化局局长），以及文物局派去波兰学习文物保护的留学生胡继高（大概是刚刚回国，行色匆匆，还是一身西服，当时看来非常显眼）。好像还有上海电影制片厂的编导等十余人。在莫高窟考察期间基本同意清除丑恶塑像 60 多身。

1.关于治理流沙的问题

专家们在考察了鸣沙山之后，进行了广泛的讨论。李鸣岗、赵松乔二位专家对莫高窟的治沙有完全不同的看法，各自有所依据的理论，在会上展开了激烈的辩论。李先生认为，为了防止流沙对石窟的危害，可以在莫高窟与鸣沙山之间近 1000 米的戈壁上建立防沙障，在鸣沙山下的小沙丘之间设立草方格沙障阻挡流沙，否则长期的流沙可能把莫高窟掩埋。赵教授则认为，在戈壁上设立各种人工障碍，风速降低后沙尘反而就沉降下来，年复一年戈壁上将形成新的沙丘，说得严重一点，鸣沙山将进一步迫近莫高窟，到那时就更为严重了。现在莫高窟上的戈壁，是一种天然平台，是有利的自然地形，不在戈壁上设置沙障，在地理学上被称为"不堆积"理论。至于现在流到石窟前面的沙，估计数量有限，经常清理花费有限，洞窟也不会被埋掉。徐副部长说，一时定不下来，就继续观察，首先加固洞窟。石窟加固了，也就减少了风沙的危害。后来大概在 1981、1982 年，赵教授已是近 80 高龄的人，重访莫高窟时把我找到，问我石窟有没有被流沙埋掉，我告诉他洞窟保护得很好，没有被沙埋掉，他很高兴，证明他原来的理论是正确的。

2.关于石窟全面加固工程的决策

专家们在考察石窟的保护情况之后，认为石窟崖壁的裂隙严重威胁着石窟的安全，虽不一定会马上坍塌，但如果有个万一，将造成不可弥补的损失，应该立即把石窟加固提上日程。徐副部长当即给甘肃省委书记汪锋挂了电话，要求省委派工程师来莫高窟勘察石窟的安全情况，并商谈加固问题。几天之后，省上请来了铁道部西北勘测设计院地质处张总工程师及桥隧处谢英工程师。两位工程师都是富有经验的工程技术专家，除了在石窟内外仔细勘测病害之外，为了摸清石窟的地质病害和崖壁上部的悬崖危石，张总不顾年高和危险，亲自从第一窟上部崖边边沿一直向南走了好几百米，看到一些在山崖下面看不见的悬崖危石等地质病害，张总工不怕艰险，我当然也就只得紧紧跟上，既可互相照顾，又可以向张总工学习，但是下临深渊，也得小心翼翼。

经过几天的考察，两位工程师在会上汇报了他们的看法，认为石窟应该加固，徐副部长在会议上说："三年严重困难时期刚过，国家还处于困难时期，可能一时拿不出很多钱来，但是我想选择两三处重点工程，造个 15 万的预算，上报国务院大概可以批准。"

徐平羽副部长对石窟加固的决策很快就推动了石窟加固工作的进程。他回到北京以后，随即将莫高窟加固问题上报国务院，得到陈毅副总理的关注和周恩来总理的批准，此后徐副部长与铁道部吕正操部长联系，得到了吕部长的全力支持，命令铁道部西北勘测设计院承担勘测设计任务。同年 11 月，设计院一百多人的勘测队伍进入莫高窟。在寒冷的季节开展了地质调查、地质钻探、地形和洞窟测绘等浩繁的前期工程，为石窟全面加固工程拉开了序幕。

附带说一下，在地质钻探过程中，在第 332 窟前钻孔时，发现距地表 20 余米处有地下水，我当即向常书鸿所长作了汇报，大家都非常兴奋和高兴，觉得将来可以打井吃到好水了，可惜后来经过分析和化验，钻孔里的水和莫高窟的地表水基本一样，水量也不大。不过到 20 世纪70 年代，在现在保卫处的南面打了一口约 30 米深的浅井，基本用上了较为清洁的井水，不再直接从大泉河里打水饮用了。大泉河水在夏天的洪水季节及洪水过后的一段时间里，全部是浑浊的泥浆水，不能直接饮用，往往在打上来后要经过长时间的沉淀。有了井水后，尽管水质仍然不好，但生活上多少有了一些改善。在莫高窟的饮水问题上，几十年来国家文物局一直很关心，多次提供经费帮助解决这里的饮用水困难，这方面我是深有体会的。

3.石窟加固工程方案的确定

1963 年第一、二季度，铁道部兰州第一设计院桥隧处和地质处，加紧进行莫高窟第一期加固工程的初步设计（第一、二期加固工程，经商定为两阶段设计，即初步设计和施工设计。初步设计经论证和批准之后再进行施工设计，这样可以保证文物与保护之间的协调和工程本身的设计质量）。同年 4 月份，甘肃省文化局在兰州召开第一期加固工程初步设计的论证会，常书鸿所长及文物局派来的余鸣谦工程师出席会议，我事前为会议画了一张第六工点的透视图（效果图），会后知道会议同意加固工程的大原则，即用支顶结构支撑危岩，用重力挡墙防止岩体坍塌；刷除突出悬崖的危石。在此期间国家文物局在北京经过多方征求意见，特别是征求了建筑学家梁思成先生的意见，梁先生曾以《关于敦煌维护工程方案的意见》一信答复了文物局，原信全文抄录如下：

关于敦煌维护工程方案的意见（注）

一、同意方案从外面砌墙加固的总原则

推测从符秦到元朝约一千年间，数以百计的洞窟陆续被开凿。一面新窟陆续出现，一面旧窟陆续残破坍塌。可以想象，在敦煌的整个历史过程中，恐怕没有过全部完整修洁的日子。即使有，也只能维持极短的几年。因此，"破破烂烂"就是千年来敦煌的正常外貌——少数完整的窟廊或殿阁，其余就是满崖残破的窟窿眼。这就是敦煌给人的基本印象。今天我以砌墙为主，基本上保持这一面貌，我们也只能做到这样。所以我同意这一总原则。

二、需要注意上部的维护

崖壁是从上面边缘逐渐风化崩塌的。方案主要从崖脚上加固，似应相应地，或者更重要的是防止从上面崩塌的问题。

三、注意新砌的墙基下陷的问题

新墙和崖壁不是一个整体。墙砌好后可能沉降，方案中有沉降缝，已注意到这一点。但望在基础设计和施工过程中特别注意这一点。

四、新墙上不要加任何雕饰

新墙最好完全朴素无饰。要注意的是洞窟的比例，各段墙上上下左右凹凸的比例、阴影、墙的颜色等等的艺术效果。绝不可喧宾夺主。

我没有到过敦煌，对于这样的工程结构更是外行，只觉得敦煌的一切主要都在洞内，除了少数窟廊外，外部只是留下大自然破坏的痕迹。我们的目的在保护洞内的东西——从外面

加固是为了保护它，因此这一目的必须明确。

此外，为了保护绝大多数洞窟，如工程上有不可克服的矛盾时，我想破坏少数次要的洞窟也是可以的。当然，若能"先破后立"，例如先揭下壁画，移开塑像将洞拆改、加固，再将壁画贴回洞内壁上，恢复原状，那就更好了。

几点不成熟意见，仅供参考。

梁思成

1963 年 8 月 9 日

（注：《关于敦煌维修工程方案的意见》，中国建筑工业出版社，1986 年，《梁思成文集》第四卷，第 289 页）

梁先生的信我和同事肖默当时都没有看到，凭着我们对文物保护和石窟建筑艺术的理解，对每一工点的设计进行论证时都提出对石窟有利的修改意见，例如要根据石窟本身的大小来设计挡墙上的开口，使加固工程的外观不要过于整齐，结合原来石窟崖体的变化，新砌的挡墙也要有高低起伏。对于几座唐宋时期的木结构窟檐要保持它悬挑凌飞的姿态，把挡墙适当地收缩一点。但铁道设计院是一个大单位，我和肖默经过多次争辩也说服不了人家，只好听之任之了。待工程完工过了 20 多年后，我又遇见当时的工程项目负责人，谈起当时的情况，他反省说："我们当时太年轻，不懂得艺术，更不懂得文物，事已如此，反正石窟不会垮就行了。"

在加固工程进行时，国家文物局提出，这一工程要成为可逆的，到必要时可以部分或全部拆除。所以挡墙用浆砌片石，其他多采用预制混凝土过梁和其他构件，在设计和施工中严格遵照办理。事后证明，由于施工质量较好，浆砌片石黏接得异常牢固，要拆除一部分是相当困难的。

4.关于加固工程的施工

1963 年，铁道部西北铁路工程局接受了莫高窟加固工程的施工任务，铁道部在下达任务时，要求铁路局将其当作一项政治任务来完成，组织一支优秀的施工队伍。同年 5 月，哈密工程处组织了 120 人左右的综合施工队，由队长、政委、工程师、施工员等组成的专业施工队伍进驻莫高窟施工现场。

为了接待这一批工程技术人员和工人，临时在上寺的东面修了 20 间土坯房，上寺的南面原有的临时工住房改为厨房和库房，中寺的正殿改为他们的队部办公室兼住房。还在上寺东南老榆树林中搭了许多帐篷，供有家属的人居住。莫高窟长期以来就只有我们单位几十人居住，突然增加上百号人，顿时热闹起来了。

为了配合工程队的施工，甘肃省文化厅成立了工程办公室，省文化厅办公室主任王毅任加固工程办公室主任，并调来苏发春任会计，我任甲方代表，国家文物局调文物研究所的余鸣谦任监理工程师（余工不在敦煌期间由我代理这一工作）。

根据施工单位和建设单位的协议，施工单位除开采片石之外，其余工程材料都由建设单位供应。加固工程所需工程材料种类不多，但数量较大，很多材料都要从兰州调拨和运输。所以由兰州调拨和运输材料的事由省文化厅文物处负责，文物处当时大概只有三四个人，吴怡如处长和彭岚峰两位同志可以说是全力以赴。而在莫高窟现场，人少事多，我当时也没有调离保护组，既要管工程，还要兼顾保护组的工作。工程队是休大礼拜（两星期休息一天），我们也就得跟着上班。3 年多的加固工程期间，在莫高窟从里到外、从上到下就是两三个人在跟着施工队忙碌。

　　施工期间，为了开采片石购进了成吨的炸药和上万根雷管，炸药交给工程队保存在山沟里，由他们看管，按规定炸药和雷管不能在一起存放，我和苏发春把雷管放在一个安全地点，当取雷管时，总是趁中午大家开饭的时候我们才单独活动，以免被人发现。一直到"文化大革命"开始，为了安全，我们把剩余的炸药、雷管、导火索全部处理给了有关单位。

　　1963 年 6 月，第一期加固工程第六工点首先开工，这个工点比较小，下层共 7 个洞窟，从 110 窟至 116 窟，多是小型洞窟，上层 8 个洞窟，从 180 窟至 187 窟。这些石窟前面不牵涉考古问题，可以作为试点工程，摸索一点石窟加固的规律。当清除了窟前的流沙和已被风化的岩体之后，在准备砌筑挡墙基础之前，我作为工程监理在验收隐蔽工程的过程中，发现作为基础的岩体有一条纵向裂隙，贯穿整个工点。由于问题严重，当即停工并和设计单位取得联系，后来进一步从正面挖探，发现加固工程的基础正坐落在一块已经断裂的错落岩体上。经设计院的进一步调查，采取加固措施稳定了这个错落岩体。后来在第四工点第五段又发现了相似的地质问题，都得到了及时处理。

　　在这一工点取得的几点经验：

　　第一，在挡墙即将砌到上层洞窟走道时用预制混凝土块挑出三层，从正面看到三条平行的线条，与自然的石窟形象相比较显得极不协调，后来用砂浆抹成斜面了事。

　　第二，挡墙砌成之后，工程正面看见一大片浆砌片石，给人的感觉像是水利工程或是铁路的护坡，设计图纸上没有如何处理的说明，在现场大家都想不出如何处理为好，按铁路上的办法，就是用砂浆勾缝。当时如果按片石勾缝来处理，莫高窟就成了大片的铁路护坡，我不知道窟前外观将是什么感觉。后来是工人们想出了解决办法：在片石墙面上抹黏土砂浆，再撒上砂砾石，就很像酒泉系砾石层表面的质感，既简单经济效果又好，一下子就把问题解决了。以后所有的工点的表面处理都照此办理。

第三，这个工点挡墙上面有大片成负坡的危石，根据设计要按照 1：0.3 刷成正坡，石窟上部陡坡凌空的感觉将不复存在，那时莫高窟的外观将大大改观，后来经多次商谈，改为只刷除风化层，大致成 1：0.1 的正坡，经过实践发现效果不错，以后各工点也照此办理。在这一次实验工点上，摸索出了可贵的经验。

关于第七号工点的施工要做一点补充记述，此工点在第六工点的南面，该工点下层有第 121 窟，上层是第 171、172 窟，其上崖面是突出呈负坡的岩体，虚悬的状况相当严重，负坡岩体的上面又是第 159 窟，不可能用刷方的办法来解决，经钻探得知，此处地表以下很深才是基岩，加固的挡墙基础只能坐落在可压性的松散砾石堆积层上。当工程砌成之后，必须紧密接触上面的悬崖，才能起到支顶作用。但因为下面的地质条件，挡墙可能下沉，为了保证达到加固的目的，采取了特殊的施工方法：在 1963 年秋天，将砌筑在可压性松散砾石堆积层的挡墙砌到离支顶部位还差 1 米以下时暂时停工，等它自然下沉，一年以后到 1964 年的秋天再砌筑封顶。由于采取了这项措施，基本上可保证挡墙和支顶面紧密接触。到现在这个工点已经竣工 40 年了，建议现在的保护研究所，安排技术力量做一次检查，看现在挡墙的顶面是否与上面的岩体之间产生了空隙，如果发现空隙，就说明挡墙有一定下沉，应该再采取补救措施，用压力灌浆的办法把空隙填满，保证该处的支顶仍然起作用。

关于第一期加固工程的成果，我在 1994 年《敦煌研究》第 2 期发表了《莫高窟石窟加固工程的回顾》一文，作过简短的报道，不再赘述。

　　20 世纪 60 年代完成的第 1、2、3 期加固工程，工程质量是有保证的，如果单纯从工程角度考虑它对于石窟保护的作用，它完全是可以信赖的。近些年来，由于文物保护理念的转变，我开始重新考虑对加固工程的认识。

　　作为石窟寺文物，它存在的环境与周围的大气、地质、水文是密切相连的，它能够在这个环境中保存上千年，说明它们之间是基本协调的，它们之间的矛盾也是缓慢发生和发展的。而上述加固工程的完成，使得下层石窟外面覆盖了 3 米左右的片石墙，中层石窟外也有 2 米左右的挡墙。原来石窟甬道外，又增加了一条很深的甬道。这些条件的改变，可能在很大程度上改变了石窟原有的日照、通风和水文等方面的因素，从而使石窟内部的温度、相对湿度、气压等方面都有了一定的改变，这些改变对石窟的保护产生有利的因素抑或是不利的因素，这些我不得而知。当初在加固工程开始之前，从没有听说什么人表示过怀疑，这可能是受当时社会上对文物保护认识水平的制约。但愿我现在不是杞人忧天，如果我上面说的问题的确存在，希望我们现在的文物保护工作者能加以考虑。

　　在 1966 年春夏之季，"文化大革命"已经拉开了序幕，敦煌文物研究所虽然僻处戈壁深处，是个不足 50 人的单位，但已经是风起云涌，气氛日益紧张。从 1962 年开始的石窟加固工程，经过当年前期实验加固，到 1963 年正式开工，直到 1966 年 7 月，莫高窟第 1、2、3 期加固工程顺利竣工。工程竣工后，在当时的政治气候下，我们对施工单位三年的辛勤劳动没有任何表示，工程队撤离莫高窟回哈密的那天，只有我一人到场为他们送别，现在回想起来仍然令人感到心寒。

　　1969 年我以莫须有的罪名被开除公职，遣返原籍接受贫下中农监督劳动。1972年，经落实政策，我有幸又回到莫高窟，当时"文化大革命"还没有结束，关于石窟加固工程总结和验收的事，单位和上级都没有人提，我当时的处境更不便提此事。1978年，常书鸿所长恢复职务，他是加固工程的主要负责人，但他也没有再提验收工程的事。1979年5、6月间，国家文物局文物处的陈滋德老处长来莫高窟，他在看了洞窟之后说，加固工程搞得真值，20世纪60年代不搞，将来也得搞。当然这是当时的观点。他是文物局的部门领导，正是我们的顶头上司，而他也没有提工程验收的事。莫高窟3年大规模的加固工程就这样不了了之。

5. 第130窟的壁画加固

1962年，文化部徐平羽副部长来莫高窟视察期间，除了汇报上面所谈的几件事情之外，还提到第130窟东壁、北壁、西壁都存在大面积壁画空鼓，有可能大范围剥落造成很大损失，专家要求我们进行粘贴试验。第130窟巨大壁画的泥层很厚，长期的空鼓使得壁画已经变形，要粘贴回去可能相当困难。先在东壁南侧进行了试验，效果并不理想，最后打算全面铆固。

1965年，在第130窟搭设满堂脚手架（图13）。当时搭架的材料全靠窦占彪同志带领几个工人，利用现有的一些短料，东拼西凑，从下搭到大佛窟的顶部，使我们可以安全地行走在大佛的左右肩头之间。此窟的四壁及顶部一共打了100多个铆孔，每个铆孔中安装一根30多厘米长的短铆杆，铆杆头上安装十字铁夹板，并用螺栓固定。夹板长约25厘米，铆孔地位均选在壁画底色的部分，避免有图案或人物的位置。在安装夹板之后，夹板表面涂上被夹板遮挡住的相同颜色，这种伪装在远处看基本上看不清夹板。后来在"文化大革命"中仓促拆除脚手架时，可能失于仔细检查，有一些夹板没有伪装，让铁夹板暴露在外，不太好看。

　　20 世纪 60 年代用铆固的方法加固壁画，在将近 40 年中保证了此窟壁画的安全。根据现在保护壁画的技术，有可能把铆杆及夹板拆除，利用铆孔位置灌浆，重新加固壁画。当初这种加固方法可以说是一种可逆的过渡性加固。

　　第 130 窟除了上述铆固壁画之外，还有几件事值得一提，一是窦占彪同志在搭架过程中，在南壁一个小孔洞中发现了一卷唐代丝绸制作的画幡，上有开元年号的字样。二是当架子搭到了窟顶时，看到窟顶的

图 13　正在修葺的第 130 窟大佛

图 14　第 130 窟藻井修复前

图 15　第 130 窟藻井修复后

五龙藻井壁画脱落大约 1 平方米（图 14），大家认为这是千载难逢的机
会，经与常所长、李承仙及美术组的同志们商量，决定把藻井脱落的部
分修补起来。因为藻井井心四角各有一条金龙，形式相近，其中东南角
上的一条有部分损坏，参照其他的金龙形象完全可以修复完整。后来
这一工作基本上由李复同志负责完成。

　　此外，大佛的北侧有大范围空鼓脱落壁画，脱落部分的岩石完全裸
露在外，脱落部分主要是佛的头光，完全由图案组成，这次也一并加以
修复。美术组的同志晚上都来加班，另外还从敦煌县请来一位民间画
师——张师傅。完整的头光衬托着大佛硕大的头部，使大佛更加突出。
这些修补的地方，如果在近处当然可以看出修补的痕迹，但是在石窟
的下面距离画面远一些，修补的壁画和原有的壁画就浑然一体了（图
15），当然这种修补应该在一定条件下有组织地进行。第 130 窟大佛两
个肩头之间，在佛的颈后有通道，可以很方便地通行，通道后壁没有
画，是空白的泥壁，常书鸿所长在这块泥壁上题了字，内容大概是纪念

莫高窟建窟 1600 年。

6.壁画和塑像的加固维修

（1）壁画的维修加固。20 世纪 60 年代在全力进行石窟加固工程之外，对壁画和塑像的加固维修也同时大力进行。1962 年 8 月，胡纪高同志刚刚从波兰留学归来，随徐平羽副部长来莫高窟考察壁画保护情况。第二年（1963 年）他受文物局派遣，到莫高窟开展壁画修复工作。所里安排李云鹤做他的助手。初期，胡继高同志曾进行了各时代壁画地仗材料及配合比例的详细分析，其后又开展了第 161 窟整窟起甲的修缮，我记得他使用的材料是聚乙烯醇和聚醋酸乙烯混合的黏合剂，这种材料在当时可能是较先进的材料。

在此期间，他曾在第 130 窟甬道南壁的都督夫人供养像上做过小范围的修复试验。都督夫人供养像的画幅面积很大，是一组女供养人物群像，可惜这幅画曾在晚唐和西夏时期被涂抹重绘。后来不知被何人何时剥出来的，画面划伤毁坏严重。20 世纪 50 年代初，段文杰先生曾作过仔细研究，并按照原画尺寸作了复原性临摹，效果很好，非常壮观动人。当时原壁画已经非常残破，胡继高曾在这幅画的局部（大概是肩部）做过修复试验，他把一些破损的地方用材料补平，待稍干后，涂上与破损处周围相同的颜色，但不是平涂，而是画成平行的粗线条，使其与原画有所区别，远看又浑然一体。当时所里的领导为了慎重对待文物，没有同意胡纪高进行整幅壁画的修复，现在此幅壁画已经更为破损了，几乎面目全非。像这种严重破损的壁画，如不及时修复，随着时间的推移，画面将发生根本性的损坏，那时这种严重破损的壁画也就无可挽回了。如果当初请胡纪高把都督夫人供养像修复完整，今天这幅画当不致残破到如此程度，真是有点可惜。胡继高先生工作认真负责，谦虚谨慎，除了自己的工作之外，还帮助我们培养了新人，为我们后来开展壁画的修缮保护起到了带头作用，真是功德无量。

（2）塑像的维修加固。据我所知，20世纪四五十年代，曾发生过塑像倒塌毁坏的事故，当时对此种情况感到束手无策，特别是一些大型塑像，如第55窟一身菩萨像周身开裂，自行解体并摔得粉碎。第196窟北面一身天王塑像，高约3米，因为塑像在须弥坛上，后背没有连接固定的地方，塑像明显向前倾斜。第427窟前室南面一身力士、主室两身菩萨都发生了倾斜，只得用木椽临时支撑以防止突然倒塌，否则会造成不可弥补的损失。这种临时支撑一撑就是很多年。1964年，北京文物保护研究所（现为中国文物研究所）祁英涛工程师建议可以大胆地试验，我和窦占彪同志经过多次商讨，终于完美地完成了第427窟三身大像的修缮。李云鹤同志又先后修缮了第55窟和第196窟的塑像。修缮完成后，当时对这些修缮保护方法和措施没有很好地进行技术总结。就敦煌石窟来说，现存大量的塑像，将来也可能产生新的问题，20世纪60年代修缮塑像的经验还是大有用处的。

因为众所周知的原因，从20世纪60年代后期到20世纪70年代，石窟保护虽然没有完全停止，但基本上处于看守状态，我的回忆就到此为止了。从20世纪40年代到60年代的20年间所进行的石窟保护，归结起来就是除沙治沙、石窟加固，并开始了壁画和塑像的修缮保护。我认为这些都是最基本的工作，为进一步保护打下了基础。我作为一个石窟保护工作者，只是参与其事，上有文物主管部门的领导，中有所里常书鸿所长的直接领导，下有当时保护组全体同志的长期合作，在艰难中求索，总算没有辜负人民的嘱托。我这篇工作回忆录只是当时工作的梗概，时隔多年，遗漏和错误在所难免，但愿其他同志能补充和纠正。当然有的先生把过去的保护工作称之为"随意性",我不敢苟同。好在是非功过自有后人评说。

附录：关于石窟保护的组织机构

1944 年到 1949 年的国立敦煌艺术研究所因为人员不多,机构设置比较简单,业务上就一个考古组,行政上一个总务组,石窟的日常管理和修缮由总务组负责。1952 年 7 月 4 日,研究所调整组织机构,成立研究部,下设美术组及考古组,负责石窟日常管理、清洁、除沙、修缮,以及接待参观、导游、陈列馆布置管理等诸多任务。人员有孙儒僩、王去非、霍熙亮以及窦占彪 4 人。后来发现考古组的名称与它实际担负的工作任务并不符合,到 1952 年冬天改为(石窟)保管组,由常书鸿所长兼任组长。1954 年 8 月 11 日增加了李贞伯及万庚育二位同志,李贞伯专责摄影工作,随即又从办公室调来祁铎作李贞伯的助手,1956 年增加李云鹤、何静珍二人,同时万庚育则调到美术组,保管组还是人力单薄,只有苦苦支撑。

1964 年,保管组改为保管部,下设保护组及管理组。保护组负责石窟维修加固、塑像和壁画保护维修,除沙清洁等；管理组负责接待参观及石窟零散文物的搜集和保管。办公室主任王佩忠兼任保管部主任,保护组主要有孙儒僩、肖默、李云鹤、冯仲年、李永宁、窦占彪、马竞驰、苏永年等人；管理组有孙修身、蒋毅明二人。1964 年前后的四五年间,正值进行大规模石窟加固工程,人少事多,真是忙得不可开交。"文化大革命"以后又合并成保护组,由孙修身负责。

1980 年(也可能是 1981 年)保护组改为保护研究室,由我负责,这一名称的改变实质上是工作性质的扩大与工作水平的提高。1984年，敦煌文物研究所升格为敦煌研究院。1986年，敦煌研究院正式挂牌，保护研究室升格为石窟保护研究所，此后人员和设备进一步得到充实和完善，石窟保护的实践与研究开始了新的征程。

（注）本文在写作过程中曾请李云鹤同志看过，他提出了一些补充意见，谨在此表示谢意。

（原载《敦煌研究》2006年第6期）

我对壁画保护的思考

　　我从 20 世纪 40 年代中期到 90 年代初期，在莫高窟工作了 50 多年，主要从事石窟保护工作，与石窟接触较多。初来莫高窟，一些洞窟壁画的色彩鲜艳如新，使我感到惊讶。如今，几十年过去了，这些壁画色彩褪淡了，甚至整个形象都模糊了，这不是危言耸听。举例来说，第 94 窟窟檐上部崖面上有绘画的三间窟檐建筑，形象清晰完整、色泽鲜艳，20 世纪 60 年代还专门为其修建了防护檐，但现在这些绘画几乎已经消失了，只残存一些斑驳的颜色，看不出具体形象了。这是一处露天壁画，直接受到日照、风沙、雨雪等自然因素的侵袭而损坏，这种现象不难理解。再举一例，莫高窟北区第 465 窟前室宽敞，前室南北两壁及西壁窟门两侧壁各画了一座高大的佛塔。1963 年，我专门为佛塔画过素描（图 1、图 2）。因其长久受到光照和风沙的影响，现在这些佛塔壁画已经模糊不清了。

　　不止第 465 窟具有上述问题，莫高窟所有前室壁画都存在严重的衰变现象。引起衰变的因素很多，除了自然环境的影响，壁画本身也存在老化衰变的过程。在壁画制作上，大致说来就是在岩壁上制作泥皮地仗层，早期少数洞窟直接在泥质地仗上起稿作画，多数洞窟是在泥质地仗层上涂一层薄薄的白粉层，在白粉层上使用多种颜料绘制成绘画

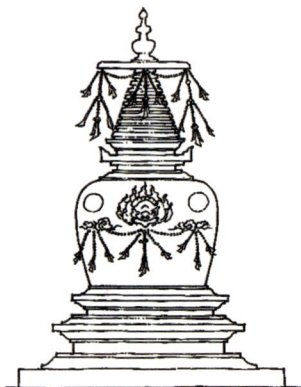

图1　莫高窟第465窟前室西壁北侧
佛塔线描图　孙儒僩绘（1963年）

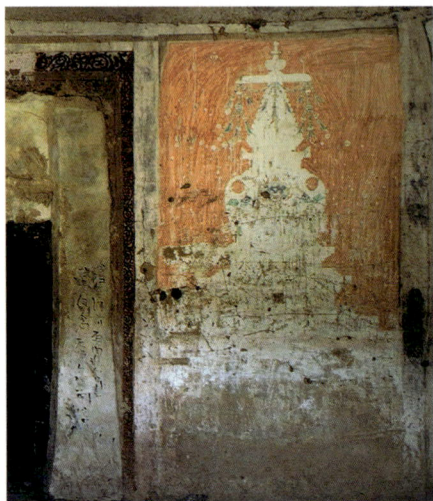

图2　莫高窟第465窟前室西壁
北侧佛塔（2019年）

层。颜料含有微量的胶质，以便于白粉层上的粉粒黏合。胶质是一种有机物质，经过多年的老化逐渐失去黏合能力，壁画的颜料缓慢地粉化脱落，使色彩的饱和度降低，壁画形象变得模糊不清甚至完全消失。

第156窟前室北壁上部西侧有一方墨书题记"莫高窟记"，是莫高窟建窟历史的重要资料。20世纪50年代，常书鸿所长安排万庚育先生抄录该题记，并用书写了该题记的白布覆盖在原题记上以兹保护。20世纪80年代末，为了拍电视，把白布去掉，该题记还隐约可见，但现在已经衰变粉化，很难看清墨色。第196窟和第144窟前室北壁均有一通泥碑。第196窟是晚唐大窟，碑文应有建窟的记述，可惜文字早已衰变无存了。第144窟碑文书满回鹘文，几十年前还隐约可见，现在只残存一点痕迹了。这些重要碑记文字资料的消失对研究敦煌是不可挽回的损失。

上面所举例子都在石窟前室，受到外部的影响因素比较严重。

我们到北周时期第 428 窟大型石窟的主室看看，南北两壁菩萨画像的肌体及面部大部分呈灰色，边沿呈深灰色或黑色，面部的双眼、鼻梁、眉棱、下颌均涂抹白色，个别菩萨隐约可见黑色线描的眼珠（图3、图 4）。

初看这些绘画觉得过于粗放。此窟修建于 1400 多年前，这种色彩是长期衰变的结果。那最初是什么样的形象？中心塔柱四面佛龛中的画像保存得非常清晰，基本保持了本来面目，面部的肌肤仍然呈暗红色，面部边沿更深一些，已经出现变色的迹象，但五官的墨色线条非常

图 3　莫高窟第 428 窟主室南壁飞天

图 4　莫高窟第 428 窟主室南壁菩萨

清晰。如果没有中心塔柱佛龛内这些基本保持原状的图像，就很难了解南北壁众多图形的原始形态。南北壁图像的面部、手、足和衣物等除已变色之外，图像形象基本完整，但为什么墨色线条大多褪去？据我的观察，绘制这些图像时，在人物肌肤部分先涂一层粉红色，边沿涂成较深的粉红色和更深的粉红色，三种深浅浓淡不同的粉红色形成了人物的立体形象，在粉色上点染白色的眼睑、鼻梁、眉棱和下颌，最后用墨色勾描眉眼等部位的线条，多种颜料重叠描画在白色颜料上。墨是我国古代书写和绘画的基本材料，浓墨胶质更重。1400 年以来，受到外界因素的影响，颜料微粒不同程度地涨缩摩擦，最终使墨色线描脱落殆尽。但是白色的线条却保存完好，其中的原因留待科学家们去探索了。壁画颜色的变化，光照是因素之一。第 428 窟东向龛是向光面，但保存得较为完好，基本可以看见其原有的形态（图 5、图 6）。

根据上述，我有几点设想，希望研究壁画保护的科学家能对莫高窟第 428 窟中心塔柱的壁画作一些处理，使其延缓变色粉化的进程，给后人保留更多的壁画较为原始的风貌。

我的设想，理由依据如下：

莫高窟晚唐第 159 窟西壁佛龛下绘有供养人画像，佛龛边上有善男信女供佛燃灯的遗迹，因为千百年来燃灯，灯油慢慢渗到了下面的壁画上，被灯油浸染过的"姪孙张氏十三娘"供养像的画像和题名字迹清晰完整（图 7、图 8），被浓浓的灯油浸染过的头部墨色基本上没有褪色，依然保持着墨黑。据我估计，古代燃灯油应该是用植物油（吐蕃时期也可能用酥油），可能是胡麻油或亚麻油，燃烧过程中渗出的油就变成了干性油，对壁画颜料形成了保护膜。

上述偶然因素形成的保护现象是一种启示。壁画仅仅有一层薄薄

图 5　莫高窟第 428 窟中心塔柱佛龛内菩萨像　图 6　莫高窟第 428 窟中心塔柱佛龛内菩萨像

的颜料附着在一层草泥地仗上，非常脆弱。壁画是古老文明的载体，为
我们留下了丰富而珍贵的文化遗产。壁画既有文化属性，也有物质属
性。所有的物质都会在时间与空间的长河中逐渐衰变，如果环境有利
于它的存在，衰变的时间相对会延长。敦煌地区雨量稀少，气候干燥，
石窟内光照较少，这些自然条件是壁画长期存在的良好因素。但是敦
煌壁画毕竟历经了上千年漫长岁月，逐渐衰变是必然的规律。

　　针对地仗脱落开裂，壁画酥碱、起甲、泡疹等肉眼看得见的病害，
经过几代人的不懈努力，特别是近二三十年来，在研究治理方面取得
了显著成效，令人可喜可贺。我们长期研究，努力保护，所取得的成

图 7　莫高窟第 159 窟西壁佛
龛下女供养人像（孙志军摄影）

图 8　莫高窟第 159 窟西壁佛龛下女
供养人像局部特写（孙志军摄影）

绩是有目共睹的。壁画变色是化学性质的变化，壁画颜料层粉化衰变
是长期缓慢发生的，是颜料中的胶质老化与颜料微粒逐渐粉化脱落造
成的，短时间内是无法感知的，一旦察觉到壁画清晰度降低了就为时
已晚，无法挽回了。为了壁画的长远保护，对壁画做点保健工作很有
必要。

　　关于壁画颜料的粉化，我有亲身的体验。20 世纪 50 年代，研究所

要出版一本雕塑集，摄影师希望把塑像上的尘土清除一下，我和万庚育
先生各用一把新排笔轻轻刷除塑像头部、肩上的尘土，但在不长的时
间内，白色的排笔竟然被染成了土红色，说明颜料并不牢固。后来改用
"皮老虎"轻轻地吹，但在吹拂的过程中是否有颜料随尘土一起被吹掉
就不得而知了。

上文提到莫高窟第 159 窟佛龛下女供养人像因被油污覆盖而得以
完整保存，我们是否可以大胆设想为某些壁画喷涂一层保护膜？至于
喷涂何种材料，就是上面所举例子中渗透的油质材料。

西方的绘画类型主要是油画，色种丰富，颜色鲜艳。绘画时使用的是
油性颜料，稀释剂是亚麻油，它是一种干性油，既是稀释剂也是颜料的黏
合剂。进一步了解，文艺复兴时期的绘画大师达·芬奇的名作《最后的晚
餐》已经修补了十多次，保存完好的名画《蒙娜丽莎》画面也存在密集的
裂纹，这些画作距今不过五百年，这是油画存在的问题（图 9）。

究竟是什么原因，不敢妄加揣测。我们的壁画虽有各种病害，但没
有产生这种密集的裂纹，估计与壁画颜料的黏合剂有关。我们的绘画
颜料是水性调和，水中加入微量的动物胶。晚唐美术理论家张彦远在
《历代名画记》中论画家用胶，有"吴中之鳔胶、雪中之鹿胶、东阿之
牛胶"，并说这些胶千年不坏。张彦远的说法是准确的，敦煌壁画已历
经千年。如果选用精制的牛胶（不能用骨胶），通过实验，用适当稀释
的胶液对壁画做一次覆盖性的喷涂，可能对壁画的长远保护有一定作
用。是否可行，有待文物保护工作者的进一步研究和实验。

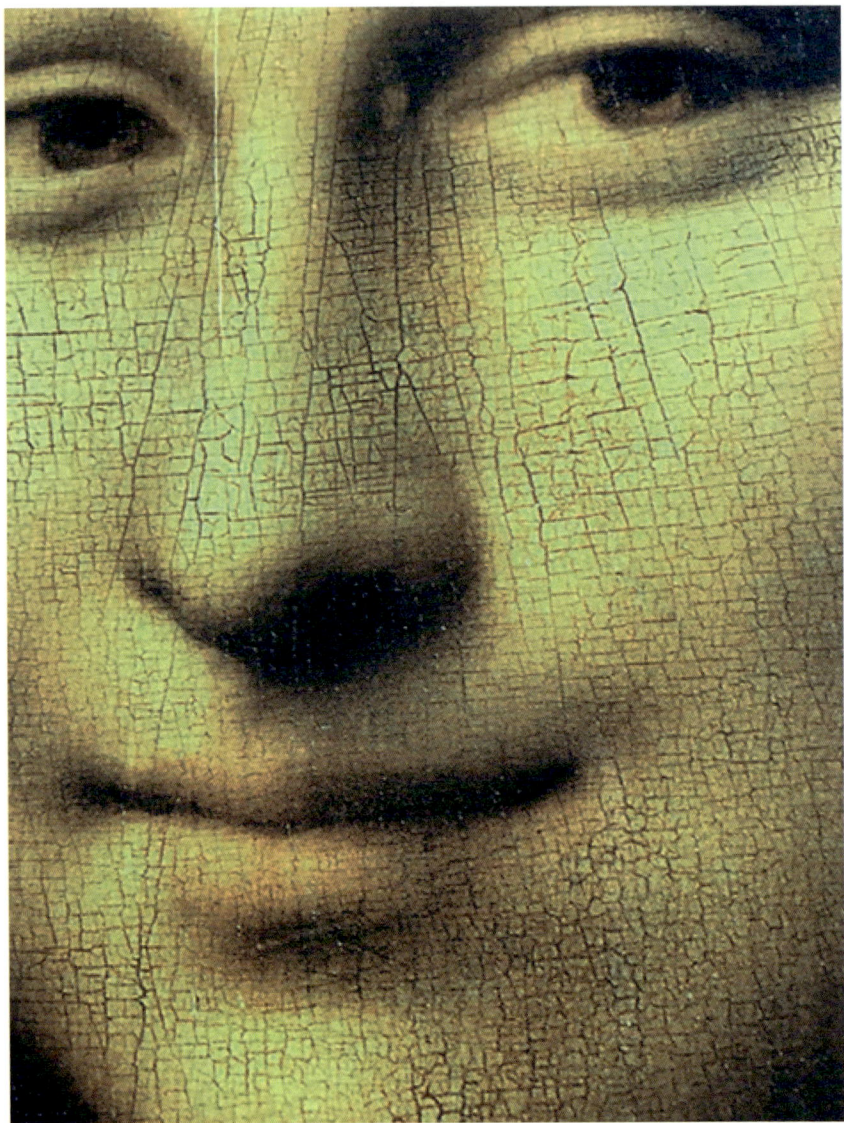

图 9　达·芬奇作品《蒙娜丽莎》局部显现的裂纹

研究篇

敦煌壁画中的唐代建筑①

　　敦煌石窟的开凿是在佛教传入我国之后，受佛教影响逐渐形成供佛、拜佛的需要而产生的一种石质建筑形式，故称为石窟寺。而石窟寺里的壁画也多是表现佛经内容的，其中穿插了许多社会生活的场景，以满足故事发展和经变内容的需要。这些场景中有大量的建筑画，把尊崇的佛像安置在建筑中的首要位置，让建筑成为佛讲经说法的大背景，同时也把婚丧嫁娶、音乐舞蹈、就医、屠沽、贩运、战争骑射、建筑施工、礼佛斋僧等诸多社会生活场景都以建筑为场景。正因为石窟寺在保存时间上具有坚固性和相对的永恒性，才使得 1000 年前的社会生活的信息和大量的建筑形象得以留存下来，成为研究中国古代建筑史的珍贵图像资料。

　　唐代是中国历史上最强盛的一个时代，也是中国古代建筑发展的巅峰时期。随着经济的发展，唐代建筑的豪华壮丽也达到盛极一时的状态，根据史料记载：唐代长安大慈恩寺的建筑规模达几十院，共 1897间。唐宣宗时所建的章敬寺"奢极壮丽，尽都市之材不足用，奏毁曲江及华清宫馆以给之，费逾万亿"，其豪奢程度及规模之大可想而知。当时宫殿建筑的形象还可从唐代诗人杜牧的《阿房宫赋》中窥其一斑："五步一楼，十步一阁，廊腰缦回，檐牙高啄。各抱地势，钩心斗角……长

图 1　大型净土寺院　第 148 窟东壁南

桥卧波……复道行空。"这些描述，正是从他所处现实社会的豪华建筑中得到的印象，杜牧对宫廷建筑描写的这种形象思维，正可以从敦煌莫高窟盛唐第 172、148（图 1）等窟描绘的西方净土经变画中巍峨壮丽的建筑场面得到印证，诗歌与绘画对建筑的描述成为有益的互补。

　　由于木结构建筑易于损坏，再加之在改朝换代的兵祸战乱中，往往会使一座城市转瞬之间变成废墟，因此造成了中国古建筑历史资料的匮乏，至今中国广袤的土地上只有寥寥可数的几座唐代单体建筑，而且大多都经过后代的多次重修，有的仅余少量唐代建筑构件，至于唐代完整的建筑群落却没有一座完整幸存下来，只有从考古发掘中才能获得有限的建筑群落的整体规模信息。而敦煌石窟里保存的唐代壁画中，反映了大量的宫廷、城阙、寺观、宅第等各种建筑群落和单体建筑形象，虽然它们不是古建筑实物，但是唐代建筑历史的形象资料，壁画中的反映基本上是可信的，这可以从大量典籍文献资料或考古发掘中得到佐证。

唐代的历史长达 289 年，这期间，生产的发展，文化的进步，使建筑艺术风格也呈现出多样性的变化，为了研究的方便，前人将敦煌石窟中唐代开凿的 228 个洞窟，依据敦煌地区的历史状况，分为初唐、盛唐、中唐（吐蕃占领敦煌时期，又称吐蕃时期）、晚唐四个时期。

初唐时期由于佛教净土思想的广泛传播，洞窟中多画阿弥陀净土变（即西方净土变）、弥勒净土变及东方药师净土变，在这些经变画中出现了简单的寺院组合建筑形式，是最具典型意义的，这几种经变中的寺院建筑组合形式一直贯穿于唐以后的各个时代。

统一的大唐帝国的繁荣，使壁画中的建筑画发展到了极盛时期。这一时期，佛教因统治阶级的扶持而更加兴盛，为了装点恢宏壮丽的大型寺院，当时许多知名画家都为寺院画过壁画。唐代的长安、洛阳，佛教建筑及艺术活动的规模很大，影响波及敦煌。在莫高窟第 217、45、320、172、148 等窟的观无量寿经变、药师净土变等壁画上，满壁画殿、阁、楼、台，周围回廊环绕，中间水池、平台组合成纵轴对称、多进院落的布局，院宇开阔，殿阁井然有序。画家们已经能熟练地掌握绘画透视的基本法则，比较准确地表达建筑物的正侧俯仰、阴阳向背的立体形象，特别是表现群体建筑的远近、高低、层次的变化规律，展现规模巨大的建筑群使其产生壮阔而深邃的空间效果。把一个庞大的建筑群浓缩在一幅经变画中，它所形成的恢宏气度和壮丽景象，达到了令人惊叹的程度。

盛唐以后各时代的建筑画都没有超越盛唐的辉煌，中、晚唐时期，壁画中为了表示寺院壮观华丽，把寺院的三门、钟楼、藏经楼、歌台等画在寺院最前面，架楼叠屋，层层密密，充满画幅，使建筑群拥挤繁复，似有踵事增华的感觉。唐代末期对佛教的打击，使其逐渐衰落，反映在艺术上已经没有大唐盛世时的气度和创造精神，壁画正逐渐走向程式化。晚唐时，莫高窟开凿了许多大型洞窟，第 16、85、196 窟都是规模很大的洞窟，石窟很壮观，但也掩盖不了艺术走向衰落的气息。

一、初唐时期（618—705 年）

618—705 年，在敦煌石窟的历史编年中属初唐时期。贞观之治的繁荣，带动建筑活动的发展，建筑技术和建筑艺术都有了长足的进步，这时修建的长安大明宫含元殿、麟德殿等都是规模宏大、极尽豪华的建筑。社会上佛教势力随着经济、文化发展的高潮，也得到新的发展。当时长安城内重建和新建的佛寺比比皆是，且都是制逾宫阙的规模，高宗李治为其母亲所立的慈恩寺，寺内有十多院，房屋达 1897 间。神龙元年（705 年）太平公主为武后所立兴唐寺"穷尽华丽"，寺中有金刚院、三门楼、般若院、西院、中三门、净土院、东塔院、小殿、讲堂等建筑，规模庞大。唐人韦述撰《两京新记》中的长安有僧寺 64 院，尼寺 27 院，道观 10 座，女观 6 座，还有其他的祠观，共 120 多座宗教建筑，而今只有慈恩寺、荐福寺内的大小雁塔。到武则天时，她借助于佛教的影响，在取得政权后，立即下诏令肯定佛教的地位，并广度僧尼，大建佛寺，在强大的政治力量的推动下，佛寺遍天下。进入贞观以后，敦煌与中原的交往更加频繁，中原的文化艺术进一步影响敦煌的文化艺术。莫高窟第96窟（北大像），就是武则天时期塑造的弥勒佛大像，高达34.5米。

初唐时期，在莫高窟共开凿了40多个洞窟，其中第71、220、321、323、329、331等窟是这一时期的代表性石窟。壁画题材主要反映净土思想的阿弥陀经变、弥勒经变、法华经变中的见宝塔品，以及维摩诘经变显著增加，早期的本生故事、因缘故事几乎完全消失。而建筑画则多在阿弥陀经变和弥勒净土变中出现，这些经变以整壁表现一个经变内容，画面开阔，为表现建筑的空间感提供了先决条件。

据《佛说无量寿经》中阿弥陀佛的净土："其讲堂精舍，宫殿楼观，皆七宝庄严，自然化成，内外左右有诸浴池……八功德水湛然盈满……。"弥勒佛的未来世界："其城七宝，上有楼阁，户牖轩窗，皆是众宝，真珠罗网，弥覆其上……"因而初唐经变中表现的建筑环境，围于佛经的描述，着重表现池水和露台，并将露台栏杆细部和地面铺装描绘得很细致。而对于建筑组群的描绘还处于探索和发展中，楼阁、殿堂等单体建筑松散分布在经变里，由三个一组组成简单的"凹"形平面和"山"形平面，继承了隋代寺院布局的基本形式。

这时的建筑类型一如前朝，有佛寺、宫城、塔庙等，但建筑表现方法却有很多改变。早期建筑对于结构细部，往往只用简单的几笔即勾画出轮廓，而从初唐开始，对于建筑的细节都有细致的描画，如从第431窟、71窟、321窟的建筑画上，可以清楚地看出当时的斗拱结构、脊头瓦形式，以及照壁和乌头门。这种形式的改变，一直为以后各代的建筑画所习用，并为当今研究早已消失的初唐木构建筑提供了翔实可信的资料。

（一）经变中的寺院建筑群

唐代敦煌的佛教以净土思想为主，在阿弥陀佛居住的西方极乐世界中有"七宝池、八功德水，四边阶道，金、银、琉璃、玻璃合成，上有楼阁……"因此露台和水成为经变画中的主体。楼阁在画面的上部中间和下部两旁，成为画面中的背景，烘托中间的露台，露台之上是佛和菩萨天人说法听讲的场面。在弥勒经变中表现的兜率天宫已有建筑组群，这是当时寺院内主体建筑布局多样性的反映。

初唐经变中的佛寺布局，是在隋代一殿二楼的基础上，逐步向大空间的寺院布局发展，其主体建筑群的组合方式有：

1.直接继承了隋代一殿二楼的组合形式。由一殿双阁并列组成，各建筑间有了联系。如第215窟南壁的天宫建筑（图2）。

2.由并列的一殿两堂或一大两小的三阁，用廊道或飞虹相连，形成"山"字形的组合平面格局。中间殿或阁体量较大，位置向前突出，两侧的堂或阁分列两边，如第205、321、341等窟（线图1）。

图2　第215窟南壁殿堂与双阙

3.由各自独立的三阁组成品字形布局。形成一堂两厢之势。三阁之间成为一处三合院的庭院空间。如第 71、329、331 等窟（线图 2）。这种轴线对称一堂两厢的布局，广泛运用在宫廷、寺观和民居建筑的平面布局中，是一种普遍运用的模式。

4.由一殿双阁组成"凹"字形平面布局。它是在品字形的基础上，使各自独立的单体建筑——一殿二楼或一殿双阁用廊道相连，形成三面围合的庭院空间。如第 338 窟龛顶画弥勒上生经中的兜率天宫（线图 3），就是一殿二堂的组合，殿和堂之间用廊道相连，形成"山"字形平面。殿堂之前形成一片院落空间。

除以上几种位于轴线上方的主体建筑外，在大幅经变的下方两侧，还有独立的楼或阁。初唐壁画中一个明显的特征，即楼与阁不混淆使用，一幅经变中的主体建筑是阁者，下面的独立建筑即为阁，主体是殿或楼者，独立的建筑就是楼。如第 329 窟南北两壁都以满壁的面积表现一个经变主题，南壁建筑全部用阁的组合，而北壁建筑则全部用楼的

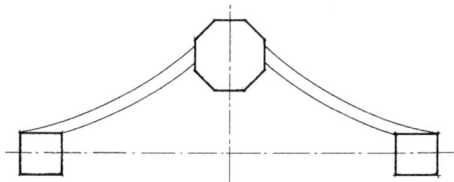

线图 1　第 341 窟兜率天宫平面推想图

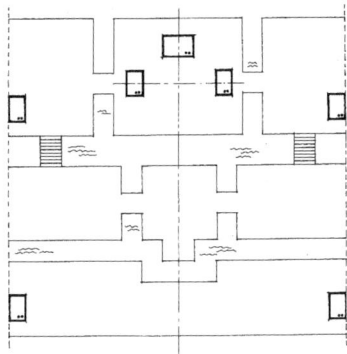

线图 2　第 329 窟阿弥陀净土寺院平面推想图

线图 3　第 338 窟兜率天宫线图及平面推想图

形式。在建筑物围合的空间中，有大小露台若干座，露台之间用小桥相通，露台上用花砖铺地。台与桥上有彩绘精美的小栏杆，桥下绿水环绕，水中莲荷丛生，把画面表现得生机盎然。

　　大画幅的初唐经变中，建筑并不多，主要以露台为主，建筑只是作为背景，意在表现佛和菩萨、天人活动的场面。由于画幅大，经隋代"善画台阁"画家们的发展，到这时对于建筑与露台之间纵深感的处理已达到"若可嗟蹑足"的境界，不失为初唐优秀建筑画典范。

　　根据文献记载，隋代所建的醴泉仁寿宫，初唐改为九成宫，"维贞观□年孟夏之月，皇帝避暑于九成之宫"。由文献对九成宫建筑的描写看初唐壁画，则看出初唐的建筑画还没有达到文献的描述，说明壁画中反映的建筑形象要滞后于时代，画家要把人间美好的建筑形象搬进天堂需要有一段时间的创作过程，在盛唐壁画中，才能看到九成宫中"高阁周建，长廊四起……台榭参差"的壮丽景象。

（二）单体建筑

初唐壁画中的单体建筑类型主要有：殿堂、楼阁、台、平阁等。

1.殿堂：这时的殿堂都是三开间的小殿，以多种形式表现出来，如第 220 窟南壁的小殿，只能看见柱以上部分，柱头上有简单的斗拱，补间是卷草花纹形的人字拱，檐下有椽子两重，翼角部分起翘很高，是初唐建筑画中起翘屋檐的第二例。屋面青灰色瓦顶，屋脊两端有比例较大的鸱尾。整座小殿小巧玲珑，色彩艳丽。第 431 窟观无量寿经变未生怨中的王宫里，共有三座殿、堂，分别表现王宫里的三部分，前朝的大殿下有砖砌素平台基，柱子之间未设墙壁门窗，阑额下挂帘子，歇山屋顶。寝宫及苑御里的小堂，柱间除门之外，其余部分张挂帏帐，将堂屋全部遮蔽起来。第 323 窟北壁西侧有汉武帝获金人供于"甘泉宫"的殿中，殿三间，中部有门，殿内有二佛像。

隋代壁画中的佛寺已有七开间的大殿，初唐却只见三开间的殿堂，似与实际不符，经过考古发掘的长安青龙寺遗址，其东面的大殿是五开间，西面的大殿，估计是七至九开间，青龙寺虽是长安的名寺，但其规模不是最大的。壁画中对殿堂的表示只能看作是一种概括的示意图而已。

2.楼阁：前面所述初唐的楼与阁不混淆使用，这里称楼阁，是长期以来形成的习惯称呼。楼与阁本是两种类型的建筑，在构造和外观形式上是有区别的，古建筑学家陈明达先生对楼、阁作的定义是："自地面立柱网，柱网上安铺作即平坐，上面再立柱网建殿屋，即阁。自地面

图 3-1　三阁组合　第 329 窟南壁

图 3-2　二层楼　第 329 窟北壁

建殿屋，又在上面建平坐、殿屋，则为'楼'。简言之，多层房屋最下层是平坐的，称为'阁'，最下层是殿屋的称为'楼'。由于其形近似，楼与阁的称呼早已混淆不清了。"历史文献如《后汉书·陶谦传》："……

上累金盘,下为重楼。又堂阁周回。"(唐)韦述《两京新记》:"麟德殿
此殿三面,故以三殿名,东南、西南有阁,东西有楼。"文献的记述也说
明,楼与阁是两种类型的建筑。在初唐壁画中则清楚地表现出楼与阁
的区别,如第 329 窟南壁的阿弥陀经变中的所有建筑都由阁组合成群,
而北壁的弥勒经变中所有建筑都由楼组合(图 3-1、图 3-2)。另外,第
71、321、331 等窟的建筑全部用阁组合,阁的形象在初唐壁画中出现的
频率很高,足以说明它是当时广泛流行的一种建筑类型。

线图 4　第 431 窟西壁高台一组

《大唐六典》卷二十三记"天下士庶，公私第宅，皆不得造楼阁，临视人家"。从古文记载不用标点断句的观点看，楼与阁都是多层建筑，因而连写在一起。而近代对古文的断句注释，往往将楼与阁连用成为"楼阁"，这些都是对楼阁的概念产生混淆的原因。但从壁画提供的信息中看出，楼、阁的概念发生混淆，当在盛唐以后。因而现在将多层的木构建筑统称为"楼阁"，当源于悠久的历史。

3.台：是一种古老的建筑类型，春秋战国时曾经是建筑的主体，在河北邯郸和山东临淄及陕西咸阳都遗留下了体量很大的土台，现在称为高台建筑。随着建筑技术的发展，高台建筑逐渐退出历史舞台，但也留下了深刻的影响，如汉代长安南郊的"明堂"遗址，文献中记载曹魏文帝时尚筑凌云台、九华台，邺都的"铜雀台"等。这些台，当时都是规模庞大的建筑群。《历代名画记》中曾评论隋代董伯任、展子虔两位画家："董有展之车马，展亡董之台阁。"台阁可以入画，因此初唐壁画中仍有反映。第431窟西壁绘高台一组，以飞虹相通。高台都为四方形，瘦而高，上小下大，收分较大，正面呈梯形，台上出平坐栏杆，平座上有三间殿屋（线图4）。高台表面，用几种颜色的方块图案，有规律地绘满整个高台表面。《广弘明集》卷三十中，描写隋炀帝观灯的场面曾有"钟发琉璃台"的诗句，既称钟台，又是琉璃台，壁画中在高台建筑上用不同色彩表现的方块，正是琉璃砖贴面的反映，说明华丽装饰的应用已经非常广泛。

4.平阁：初唐第215、341窟壁画中出现一种小型建筑，建于宝池露台之间的小桥上，桥的四角立柱，柱上有斗拱、短椽，上建栏杆平台，台上有伎乐数人正在演奏。对这种有伎乐演奏的木构高台的名称，最初只能以其使用功能称为"乐台"。古文献《邺中记》，记述十六国后赵石虎在邺都宫廷生活的骄奢情况，写到"石虎正会置三十部鼓吹，三十步置一部，十二皆在平阁上，去地丈余，又有女鼓吹"。文献记载中的建筑形象，与壁画中所见有伎乐的木构高台正好吻合，它正是文献中的平阁形象，这种建筑小品在古文献里能有记录留下来真不容易，它的名称、用途、形象和尺度，通过壁画再现，填补了古建筑形象的空白，是十分珍贵的形象资料。新疆吐鲁番唐代墓葬阿斯塔那墓出土有木台，称为"榜"，与壁画中的平阁相似（线图 5），也证明了壁画中所画的建筑形象，来自现实，是可信的。

（三）城

壁画上依据佛经内容而出现一些宫城、城垣、城门形象，比之隋代大有发展。第 321、431、323 窟分别画了宫城的局部，第 321 窟的宝雨经变中还表现了一段蜿蜒曲折的长城，述说着长城悠久的历史。

宫城是观无量寿经变中未生怨故事里必须表现的建筑，第 431 窟北壁的宫城以横向构图的方式表示，概括地反映出宫廷中前朝后寝及御苑的三个组成部分，也是最早且唯一用横向构图的未生怨故事画。壁画从右向左依次为

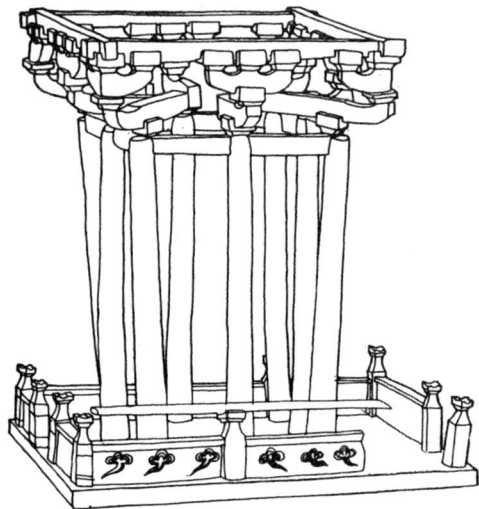

线图 5　新疆吐鲁番阿斯塔那墓出土的木平阁

图 4　宫廷院落（摹本）　第 431 窟北壁

城墙，城墙上有城门并起城楼，城门内院墙一周成完全封闭的院落。院内后部有堂，堂内幽禁着阿阇世国王，院墙正面有门，并有守卫。城中部有殿三间，殿周围不设墙壁和门窗，柱子之间完全开敞，殿内表现王子"未生怨"欲杀其母韦提希夫人的场面，殿堂阑额挂帘帷，斗拱已漫漶不清，歇山屋顶。后面又是一锯齿状的院落，院内一堂，全部用帘帷遮蔽，中间留一门，可看见堂内的床，院内种植花木，这里是"未生怨"幽闭其母的后园，中后两院之间的下部有一侧向的"乌头门"，形状结构都画得很具体。这一幅宫城图，形象地反映了帝王居住的宫城有城墙保护。后部的宫院院墙上覆瓦，与前朝的做法相似（图 4）。

第 323 窟南壁绘城的一角，故事讲述的是隋开皇六年（586 年），天下大旱，延法师被请来为隋文帝于大兴殿受戒，天下风调雨顺。城垣作直角转折六处，据文献记载，汉代建立的长安城，外郭城随地形而建，据说城的西北角和南面的曲折，象征北斗和南斗的星象。至隋代，汉长

安已历时多年，宫殿朽坏，隋开皇二年（582年）开始兴建大兴城，开皇三年（583年）迁居入住大兴城，长安的外郭城到唐代才建成，壁画反映隋代的故事，但以汉代的长安为隋的帝都，把长安城入画是可以理解的。

第321窟是莫高窟唯一的宝雨经变，壁画中的城有三面城垣（图5），城垣的两面在中部开有城门，上有城楼，城墙上有雉堞。城内有一座门屋，两侧接横向的长廊，将宫城分隔为前后两部分，后院的堂仅露出两间与前厅相对，图的下方已漫漶不清，隐约看出后院是按一堂两厢的传统布局布置的。图中值得注意的两处：一是横廊中部的门屋，屋顶坡面有明显的反宇，屋顶为悬山式，山面博风的交点上有悬鱼装饰。二是门屋的屋顶高起，两侧横廊屋顶插入门屋屋顶之下，恰相吻合，在技术上处理得合理而巧妙，这是因为画家对建筑构造非常熟悉，作画时才能将建筑的构造细部交代得如此完美。

图 5　城垣与宫廷　第 321 窟南壁

二、盛唐时期（705—781 年）

　　唐代神龙元年（705 年）至建中二年（781 年），是敦煌石窟历史分期中的盛唐时期。盛唐近 80 年中，莫高窟共开凿了 90 多个洞窟，开元——天宝年间开凿的第 130 窟，大佛庄严俊秀，规模庞大，显示出大唐盛世的气魄，壁画艺术愈趋成熟。第 217、320、45、172、148 等窟的壁画、雕塑艺术异彩纷呈，盛唐的成就，使敦煌石窟达到艺术的巅峰，成为光照千秋的文化瑰宝。

　　在观无量寿经变、阿弥陀经变、药师经变中，以表现大型寺院建筑群为主，两旁的条幅画中有宫廷和城垣的形象。在弥勒经变中以表现

图 6 净土寺院建筑 第 217 窟北壁

天宫建筑以院落为主，也有城楼的形象。涅槃经变根据故事情节也表现出城垣与城楼的形象；而在法华经变中则以佛塔和民居建筑为主。

经变画的绘制方式仍继承初唐形式，在洞窟南北两壁用整个壁面画一铺经变。因为画幅较大，又呈横向矩形，所以画面上的净土世界场面疏朗，视野开阔。在建筑画方面，更加强了对寺院建筑群的描写，布局的恢宏和建筑物的壮丽，以及对建筑局部的细腻刻画，都达到了空前的水平。

这些寺院建筑形象，主要表现了寺院内部多重殿宇、楼阁、回廊、角楼等单体建筑组成的建筑群，井然有序，形成壮阔而深远的殿宇空间。建筑群中部及下部是几座大小不等、高低不同的露台，安排了佛及菩萨、天人、伎乐歌舞的活动场所。中间大佛殿的上部与两旁，在淡蓝色天空的衬托下，有造型优美的钟台，经台、碑阁等单体建筑，错落分布在院庭之中，虹桥飞跨于建筑楼群之间，飞天穿梭在台阁之中，空中彩云翻卷，各种乐器不鼓自鸣，红色的柱枋，绿色的窗纱，映衬在蓝天碧瓦下，试图渲染出一片热烈而祥和的西方净土极乐幸福的景象（图6）。

虽然现在已经没有盛唐的木构建筑遗物留存下来，但壁画中的建筑形象却不失为这时期最好的、最直观的形象资料，特别是有关寺院建筑的资料。壁画中的寺院，尽管受到佛经内容的制约，带有一定的宗教理想色彩，可是作为形象的艺术，它不会超越现实，可能有某些夸张和强调。如果排除宗教的影响，将文献资料与考古发掘的遗迹相对照，也许能从中找到盛唐寺院形象的梗概。

盛唐的建筑画经过若干画师们的努力，用高超的绘画透视技法，把他们从现实生活中得来的建筑映象，在符合宗教内容的条件下，搬上了佛国世界，谱写了一曲人间天上的建筑乐章。把抽象繁缛的佛教经典，具象地表现在墙壁上，成了佛教最好的宣传画，最明白的说教。虽然表现的主题是佛国世界，但实质上是歌颂了人间的建筑之美，把现实的人文景观和宗教的净土理想融为一体，这正是画家们在创造佛教经变时所追求的一种美学意境。

（一）经变画中佛寺的院落部署

在盛唐洞窟中，表现净土崇拜的经变占绝对多数，特别是观无量寿经变、药师经变，以其画幅之大，构图之严谨，高超的绘画技巧是其他时代所不能比拟的。而净土变相里的寺院建筑画，系统地反映了大唐盛世时的寺观院落的平面部署，填补了这一时期缺乏建筑实物的空白。

楼、阁与回廊组成的凹形布局：盛唐初期壁画中的佛寺还没有完全摆脱初唐的形式，楼与阁仍分别运用，凹形布局成为寺院的主流模式，只不过早期用于总体布局中的单体建筑形式比较单一，多是中间一座阁或楼，作为中轴线上的佛殿或佛阁，其后面的回廊向两旁伸出一段后向前转折形成凹形，然后再折向两旁继续延伸，又折向前，在每一转折处都有楼或阁。如第66、103窟的寺院由五座阁与回廊串联而成。第208窟南壁观无量寿经变中用7座二层阁围以曲廊组合而成（线图6），北壁弥勒经变中由3座二层楼、2座堂屋用廊围合成凹形院落。第225窟南龛顶上的阿弥陀经由一殿二楼和回廊组成。

　　楼、阁混合组成的凹形布局：第123窟阿弥陀经变中由中心佛殿、两侧前方的阁与阁楼式塔，再两侧前方的二层楼，二层楼前一侧是堂，一侧是一四角攒尖顶的亭，共五种七座不同形式的单体建筑，组合成凹形平面，但不用廊子串联，各自独立。第45窟观无量寿经变里，中心的大殿两旁有向前伸出的斜廊，斜廊尽头是二层阁，后面还有向两侧伸出的之字形曲廊，曲廊尽头又是一座二层楼，仍是凹形平面建筑。第217窟北壁的观无量寿经变上部正中一阁楼，阁楼后面有回廊向前转折，形成凹形后院，再向两侧转折包揽前院。前院正中一佛殿，两旁参差不齐地安排着楼、阁、台，共8座单体建筑，反映盛唐初期建筑画中的寺院布局尚未成熟，众多单体建筑罗列于庭院中。当

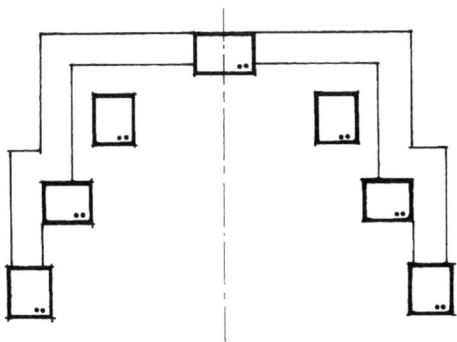

线图6　第208窟南壁寺院平面推想图

然还不能排除画家把沿轴线两侧布置的台、阁等单体建筑展开成横向一列，以便展示各单体建筑之美。

　　从以上这些建筑画中可以看到，寺院的组合正由简单走向复杂，主要表现形式由楼、阁单独运用向着混合运用转变，从单院向多院转变，单体建筑形式呈现多样化。这种简单的凹形平面，以其对称、简洁而富有变化的形式，是净土变中最简洁典型的一种平面模式，盛唐时期大型经变寺院中庞大的建筑群大都由此演变而成。

　　多种单体建筑组合的山字形布局：初唐曾经出现的山字形布局，在盛唐仅见于第 446 窟南壁的观无量寿经变，经变仅残存西半部，画面已完全不同于初唐的简单形式。值得注意的是，画面中上部有一突出的大平坐，平坐上再起堂、阁。平坐一侧与二层斜廊相连，斜廊前有三层圆亭。圆亭的一侧又有三层的高楼，斜廊后面和侧面还有二层阁。殿、堂、楼、阁、斜廊、台榭重重叠叠充满了画面。这幅图中的大平坐与三层圆亭都是莫高窟壁画中仅此一见的图像。可惜这幅壁画漫漶过半，经变中的寺院布局已不甚清晰，但单体建筑的独特造型使寺院的布局形式发生了新的变化，成为盛唐壁画中的又一种寺院建筑组合。

　　殿、堂、楼、台的廊院布局：盛唐净土变中的建筑画，表现了当时寺院建筑辉煌壮丽的形象，向人们展示的是寺院中最为宏丽的院内景象。第 320、172、148 窟的大型经变画是这时期的精品。第 320 窟北壁与第 172 窟南北壁都是观无量寿经变，画面表现出严格对称的大寺院的内部景象，以较高的视线，俯视寺内的景象；壁画的中下部分是佛、菩萨、天人所在的大露台，露台下，七宝池中绿水荡漾，莲荷盛开。上部正中一座单檐庑殿顶的佛殿，其后又有较为高大的殿屋两重，突出了寺院主轴线上的建筑形象，佛殿前两侧，各有一座配殿，后佛殿两侧向左右伸出回廊，并转折向前与两侧的配殿相连，组成了一组凹形平面。回廊转角处的屋顶上，各有角楼一座，更显院落空间的变化，增加建筑群天际轮廓的秀丽曲线。第172窟的两幅经变中透过角楼，视线所及，但见原野茫茫，烟波浩渺。通过着笔不多的处理，把寺院的环境描写得开阔而深远（图7），这是盛唐绘画中平远透视法的新成就。

　　建于盛唐晚期规模最大的第148窟，由敦煌地方豪族李氏家族所建，窟内壁画内容丰富，规模宏大，绘制精良。窟中的涅槃变、观无量寿经变、药师经变，都是此类经变中的皇皇巨制，其余如弥勒经变、天

图7　大型净土寺院建筑　第172窟北壁

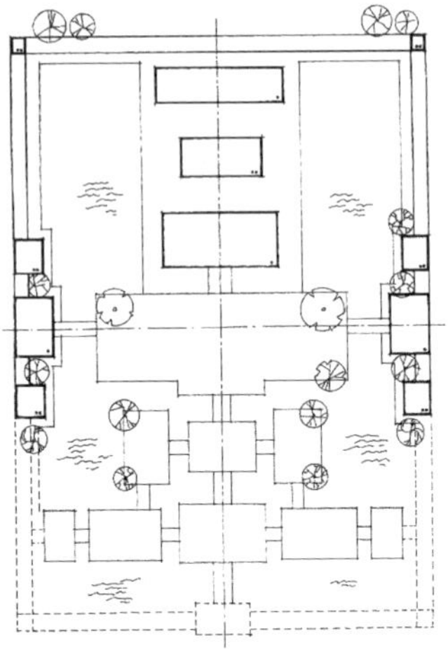

线图 7-1　第 172 窟寺院平面推想图 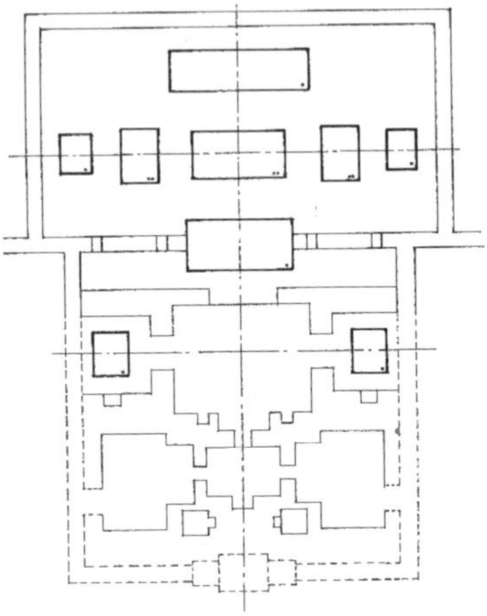　　线图 7-2　第 148 窟寺院平面推想图

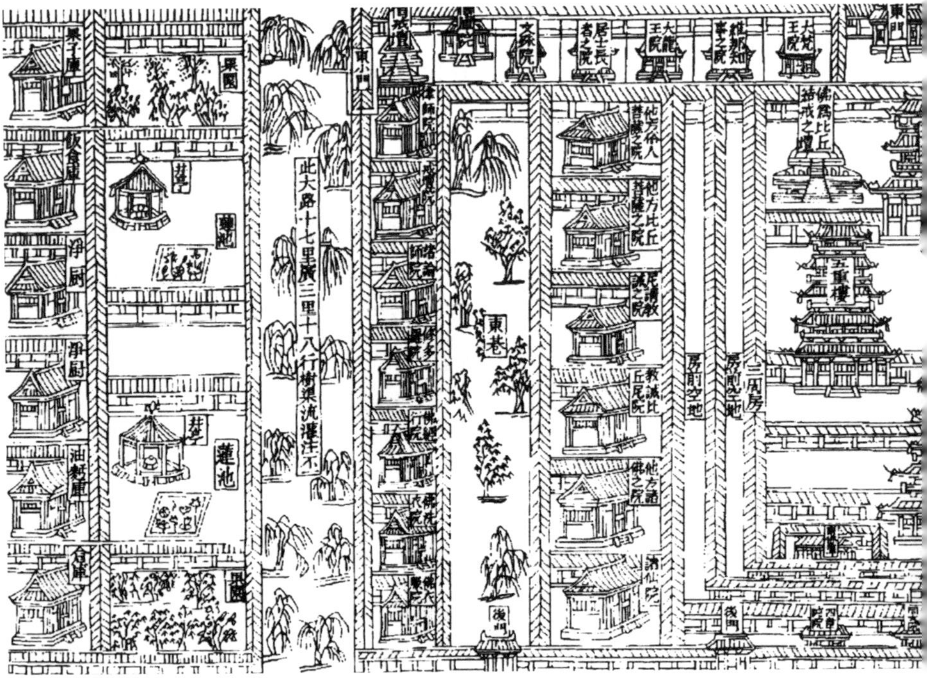

线图 8　唐道宣《戒坛图经律宗寺院图》

请问经变也有其特殊之处。这些经变里都有丰富的建筑画，是莫高窟
集建筑画之大成于一窟的代表作品。东壁南北两侧的观无量寿经变与
药师净土变，表现了两座唐代大型寺院的内部景观，画面中下部开阔的
空间有大小不等的几座出水露台，供佛、菩萨、天神、伎乐活动，后部
背景是一片庞大的寺院建筑群。在轴线中央，有前后两重佛殿，佛殿两
侧的配殿、回廊、角楼、圆亭等层层高起，显现了寺院建筑群殿阁耸峙、
高潮迭起的景象，反映了盛唐建筑辉煌的艺术成就（图 1）。

　　第 320、172、148 窟大幅经变的左右后三面，仍是以回廊与殿堂楼
阁组成的凹形平面，中部布置着几重佛殿（线图 7-1、线图 7-2）。两旁

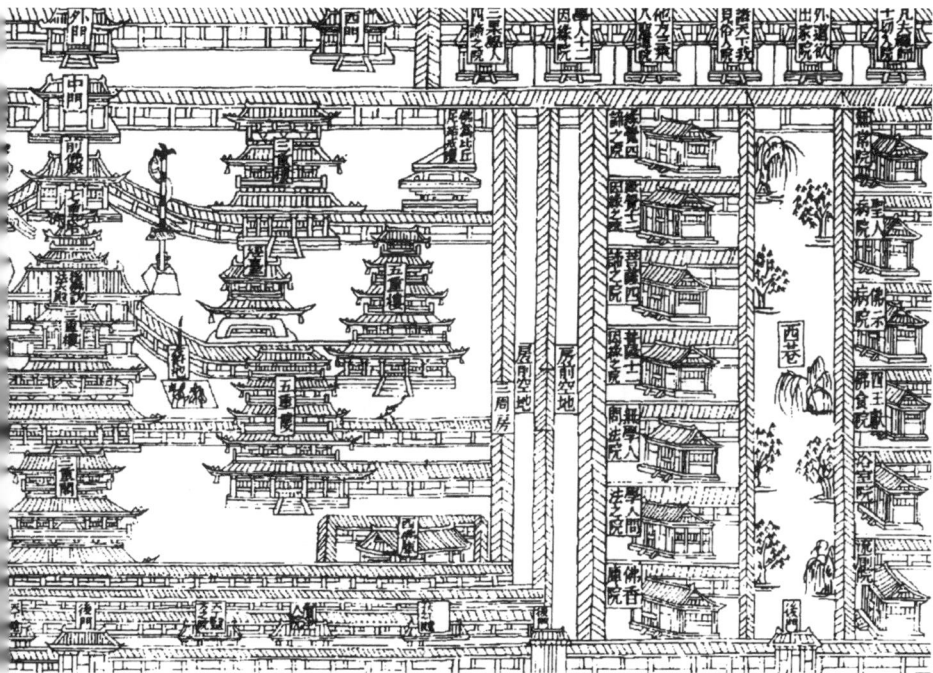

的配殿或配殿后面的回廊还在继续向前延伸出画面之外，有意犹未尽之势。我国中原地区的寺院，无论大寺还是小寺，总是以封闭的廊院空间为其布局的主要特征。晚唐文人段成式和美术评论家张彦远，分别在他们的《酉阳杂俎·寺塔记》《历代名画记》中多处记载了寺院中有"三门""东门""中门""中三门"等院门的位置。所以应该认为，寺院前面还应有三门、中门等前奏性的建筑，才能组成一个完整的寺院建筑群。（线图8、线图9）

　　现以第320窟北壁经变中的寺院为例，壁画中的净土寺院只表现了以佛殿为中心的殿宇空间，佛殿两侧有回廊左右伸展，廊的尽端转角上有角楼，角楼前方即殿庭的两边有相对的两座配殿，与殿廊之间形成凹形平面，佛殿之前有大露台一处及小露台三处，殿庭内外树木扶疏，整个院落布置简洁开朗，规整有序，其平面如图所示（线图10），图中

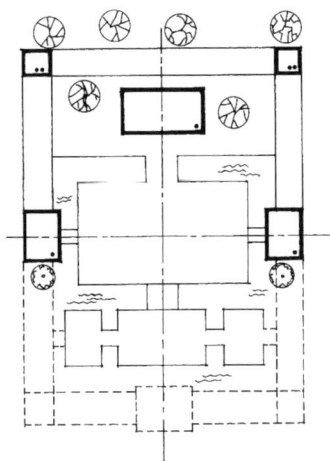

线图9　日本奈良药师寺复原图　　　线图10　第320窟寺院平面推想图

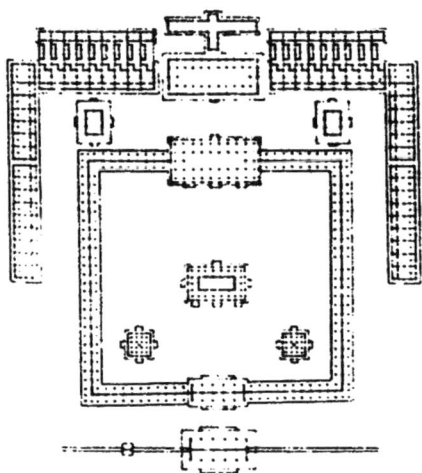

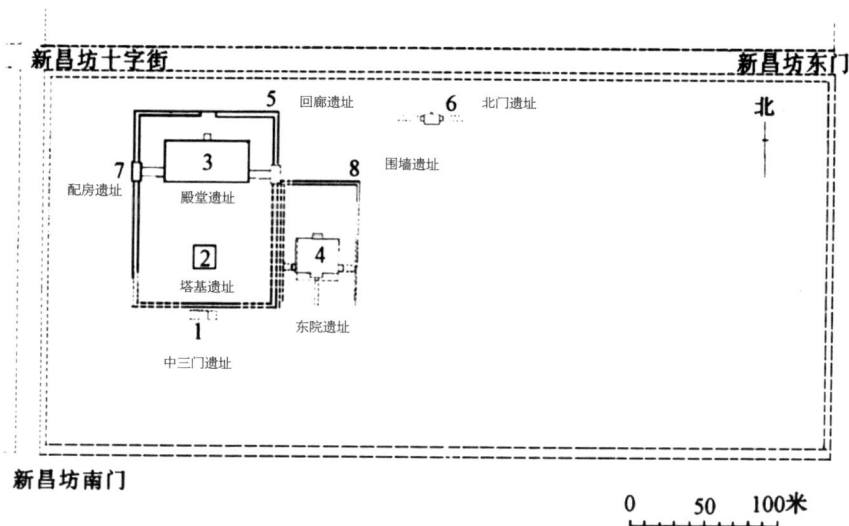

线图 11　西安唐长安青龙寺遗址勘测平面图

的建筑群已经是一个完整的组合，假设把上部的廊子从配殿前再向前延伸，使其围合成一个完整的院落，并在正面的回廊中部设三门，与佛殿相对，形成封闭的廊院，就成为一座由门、堂和回廊组合而成的庭院空间，这是当代宫廷和寺观中习见的形式。文献中对大型寺院的规模多有记载，大寺由若干个院落组成，如唐长安的慈恩寺凡十余院。据考古发掘唐代长安青龙寺就有廊院遗址（线图 11），文献记载与考古正相吻合。

天宫寺院：盛唐壁画弥勒经变中的天宫建筑有多种表现形式：1. 第208 窟表现的是一座简单的凹形院落，由回廊围合一殿二楼，廊尽头各有一堂屋，院落周围有渠水环绕，而不是廊院。这种形式从盛唐开始一直到五代都有表现。2. 第 103 窟、217 窟的天宫寺院以庭院展开的形式表现，其中第 103 窟由 7 座殿堂用廊子相连对称布置，第 217 窟则有 8 座殿堂呈不对称布局，此形式仅见于盛唐。3.第 113 窟的天宫以一座城的形式表现，以后也多有运用。4.第 445 窟北壁画出大小十几座方圆不同的院落，每一院落都坐落在悬崖峭壁之上，依地形而建。有一进至三进的多重圆形院落，有前圆后方形式独特的院落，前面的院门开在正中，两边的围廊呈扇面弧形绕向后面，院内以同样的弧形廊子分隔。这种形式仅此一处。圆形的单体建筑在唐代已经有了，圆形的院落布局在现实中还缺乏实例，福建闽南客家圆楼是唯一的近现代例子。五、第 148 窟在南北两壁上部都绘有大型而完整的天宫寺院，是天宫建筑壁画的精品之作。南壁的寺院布局呈凸字形平面。由大小五院组成中部一大院，左右各用两横廊和楼、堂将小院再分作两进。寺院正面有横列的长廊共 44 间，正中是三间单檐庑殿顶的门屋，在两侧小院的交接处另辟偏门，形成正面一中门二偏门的三门格局。大型寺院的三门，是按实际的交通功能而设置的，但佛家所谓三门的说法是三解脱之门，给建筑赋予抽象的宗教含义。北壁在天请问经变里的天宫寺院布局与南壁基本相似，只是正中的门屋变为门楼（线图 12）。

第 148 窟天宫寺院图，平面布局合理，院落大小兼有，院中有院，可以把日常礼佛的繁杂活动与少受干扰的念诵禅修区别开来，是一个合理的寺院规划图。大院的空间各立面都有不同的造型处理，楼阁耸峙，回廊曲折，楼阁与回廊的柱间各处都悬挂着帘幕，表现寺院中的生活情趣与宁静的佛寺气氛，寺院内外，绿树成荫，道树成行。《洛阳伽蓝记》记载永宁寺"四门外，树以青槐，亘以绿水，京邑行人，多庇其下，路断飞尘……清风送凉"的景象。古时的佛寺是很注重环境绿化的，壁画中所画也是现实中寺院的写照。

（二）寺院建筑群里的单体建筑

壁画中所见的寺院都是以建筑群围合成的院落组合，而构成建筑群的单体建筑类型繁多，常见的有殿、堂、楼、阁、钟台、经藏、碑阁、角楼、门、回廊、塔、露台等建筑。它们就如棋盘中的各个棋子一样，有着各自固定的功能和形体，但又不是不可改变的，在不同的时代和不同的院落布局中，棋子的变化由松散向着严密紧凑过渡，盛唐壁画中的寺院就正处于一个渐变的过程中。这在前文里已分别作了叙述。

在种类繁多的单体建筑中，各个建筑类型的使用频率也不尽相同，有的类型在盛唐晚期以后就消失了。有的又得到发展，如对"回廊"的使用，同时"回廊"的作用也越加重要，它将各个单体在不同的位置上组联成串，组成了主、从、虚、实，千变万化的院落建筑群。

1.殿、堂：一般来说，殿比堂要高大显赫一些，殿在寺院中总是处在主要位置，如现在寺院中的大雄宝殿；堂则处于殿的前、后、左、右，如观音堂、罗汉堂等。在隋代壁画中已有七开间大殿，初唐只见三开间殿堂，这时在第172窟南北两壁经变及第148窟东壁的两铺经变里的佛殿都是五开间，屋顶为庑殿顶。根据考古资料，自初唐开始建造的大明宫，它的正殿含元殿面阔11间，建于唐大中十一年（857年）的佛光寺大殿是七开间，佛光寺不是唐代的大

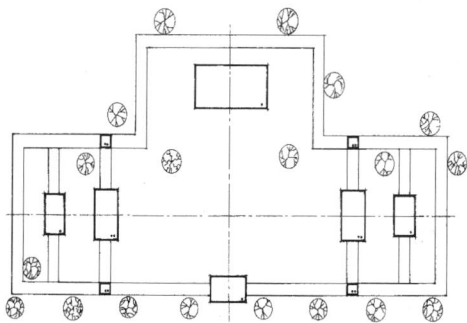

线图12 第148窟弥勒经变中寺院平面推想图

寺，只能说是中等寺院，大殿已用到七开间，壁画上佛殿的规模一般都偏小了，可能是为了节省笔墨的缘故。第 445 窟北壁有一座三开间的小殿，宽大深远的出檐与现存山西五台县的南禅寺大殿极为相似（图 8-1、图 8-2），只是壁画的绘制时间当早于南禅寺大殿的建造时间。《历代名画记》记隋末唐初的画家郑法士欲求杨契丹的画本，"杨引郑至朝堂，指宫阙、衣冠、车马，曰：此是吾画本"。后来郑法士也以画"飞观层楼"见长。这里用壁画与实物相比较，充分说明当时画家注重写实性，殿堂楼阁形象都是以现实为依据。

图 8-1　三开间小殿与拒鹊　第 445 窟南壁

2.配殿：以第 172、148 窟为例，均于同一窟内安排两铺净土经变，而且布局基本相似，这就要充分发挥不同形式的单体建筑在同一布局中的优势，才

图 8-2　五台山南禅寺大殿

不致产生雷同。第 172 窟北壁用一组一殿二楼的形式作配殿，中间大殿为五开间，屋顶用歇山顶，既与中轴线上的大佛殿有所区别，又继承了自隋代就有的一殿二楼形式。南壁用五开间的二层楼作配殿，与中间的大佛殿组合，仍然是一殿二楼的组合形式（图 9-1、图 9-2）。第 148 窟东壁北侧用三开间歇山顶的堂作配殿，南侧的经变用三开间的二层楼作配殿，于巧妙的平面处理中求得建筑空间的变化。

3.楼、阁：楼和阁的区别在盛唐初期仍很明确。如第 66、103、123、208 等窟。而在第 217 窟净土变中，有 8 座二层建筑，其中 4 座阁，两座台，两座楼。集楼、阁、台于一幅画面中，所以很容易分辨出它们的特征。最直接简便的区分就是，阁的柱网上只有一层平坐栏杆与一层屋檐。而楼可见两层屋檐，下层屋檐称腰檐，腰檐上设平坐栏杆。上下两层的面阔和进深可以有较大的变动，这即楼与阁在外观上显著的差别。

图 9-1　净土寺院二层楼配殿　第 172 窟南壁

图 9-2　净土寺院一殿双楼配殿　第 173 窟北壁

　　第171、445窟仍有平阁，与初唐壁画中的平阁形式正好衔接。

　　第217窟4座阁中，其中部的两座阁，在下层柱网之间，有深褐色的方柱体，似应理解为碑石，应称为碑阁（图10），初唐第71窟也是两两成对的形式，大小寺院大多有用碑石镌刻经文、佛像，记载建寺因由的碑铭，如文献记载长安千福寺有楚金和尚的《法华感应碑》，由颜鲁公书写，徐浩题额。而壁画中绘出的碑阁形象，只见于初唐和盛唐初期的大型寺院壁画里。现存的有建于北宋开宝四年（971年）的河北正定隆兴寺，在主体建筑佛香阁前，左右各建碑亭一座，还有建于明代的青海乐都县官式建筑瞿坛寺，前院两侧亦有碑亭各一座等。

　　阁的形象到盛唐以后就从壁画中基本消失了，所以第172、148窟大幅经变中见不到阁的踪迹，仅在第172、148窟"未生怨"故事画中还存有阁的形象。宋、辽、金以后留下的古建筑实物中，凡以"阁"命名的高层建筑，虽然还保存着阁的构造特点，但上下层之间增加了腰檐，与楼的形式更为相近了，如河北正定隆兴寺大悲阁、蓟县独乐寺观音阁等。

　　4.台：钟台与经台也应属于"台"一类建筑，第217窟净土变中的钟台最为典型（图10），钟台分上下层，下层为台，四方形，下大上小。

图10　寺院建筑群中的碑阁　第217窟北壁

第 91 窟观无量寿经变中的钟台与经台是两个八边形的高台，台上的八边形小殿却用圆形的攒尖屋顶，形象特别（图 11）。这时高台的台壁都用不同颜色的方块或菱形绘成（线图 13），可能用以表示为"七宝"所成，现存河南安阳唐代

图 11　钟台 91 窟南壁

建的修定寺塔，是一座单层方塔，已经采用浮雕砖贴面（图 12-1、图 12-2），生产用于装饰的琉璃面砖在盛唐时可能已经广泛应用。第 217 窟钟台四壁用四色方块饰面，就有可能是琉璃面饰件拼成的。

　　5. 角楼：第 172、148 窟中的大型寺院里，在寺院回廊的转角顶上，出平坐再建面向中间的歇山式小殿，即为角楼。第 148 窟的角楼前，还用飞虹跨越作为交通，飞虹上菩萨穿梭，充满了人间情趣（图 13）。文献《邺中记》中早有"殿东西各有长廊，廊上置楼"的记载，壁画中的角楼形象从盛唐晚期才出现，自此后，在廊上置楼的建筑形式一直影响到宋代，角楼也常常作为钟楼和经藏之用，安排在回廊上或转角处。

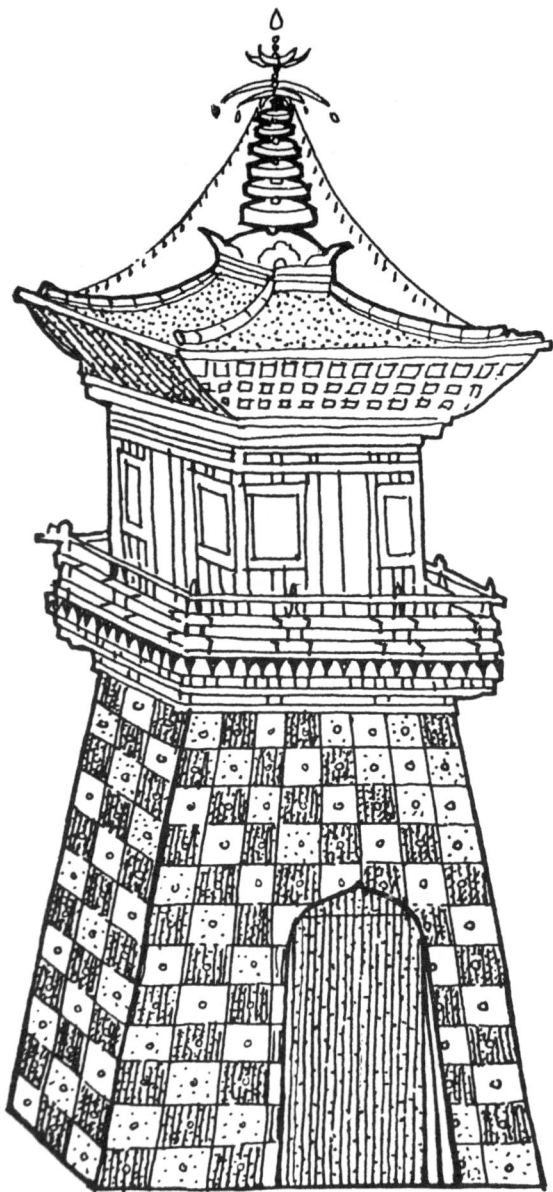

线图 13　第 217 窟经台

6.回廊：早在北朝和隋代壁画中的宫廷和民居中就出现了廊院的形式，用回廊组合各单体建筑，形成一体的寺院则从初唐开始。盛唐晚期用回廊组合多种单体建筑，形成了规模壮阔的大型佛寺。回廊的应用使寺院的布局更加灵活。第 172 窟、148 窟都表现了大型的佛寺，第 148 窟共有 4 座大型寺院，对于回廊的应用也各不相同，有的长廊舒展，有的廊上建角楼飞虹，形成美丽的天际线，有的用长长的回廊围合出寺院的范围，再用回廊分隔内院。回廊成为组织院落，变换布局不可缺少的调

图 12-2　河南安阳修定寺塔细节　　　　图 12-1　河南安阳修定寺塔

图 13　大型寺院之角楼　第 148 窟东壁南

节，一直为以后的寺院建筑所大加运用。

在第 45、225、148 窟的寺院建筑画中，佛殿两侧都有一段斜廊，在后来明清时期的宫廷、寺院中称作"抄手斜廊"，它使回廊与殿堂的高台基直接相连，在殿堂与回廊的立面形象上体现出主从有序的特征。

7. 宝池与露台：宝池与露台是画家依据佛经"七宝池、八功德水"的净土世界的要素而创作的。是阿弥陀经变、观无量寿经变、药师经变寺院内的一个重要组成部分，最初出现于隋代，经初唐的发展，到盛唐的大幅经变中，已呈巍巍壮观之势。大片的水面上出平坐建露台，更有甚者将寺院殿阁也建于水中平坐上，如第 172 窟北壁所示。据《洛阳伽蓝记》中所记"昭仪寺有池""景明寺……房檐之外皆是山池……寺有三池，水物生焉""宝光寺，园中有一海……菱荷覆水，青松翠竹，罗生其旁""大觉寺……林池飞阁，比之景明"。文献传达了北魏洛阳佛寺中的园林美景，可能有意附会佛经里的水环境，但不一定是按佛经的要求，完全与"七宝池、八功德水"的环境相符。唐人段成式在《寺塔记》中说"大兴善寺……寺后有池……白莲藻自生""招福寺内旧有池""楚国寺……有放生池"，从以上情况看来，唐代长安诸寺内有池水，但池水并不占有十分重要的地位。壁画中的净土世界，尽一寺之殿、阁、廊、台全建于宝池水中，只能理解为画家为了体现佛经"七宝池、八功德水"，而创作的西

方极乐世界理想化的境界（图14）。

　　唐代净土变中大面积的池水，源于佛经要求是无可置疑的，在现存
的古寺观中，山西太原晋祠金代所建圣母殿前有"鱼沼飞梁"，池上有
十字桥梁，但池的面积太小，只有云南昆明始建于南诏的圆通寺（现存
建筑是元代以后的），在回廊院内有大面积的水面，池中有石桥、大亭、
甬道等建筑，与唐代壁画中的净土寺院景象相似。

图14　大型寺院之宝池露台　第148窟东壁北

　　池水中的大量露台，是作为佛、菩萨、天人伎乐的活动场所，因为壁画上的殿庭全建于水池上，所以按照佛经内容的需要，于水面中建若干露台，其数量之多，可能是夸张之作，但露台的存在并不是纯属虚构，露台的名称早在汉代就已出现，唐代时则有很多名称，如露台、舞台、砌台等。壁画寺院里佛与菩萨前更有很多天人伎乐的歌舞场面，则是源于现实的，《洛阳伽蓝记》记北魏洛阳城中的景乐寺"至于大斋，常设女乐，歌声绕梁，舞袖徐转……逞技寺内，奇禽怪兽，舞抃殿庭，飞空幻惑，世所未睹……士女观者，目乱睛迷""崇圣寺……妙伎杂乐……城东士女多来此观看"。宋人钱易在《南部新书》中追忆唐代"长安戏场，多集于慈恩，小者在青龙，其次荐福、保寿，尼讲盛于保唐，名德聚于安国，士大夫之家入道尽在咸宜"。《唐纪》载宣宗时，万寿公主在慈恩寺戏场观戏。可见古代寺院兼作文化活动场所，由来已久。

　　作为演出用的舞台则不见有唐代遗物，仅从文献记载中可见唐代宫廷中有舞台设施，如唐崔令钦《教坊记》中"内伎与两院歌人，更上舞台唱歌"。杜牧诗曰："向春罗袖薄，谁念舞台风。"寺庙里演出的舞台在山西、河南的一些宋代神庙的图碑上可见有露台形象，并有榜题书"路台"二字。今嵩山中岳庙竣极殿前仍有露台遗迹，长宽各十一步，高1.15米，台面以青砖铺砌，周遭砌以条石，南北两侧皆有台阶可上下，与庙中所存图碑里的露台形制相符。日本大阪四天王寺庭院中间有一座石砌露台，台周围有栏杆，是寺院的重要文物。壁画中露台上的歌舞场面只是被画家进一步地描绘了。而且这时中心舞蹈的露台已出现升高的趋势，两侧奏乐的露台降低，好似如今的舞台与乐池的关系。寺院内的露台经过长期的演变，由低矮的露台逐渐升高为戏楼，并移向寺外，这是辽宋以后的情况。

(三) 城门及城垣

盛唐壁画中的城主要表现了观无量寿经变中"未生怨"里的皇城与宫城、法华经变中化城喻品里的市井城市、弥勒经变中的兜率天宫宫城、涅槃经变中的宫城。无论什么性质的城都表现出有关城防的不同设施，有的城内还有很多房舍。这些城的形象，有的简洁明了，有的巍峨壮丽，充分展现了盛唐时期城防建设的重要性，更表现了城门、城楼、角楼、城垣的形象。

观无量寿经变中的"未生怨"故事从初唐开始出现有皇城与宫城的形式，并影响以后各时代。盛唐初期第 217 窟"未生怨"中频婆沙罗国王的宫城，只表现了城的左侧部分，有城门、城楼、角楼以及夯土的城垣等，城中仅画一座殿堂，省略了宫城里的后宫。盛唐后期逐渐发展成条幅的形式，绘于大幅经变画的一侧，故事从下向上叙述，所以宫城都画在下方。如第 320 窟、172 窟等窟。

第 172 窟南北两壁相对而画的两幅"未生怨"故事画的下部，都画有王舍城频婆沙罗王的宫城的城门楼局部，城门墩台高耸，中有三道门洞（图 15）。城门墩台部分呈两级阶梯状突出于城墙之外，墩台上立平坐栏杆，中间建正楼五间，两侧退进处各建夹屋两间，共为九间。两旁有城墙相连，城墙上建有长廊。南壁的城墙在右边向前转折一段后，再向两边延伸，将城门墩台包抄在凹型平面内，形成城阙之制。北壁城墙下在左边有值班用的曲尺形房屋一座，如果将这两幅图拼成一幅，正好是一座完整的城门图。唐代的东都洛阳应天门，是宫城正门，根据考古发掘，门的左右有突出的巨大双阙，两阙东西相距 85 米，阙与城门形成凹形平面，和文献记载的"门有二重观，左右连阙"的情况相一致。这里壁画中表现的宫门正是洛阳应天门的写照。以后北宋东京的端门，

图 15　城阙　第 172 窟南壁

明清两朝北京紫禁城的午门都是由此形式发展而来的。

　　这两幅城门图下都有守卫的兵丁，门两侧置戟架。南壁右边的戟架平行放置于城门两旁，架上列大旗 1 支、戟 8 支，按对称原则左侧亦应相同。北壁于值班的房屋前放置戟架，上列戟 5 支，对面亦有相对而立的戟架。

　　第 320 窟的宫城城楼形式与第 172 窟相似，不同的是第 320 窟的城墙上没有长廊。城下城门右边有值班用房，房屋前列有 5 支戟架。按照唐代典章制度，戟架上列戟是有一定数量的，共计列戟 16 支，图中所画是表示王舍城的频婆沙罗王的宫城，符合王公门外列戟数量的规定，可见当时的画家必须一丝不苟地对待封建礼制规定。

　　法华经变中"化城喻品"的故事内容，主要讲述丝绸古道上的商旅，在行进的路途中遇到重重困难，眼前即刻幻化出一座城市，商旅们可以进城休息，为下一行程筹备粮草。因此壁画表现了一般的市井城市，其中最具典型的是第217窟南壁绘出了两座城市，一座为汉地城市，一座为西域城市。汉地城市只画出了城的一侧，可以看出城的上部是规整方正的布置，上部及右侧城墙有城门，转角处有角楼，城右下角的城墙有几处转折，转折处也有角楼，城中有殿堂两处，表示衙署；右上角一帐幕内有僧人讲说，并有二人听法，表示佛法的流布。城中空旷处，有很多人活动，其一侧在地上摆设了几样物件，可能是表示商贾贸易的场景。西域城也仅画出三面城垣、城门墩台与角台，以及城内的一座二层建筑都用石材修筑，建筑形象完全不同于汉地城市形象。画中城外一商队正急忙向城内奔去，商队前有一胡人引导。这两座城市形象再现了丝绸古道沿途城市生活的各个场面。

　　各时代的涅槃经变里，唯有第148窟的涅槃经变中有建筑形象，其中城的形象很壮观。绘于西壁的两座城，北侧的一座用鸟瞰角度俯视城中的活动。城只画出三面城墙，三面正中均画城门及城楼，上方的城门隐约看出有两个门道，城楼为五开间，歇山屋顶。城侧面中部的城门为单门道，上有三开间歇山顶城楼，城垣的转角处有墩台，上有攒尖顶的角楼（图16）。这三座建筑，结构相似，体量逐渐变小，形成严格的主从比例关系。此城右侧另有一城，三座城门均开一道门洞，门洞上端作梯形桁架，门洞一侧有清晰的平行直立的排叉柱，柱下可见通长地栿一根。此窟南壁弥勒经变下部也有规模稍小的一座城，正门与侧门及角楼体量依次缩小，屋顶等级也依次降低，主次关系明确。正门双门道内的做法与西壁城门一样，盛唐壁画上普遍作这样的表示。

经考古发掘汉长安城及唐长安城遗址，发现城门门道两侧均用排叉柱。明代修建的嘉峪关罗城过洞也作这样处理。大凡夯土城台的门洞在改用砖砌拱券门洞之前，一般均在门洞两侧立排叉柱，门洞顶部用木平梁。唐代长安大明宫北面的玄武门，根据考古发掘资料所作的复原设计，即为一个门道，上建五开间、深两间的城楼，形状与盛唐壁画中的门观形象相似，所以壁画中的城门形象是真实可信的。

图 16　城楼与城垣　第 148 窟西壁

这时的弥勒经变中多以寺院建筑群作兜率天宫，第 113 窟却表现了一座凸字型平面的城垣，突出的正面有城楼与角楼，退后的城墙中部有敌楼，转角处有角楼。另外在观无量寿经变十六观宝楼观中有很多城楼形象，如第 217 窟、171 窟等。

从众多的城与城垣形象中看出，城门多表示为砖砌，城墙用夯土筑成，多数城墙上有雉堞，如第 320 窟。城防设施大都有角楼之设，城垣的转角处，两面受敌，此处设墩台，上加角楼，既可加强转角处的防御，也可壮城垣的观瞻。《三国志·魏书》卷六，袁绍传注引"审配于邺城东南角楼，望见太祖兵"。可见角楼是一种很古老的建筑类型，直到明清时期的都城、皇城都有角楼的设置。

自盛唐壁画中出现的城、城垣、角楼等形象，一直沿用到五代、宋。文献记载，十六国时期后赵的邺城，城墙是用砖包砌。考古发掘出唐代长安的大明宫遗址，宫墙全部用夯土筑成，仅宫城各门的墩台用砖包砌表面，厚度约 50 厘米。首都长安尚且如此，一般州县的筑城之制不会超过首都的标准。

（四）宫廷与民居

我国传统居住建筑的布局原则，宫廷与民居没有根本的区别，都是以庭院为核心，轴线对称的一进或多进的院落组合，壁画上除了直接描绘佛和菩萨的题材之外，在观无量寿经变及法华经变中的一些内容里，还反映了人间的社会生活场景，因而也就出现了宫廷与民居的世俗建筑形象。

宫廷：主要从盛唐兴起的观无量寿经变的格式：中间是一大幅的西方净土画，两侧多以条幅的形式画"未生怨"及"十六观"，作为经变的内容说明。在"未生怨"中讲述古印度的王舍城，国王频婆沙罗被其儿子阿阇世"随顺调达恶友之教，收执父王频婆沙罗，幽闭置于七重室内"的故事。盛唐第 329、172 两窟的"未生怨"，条幅从下到上，依次表现宫城、宫门、殿、楼阁、御苑等几个部分的内景（线图 14）。最下面是宫城的城门，门外列戟架，旁边有卫戍兵丁。皇城内又有宫门，院内有太子阿阇世骑在马上，由士卒押着频婆沙罗王进入宫门，然后表现频婆沙罗王被囚禁在殿中，夫人韦提希探视并秘密为王送食。在内院，阿阇世太子知道后，提剑欲杀其母。院中有廊庑一段，三间庑殿顶的殿堂一座，殿内有床，床后有屏风，阿阇世在殿前追杀母亲，院中有大臣劝阻。最后韦提希夫人也被囚禁在阁内。这一层院子似为御苑，临水建筑为阁，下层柱网间全部开敞，透过柱网可看见苑中的池水。最上面的山林远景，是释迦牟尼居住的耆阇崛山的远景。

　　盛唐各窟绘制的"未生怨"大同小异。第 148 窟的"未生怨"，按照故事发展情节，组织表现了"帝宫九重"的意境。这里没有高大厚实的城墙与门楼，只用七道横廊围出六重不同布局的院落。从下到上第一院围廊三面，由一门屋到第二院；院内左边有一歇山顶殿堂，殿堂上方一道横廊围出第二院；第三院右下角有一殿堂，由转角围廊围成院子，左边有门屋到达第四院；院内左边有一八角攒尖顶殿堂，上方由横廊隔断；第五院左边有转角围廊，右边一殿堂；第六院左边一歇山顶殿堂，横廊右边一庑殿顶二层楼阁。画面中七道廊的形式为：第二、三、五、七是横廊，第一、四、六是转角围廊。院内殿堂建筑第二、四、六院绘在右边，第三、五院绘在左边，而且每一座建筑根据画面需求，只绘出一半或少半，这样的安排，使条幅的画面布局稳定，且生动活泼。

　　整座宫廷用廊子围合与分割后，再用树木修竹点缀其中，就更显宫

线图 14 第 172 窟"未生怨"建筑总图

线图 14　第 172 窟 "未生怨" 建筑总图

院内廊庑曲折，庭院幽深。第四院里有一座八边形小殿，透过殿的开口可以窥见殿内有床及屏风等生活设施，表明是宫廷中的后寝，是帝王生活起居部分，因而特意安排这种活泼的八边形小殿，使生活的场景充满人情味。这种小殿在第 217 窟中也出现过，现存日本奈良法隆寺东院的主体建筑——梦殿，其形式与此十分相似。

民居：壁画中为避免构图的呆板，有时画院落的大部，或是庭院的一角，灵活处理，很有特色。

第 23 窟南壁法华经变化城喻品中，本应该表现一座城池的形象，但画家却画了一座典型的北方民居大院（图 17）。在夯土院墙之内，另有廊庑围合的内院，正中堂屋三间，两侧各有夹屋三间，堂屋之内均有床。与堂屋相对，也有房屋，犹如四合院里的倒座。宅院的门不在轴线中间，而偏向一侧，与北方四合院的宅门在东南角相同，夯土院墙的一侧有形如乌头门的院门。几十年前在敦煌城乡中，大车门里土墙一周，中有宅院的布局，可能是北方的传统。建筑是时代的一面镜子，一两千年来民居的变化竟然如此迟缓，反映长期以来封建社会的发展是相当缓慢的。

在妙法莲花经中有"如子得母，如病得医"两句朴素的比喻，在第 217 窟法华经变中，画家把它演绎为一幅优美的画面。在大幅经变画下部画一处小丘花树掩映中的庭院一角，内有厅堂三间，砖砌台基与散水，室内花砖墁地，堂内有床，床后有四扇屏风，堂中两妇女坐于床沿，似在闲话，一妇女怀抱婴儿，即表示经文中的"如子得母"。堂前院中有一少妇，后跟随一扶杖而行的老人，再后紧跟一手捧盒子的僮仆，老人似为医生，表示"如病得医"。把两个不同的情节组合在一幅画面中，是画家的巧妙构思。堂的右侧有偏房三间，比厅堂稍为低矮，正对厅堂

有乌头门一角。院中垂柳拂檐，绿竹几竿，显得生趣盎然，从画面看去，
完全是一幅汉地民居清新娴雅的生活场景。

　　与汉地民居宅院仅一墙之隔的另一院落，它不是汉地传统的木构
大屋顶建筑，而是以砖石砌筑的拱券式建筑。宅院围墙是西域城市的
城墙，有墩台式院门，转角处有角台。院中偏后一座拱券式厅堂坐落在
砖石台基上，正侧两面开有圆券门，从门中看到厅堂内有床一张，厅堂
前有一低矮的床榻，中间坐一妇人，旁边一位白须老者，另一旁一位赤

图版 17　民居院落　第 23 窟南壁

裸上身、斜披锦巾的胡人垂足侧身而坐，手捧一婴儿，另有一相同装扮的胡人正走向床榻旁。院内修竹几根，弯弯的竹梢与拱券殿堂相映成趣。在室外放置床榻是西北干旱少雨地区夏天常见的纳凉习俗，现在新疆及敦煌农村中还可看到这种情景（线图 15）。

三、中唐与晚唐时期（781—906 年）

唐建中二年（781 年）吐蕃占据敦煌，因为他们也笃信佛教，在统治敦煌期间，佛教得到进一步的发展。当时沙州寺院林立，僧徒日增，开山凿窟之声不绝于耳，在敦煌石窟艺术的历史分期中，把吐蕃统治时期称作中唐时期。在莫高窟建窟 50 多座，西千佛洞及安西榆林窟也有兴建。唐大中二年（848 年），敦煌人张议潮收复敦煌，结束了被吐蕃统治 67 年的历史。直到唐末，张氏三代世守敦煌，共建窟达 70 多座，是晚唐时期的敦煌石窟。这前后两个阶段，对敦煌石窟的开凿都有所建树，文化上在保持汉文化传统的基础上，又融合了一定的吐蕃文化元素。

线图 15　第 217 窟中西两式民居

中晚唐时期的经变画由初盛唐时以一个壁面画一铺经变，改为一个壁面画二至多铺经变，由横向构图改为竖向构图。经变题材从盛唐的 17 种发展到 20 多种，仍以观无量寿经变、阿弥陀经变、药师净土变、弥勒净土变为主。中晚唐时期尽管开凿石窟的数量没有初、盛唐时期多，但大幅经变画数量达到 122 铺之多，几乎占到莫高窟大幅经变画的一半。这些经变画集中展现了寺院建筑群的绘画发展水平。而在华严经变、维摩诘经变里，中晚唐扩大了建筑画的规模，加入了城与城楼的形象，其他如民居、宫廷等住宅建筑被安置在法华经变和大幅经变下部的屏风画中。建筑形象及其装饰含有一定的吐蕃元素，是这时期建筑画中的新形象。

这时期的优秀洞窟有莫高窟第 158 大涅槃窟、第 365 七佛堂窟、第 196 窟、第 85 窟和榆林窟第 25 窟，都是大型石窟的代表。建于中唐的第 159 窟、112 窟的壁画、塑像，艺术造诣精湛，是敦煌石窟艺术继盛唐之后的又一个高峰。第 237 窟、361 窟壁画中的建筑画吸收了吐蕃建筑的风格，形成了较为独特的建筑形象，成为中唐建筑画的精品。它的艺术风格和绘画技巧，一直影响到晚唐和五代时期。

中晚唐敦煌壁画中的观无量寿经变、阿弥陀经变、药师净土变在经变画中的佛国净土里，无论从寺院规模和布局的意匠、单体建筑的形象，还是界画透视技法等方面，都不能与盛唐时同日而语。中唐在吐蕃的影响下曾有过一段繁荣，到了晚唐时期佛教艺术从发展的高峰逐渐走向低谷，建筑绘画也逐渐进入了程式化的模式。

（一）佛寺的群体布局及单体建筑

壁画中的建筑画，经过初盛唐的发展，无论从建筑整体规模还是单体建筑形象，都达到了一个光辉的顶点，但是在佛寺的群体布局方面，受封建社会意识的制约，始终保持严格的轴线对称均齐和封闭式廊院的平面形式。中晚唐时期的佛寺建筑群布局，在此基础上主要以三种形式表现出来。

1.仍然沿用初盛唐时期以佛殿为中心的一进或两进院落。由于画幅改为竖向构图，院落内部就显得较为狭窄，但画面却有了纵深感。晚唐第 85 窟所画寺院，轴线上的佛殿后有几重殿阁，佛殿前两侧有配殿，并用回廊相连，形成纵深的凹型院落空间。榆林窟第 25 窟的观无量寿经变仍保持盛唐的布局方式，图中佛殿后还有一重回廊，形成封闭的后院，中间用回廊分隔前后院。这种回廊既是空间的转换，又是庭院内的交通要道，而且建筑比例准确，透视基本合理，通透的空间感很强，仿佛可以深入其境，使人产生一种"曲径通幽处，禅房花木深"的意境。第 159 窟观无量寿经变中的寺院后院，回廊继续向两侧延伸，明确显示出中院之外的两侧还有院落，这是一座规模很大的寺院。根据唐人段成式《寺塔记》记载，唐代长安的长乐坊安国寺中有东禅院、影堂、利涉塑堂、圣容院等，寺院中有东塔院、西塔院，慈恩寺中有十几院。壁画上表示的多重院落，是建筑画对现实的忠实反映，并把它高度概括，延伸到画面之外，任凭观览者遐想。

2.表现了完整的佛寺建筑群。经变画中的寺院，经过初盛唐时期，在寺院中由佛殿和配殿呈品字形布局，发展到凹形平面构图。到中晚唐时，经变画中寺院平面突破了凹形的构图方式，开创了表现一座完整廊院的构图。如第 361 窟的药师经变，在狭窄的空间中，上部沿用凹形平面的三合院，下部布置一列横廊，组成封闭的四合廊院，横廊上建三间楼门，即为寺院的中门。廊上左右再置钟楼、经藏及其他楼房等，好比用大广角镜头将整座寺院摄入画面，表现了寺院的完整感。这种构图形式多用于表现药师净土变，五代、宋、西夏时期一直沿用这一布局方式。

　　3.横向的三院组合的天宫寺院布局。自盛唐第148窟的弥勒变、天请问经变中出现横向的三院组合天宫大型寺院图像后，到中晚唐时期，在第231、237、85窟等的天宫建筑图中，都以横向构图的方式表现组合的三院。第231窟、237窟南北两壁的天宫图，都由三院组合而成。中间是核心部分，三面开门，院内有佛殿、廊院、角楼、虹桥等。中院两侧的偏院，除前面有门屋外，向着中院的一侧还各有一门屋。方形的庭院中，设置不尽相同，但两边都是对称布置，在用栏杆围绕的庭院中建一座八边形小殿，或廊院之中建一座面向中院的二层楼。第85窟晚唐弥勒经变上部的翘头未城，是一座规模宏大的三院组合，中部有方形的城池，左右偏院均面向中央的城，并有通道往来相通，两偏院又分作前后两院，右侧的院中有一佛阁，左侧的院中有一单层四门塔，佛阁和塔都不在轴线上，打破了严格的对称布局形式。

　　横向的三院组合很适合壁画上部的构图方式，它既来源于现实社会中宫廷寺观空间构图的固有形式，也可能是弥勒经中对翘头未城的描述，即东西十二由旬，南北七由旬（由旬是佛教社会的度量概念）构成，呈横向的矩形图，因此横向三院组合的寺院满足了经典的要求，是古代画师们艺术构思和宗教上理想空间模式巧妙结合的成果。

　　中晚唐的寺院建筑群整体布局中，第201窟的寺院群比较接近盛唐风格，第231窟则融合了许多吐蕃艺术风格，如在佛殿两侧或佛塔两侧树幢幡。第361窟又出现以二层佛塔作为中心建筑的塔院佛寺，这种建筑形式直到五代、宋时期还受其影响。

　　这时期的单体建筑大多保持了盛唐的形式，但也有个别在融入吐蕃艺术风格后出现一些新的变化，如寺院轴线正中的大佛殿，用二层楼作为寺院中心的主体建筑，楼顶作庑殿顶或攒尖顶，攒尖顶上有火焰宝珠，呈塔刹形式，见第231、361窟（图18）。

　　在寺院群中，钟楼和经藏是必不可少的建筑，它们的体量较小，盛唐时多放置在庭院中，而这一时期，它们的形象作为群体的一个调节剂，可以自由布置，如第361窟在寺前回廊的转角处；第158窟则在寺院的后廊之外另建钟台和经台；第85窟药师变中的钟楼及经楼分别列置在后院的两侧；第231窟的钟楼与经楼又分置于前佛殿两侧，在配殿的位置上。这样的布置，为寺院建筑群的平面及空间形式赋予了较多的变化。

　　中晚唐时期的各种净土变中，凡有钟楼者，相对的均为经藏，它们的形状多作八边形、圆形，或下层为八边形，上层为圆形的二层小楼，楼顶为攒尖顶。寺院里"鸣钟济苦，兼以集众"的钟声，有着深刻的宗教含义。因而产生了"洪钟震响群生，声遍十方无量土，含识群生普闻知，拔除众生长夜苦……"的偈句。在古代社会生活中，佛寺的钟声往往能引发文人无限的遐想。夜泊枫桥闻钟，产生了咏钟的千古绝唱。

　　初盛唐中的平阁到这时已不见踪迹，平阁上的女鼓吹移到回廊的转角平坐上，见第231、361、85等窟。据明人顾炎武辑录的《历代宅京记》中有《邺中记》记，十六国后赵的邺都昭阳殿"殿东西各有长廊，廊上置楼"，在回廊上造屋，可见盛唐壁画中回廊转角处的平坐钟楼与经藏，而中晚唐则只留平坐，不建屋，平坐上鼓乐齐鸣。平坐与中间的楼阁用弧形的虹桥相通，仿佛为整座寺院后部的天际轮廓线增添一道美丽的彩虹。

图 18　净土寺院的大殿　第 361 窟北壁

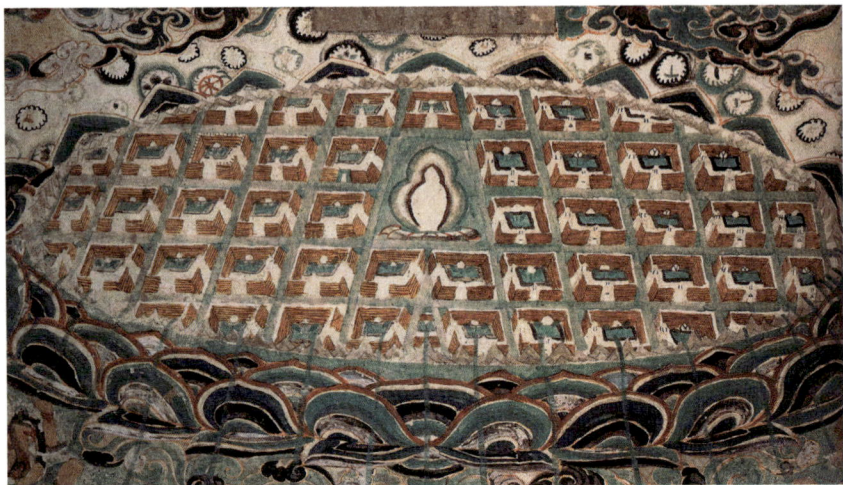

图 19　城与里坊　第 85 窟北坡

(二)城、城楼与宫廷宅舍

唐大历十二年（777 年）吐蕃围沙州（敦煌）经年，沙州刺史周鼎谋毁城东奔，为部将阎朝所杀，阎朝又继续守城 8 年。城之所以能守，除政治和军事的多种因素之外，其重要的物质条件就是要有坚固的城防。因而城之重要反映在壁画上是无处不在的。这时期所画华严经变中的华严城或又称莲花藏世界，是在一朵盛开的大莲花内，概括地画出一座城市，里面街道纵横交错，划分成棋格式的里坊，城的中心是毗卢舍那佛，表示莲花藏世界是毗卢舍那佛的净土所在。其他如维摩诘经变里，画出城垣一面或两面，每面都有城门、城楼及角楼，以表示毗耶离城。观无量寿经变中的频婆沙罗王宫城、弥勒经变中兜率天宫的宫城等，都在这时期频频出现。

里坊城：盛唐时出现，流行于中晚唐的华严经变中，大多在经变下方画一朵盛开的莲花，花中的城市街衢纵横，把城市划分成若干方格，表示从汉代到唐代一直沿用的城市布局单元"里坊"（图 19）。

汉代的长安城，城内大部分面积为皇宫所占据，官署与民居相互杂处，到曹魏时期的邺都，就形成了分区明确、整齐规划的城市雏形。隋代的大兴城即唐代的长安城，城内"沿着南北轴线，将宫城和皇城置于全城的主要地位，并以纵横相交的棋盘形道路，将其余部分划分为 108 个里坊，分区明确，街道整齐"。东都洛阳划分为 103 个里坊，充分体现了封建社会的城市理想和规划要求，成为当时东方城市的典范。当时城市的居民都住在坊内，坊内有东西或南北相交的十字街，沿街再设若干巷道，平民或官员住宅的门，只能开向里坊内的街道或巷道，只有朝廷的要员或皇亲国戚才能在里坊墙上开门，面向大街。长安除东西二市之外，里坊内也有商业，寺院也包含在里坊中，大型寺院有的可占半里坊之地，甚至一坊之地。壁画中莲花藏世界的形象，正是长安城在佛国世界的再现。城的中央是佛的住所，里坊四周用围墙围绕，围墙的四面或两面有里坊门及门楼，这在壁画中都有具体而微的表示。

城门、城楼：主要在维摩诘经变、弥勒经变、观无量寿经变、报恩经变中表现，画出的城门、城楼大都巍峨壮丽，城门下的门道，从一到二、三、四、五个门道不等，各种形式都有，但以一个门道居多。第197、9 窟所画都是三门道，第 138 窟弥勒天宫的正门画了五个门道（图20），城门之上是高大雄伟的城楼，把人间最美好壮丽的建筑形象通过宗教艺术的形式保存下来，展现给后人。

城阙：北朝壁画中有很多殿阙和城阙的形象，隋至初盛唐也时有表现，这时期仅第 9 窟有一座只表现出前部且各种城防设施都较完整的城阙形象。壁画中画出了城门、城楼和以弧形城垣相连，左右突出的两座城阙，形成合抱的布局形式，中间有突出的城门及城楼，城阙前有城

图 20　五门道城楼　第 138 北壁

壕，其上有桥，是古代城防的完整体系。城墙上，有两侧的阙作拱卫，形成主从结合的格局，既是城防功能的需要，又达到城阙庄严壮丽的目的，组成一幅完美的建筑空间构图。这座城阙不是画师们的想象，而是隋唐时期的东都洛阳应天门的再现。据文献记载，东都洛阳应天门是宫城的正门，"门有二重……左右连阙"。经考古发掘证明洛阳城门的左右，巨大的双阙突出在城门前 45 米处，两阙相距 83 米，阙与城门之间有厚墙连接，形成倒"凹"型的平面，明清故宫午门的平面就是这种建筑形式延续下来的见证。

宫廷：初盛唐时表现在观无量寿经变两侧条幅状的"未生怨"故事画，这时移到了经变画的下部，用一幅幅屏风画表现故事内容。第 12 窟的屏风画用两重院落画出王舍城，上部是由廊子围合的宫廷四合院，下部是有城墙与城门楼的宫城。故事讲述了国王频婆沙罗与王子阿阇

世的夺权斗争，城中画王子阿阇世令人将其父王擒获，宫廷政变发生在
宫城与宫门之间的空间，使我们联想到唐初秦王李世民与太子李建成
的弟兄残杀，正是发生在长安宫城玄武门，史称"玄武门之变"。壁画
里描绘的宫廷政变与历史何其相似。

　　民居宅院：民居形象是常见的壁画题材，以前只见于故事画和法华
经变中，从中晚唐开始，在维摩诘经变中也出现了很多建筑形象，如第
9窟的维摩诘经变的阿难乞乳图，第85窟法华变的穷子喻品（图21），
均画出住宅一院，其共同的特点是由廊庑围合成四方庭院，又以横廊
分隔为前后两院，前院较窄，成为进入后院的过渡空间。第9窟的宅院
旁还有偏门，第85窟的住宅旁有一偏院作为厩舍，宅院后有农耕场面，
表现出生动的生活情趣。

图21　民居宅院　第85窟南坡

结语

壁画中的建筑画，不但给人们以赏心悦目的艺术享受，而且以丰富的内涵，相对准确的艺术形象，充实了我们对于我国古代建筑的模糊认识。建筑学家梁思成先生曾说："中国建筑属于中唐以前的实物现存的大部分是砖石佛塔，我们对于木构的殿堂房舍知识十分贫乏，最古的只到 857 年建造的（佛光寺）正殿一个孤例［梁先生写本文时五台山南禅寺（782 年）还没有发现］，而敦煌壁画中却有从北魏至元数以千计，或大或小，各型各类、各式各样的建造图，这无异为中国建筑史填补了空白的一章。"

注：敦煌壁画中塔的形象另有专文介绍，这里不再赘述。

敦煌壁画中塔的形象

　　塔是随佛教传入我国的一种建筑类型。古代印度称作"窣堵波"
（stupa）的建筑，原来是埋藏尸骨的半球状覆钵形坟丘，后来佛教徒把埋
藏佛舍利的"窣堵波"作为崇拜的对象。另一种称为"支提"（chaitya）
的建筑，[①]与"窣堵波"相似，是供奉佛陀或是高僧大德之用[②]。塔的建
筑形象概念辗转经中亚传入我国以后，因为它是一种外来的建筑概念，
较少受到传统建筑的约束，在长期的发展中逐步和我国传统建筑相融
合，并衍生出千姿百态、种类繁多的佛塔形象，既表达了我国人民对佛
教的信仰，又保持了对传统文化和审美观念的选择。佛塔的基本形象
是覆钵及上部塔刹相轮，到了中国之后逐渐成为一种建筑符号，覆钵塔
刹与我国传统建筑中的楼阁、小殿堂、亭阁、斗帐相结合，成为楼阁式、
亭式、密檐式塔等多种形象，因建筑材料的不同，形成了单层砖石塔、
多层砖石塔、砖木混合或木构的楼阁式塔等建筑形式。千百年来，千姿
百态的佛塔，真如繁花似锦，开放在我国大地上，与我国人民的文化生
活密不可分，它的作用已远远超出了宗教的范围。我国的古代建筑，特
别是唐以前的建筑幸存得不多，而塔却是保存最多的古代建筑类型，近
代建筑学家们进行了广泛的研究工作，取得了丰硕的成果。

　　古代的敦煌是通向西域的门户，据《魏书·释老志》记载"村坞相属，多有寺塔"，说明敦煌的佛教信仰相当广泛，成为兴建莫高窟的社会基础。莫高窟除石窟外，窟前大泉河的两岸至今还保存着二十几座晚唐、五代、宋、西夏、元各时代多种形式的塔，有的造型优美，构造独特，是研究佛塔的珍贵实物。此外莫高窟各时代壁画上也有大量塔的形象。壁画中的塔，根据壁画内容的需要，有的高仅几厘米，但也反映了塔的基本形态；有的高达两三米，把塔的基座、踏道、栏杆、梁、柱、斗拱、山花蕉叶、覆钵、塔刹、相轮、宝盖、金铎等塔的部件，表现得非常具体，有的还用沥粉堆金以突出塔的花纹装饰。一方面反映了当时建筑界画的高超技法；另一方面也提供了丰富的塔的形象资料。建筑是莫高窟壁画表现的内容之一，个别石窟中的建筑图像，可能有踵事增华之嫌，但多数塔的形象比例恰当，造型优美，所表现的结构也较为合理，所以作为反映古代佛塔的形象资料，应该说在一定程度上是可信的。见于壁画上的塔，可以归纳为6种类型：1.窣堵波式；2.单层木塔式；3.楼阁式木塔；4.单层砖石塔；5.多层砖石塔；6.砖木混合结构塔。[③]现分别介绍如下：

一、窣堵波式塔

　　窣堵坡（stupa）是梵文的音译，原意就是坟冢。佛教崇拜窣堵波，盛于释迦牟尼涅槃之后，因埋藏了他的骨灰（舍利）而受到崇拜。传说阿育王为弘扬佛法，造了八万四千座窣堵波。古代印度的窣堵波是一个半圆球状（覆钵）的实心建筑物，下有基座，上有箱形的平头及塔刹相轮（线图1）。窣堵波的造型意匠，在于它体现一种稳定安详、永恒不灭的涅槃精神，成为佛教崇拜的一种宗教标志。当佛教在大月氏的犍陀罗地区流行时期，窣堵波的基座和覆钵逐渐变得较为高耸，塔刹部分的比例加大。佛教传入我国古代的新疆，窣堵波式的塔也随之在新

线图1　印度山奇大塔

疆出现，如今在库车、和阗、米兰、楼兰等地的佛教遗址中，都残存着土坯建造的窣堵波，这些也许就是我国最早的塔。元代藏传佛教的佛塔、舍利塔也是由上述窣堵波式塔发展变化而成的。④

莫高窟壁画中所见窣堵波式塔颇多，早期洞窟如北周第428、301窟（图1）和隋代第303、419

图1　窣堵波　第301窟北壁

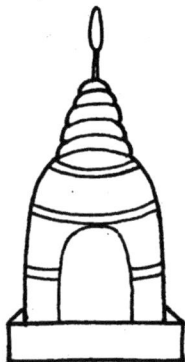

线图 2-1　第 428 窟
北周舍利塔

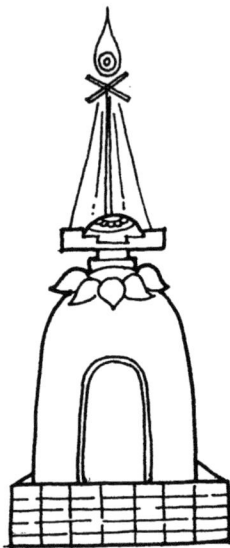

线图 2-2　第 302 窟
北周舍利塔

线图 2-3　第 419 窟
隋代舍利塔

等窟壁画中窣堵波式塔（线图 2-1、线图 2-2、线图 2-3、线图 2-4），其基本形式为下有单层或双层素平台基，上有较高耸的类似钟形的覆钵形塔身，正面有圆券门，覆钵上部有莲瓣或忍冬纹饰，有的覆钵上还有二三层叠涩台座，上有受花及较为扁平的覆钵，其上有塔刹相轮。这种双重覆钵的做法在莫高窟唐代及以后壁画中所画的单层砖石塔上也有反映，这类形式的塔也是窣堵波式塔的发展。

《法华经》是大乘佛教的重要经典。敦煌以《法华经》为题材的壁画共有 60 多幅，其中绝大多数都有"见宝塔品"，表现多宝佛及释迦佛并坐于多宝塔中。初唐第 332 窟（线图 3）顶部的"见宝塔品"的多宝塔，覆钵塔身略为扁平，大开口内多宝、释迦并坐于榻上，下有偏平

线图 2-4 第 303 窟
隋代舍利塔

线图 3 第 332 窟
初唐多宝塔

台座，塔身上有两层出檐；檐端上有山花，檐上有一扁平的覆钵，其上
有素平须弥座，座上再做覆钵，上有六重塔刹相轮及宝盖、宝珠等为刹
顶。初唐的第 340 窟（线图 4）佛龛顶的多宝塔，在两重扁平的基座上，
有钟形塔身，设两个圆券门，内坐多宝及释迦，覆钵上另有扁平覆钵及
四重宝幢式相轮（唐代壁画中以此表示的尚有多处），以伞盖宝珠为刹
顶。值得注意的是，以幢盖作相轮，可能是窣堵波相轮的原来形态。宝
幢是佛教的一种重要供养器具，常将它置于佛和菩萨的上方或左右两
侧，把它置于窣堵波的顶上也是表示崇敬的意思。⑤后来窣堵波上所见
的石雕圆盘，可能是悬挂幢帷的骨架。初唐的第 331 窟、盛唐的第 46
窟中的多宝塔（线图 5）都是以覆钵为塔的主体。中唐的第 361 窟的多

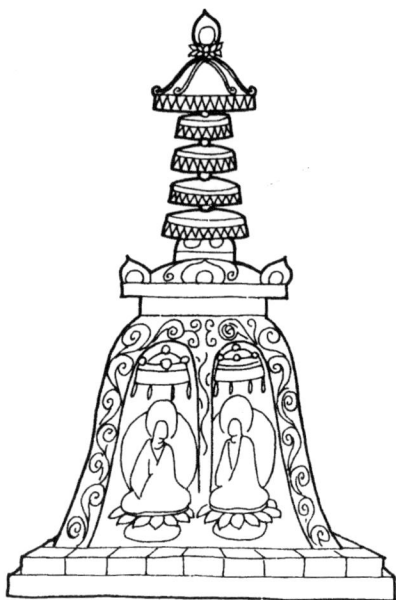

线图 4　第 340 窟初唐多宝塔

线图 5　第 46 窟盛唐多宝塔

线图 6　第 361 窟中唐多宝塔

线图 7　第 340 窟五代单层砖石塔

宝塔（线图 6），造型别致，装饰华丽，中唐以后窣堵波式的塔在壁画中
随处可见。盛唐第 217 窟法华经变中有四座塔，三座塔身平面表示为圆
形，一座为方形，塔身上部略微向内弯曲，约略形成覆钵形状，实际上
已经过渡为单层砖石塔的造型了。五代第 340 窟甬道顶部有窣堵波（线
图 7），用较为成熟的轴侧透视画法，表示了塔的两面，塔身两面均有圆
券门，台基两重，上层台基边沿有卧棱栏杆，中设踏道，塔身上有三层
叠涩出檐，檐上有覆钵，覆钵顶做三重平台，上面再有小覆钵，其上才
是宝珠、伞盖、仰月组成的塔刹，伞盖下并垂四链系于塔檐四角，链上
并悬金铃，此塔稍特殊之处是塔檐四隅各有一小窣堵波，形成五塔的格
局，这也许是金刚宝座塔的一种表现方式。

二、单层砖石塔

以上所介绍的窣堵波式塔，其基本结构是砖石材料的单层塔，但其
主要部分塔身基本上作覆钵状，较多地保存了外来的影响，因此称作
窣堵波。本节中所指单层砖石塔，塔身不用覆钵状，而作方柱形或圆柱
形，此种类型的塔始见于初盛唐壁画中。第 103 窟南壁法华经变的化城
喻品城堡中有一座单层塔（线图 8）。壁画中可见塔两面，平面为方形，
方形砖砌素平台基，高约塔身的多半，台基下有散水一周。塔身各面作
矩形，高大于面宽，正侧两面都有尖形券门。塔身有叠涩出檐，檐边有
山花；塔顶平面为方形，唯四棱作弧线，若从各立面看则成覆钵的轮廓，
其上再做小覆钵，塔刹相轮四重，宝盖两重，并有链系于四角，链上悬
吊金铎，塔刹较高，约与塔身高度相等。盛唐第 217、31、23 窟的单层
塔大体与此相似，有的设台基两重，台基中部再设踏道。河南安阳林泉

186

线图 8　第 103 窟盛唐单层砖石塔

寺唐代摩崖窟龛中的塔与上述诸塔相似。⑥实物中有山东历城神通寺四门塔，是单层砖石塔的典型实例之一。莫高窟大泉河东西两岸有五代、宋代的方形、八方形单层土塔多座（线图 9、图 2），因系土坯砌造，塔身各壁有显著收分，造型亦颇稳重。另外，在第 217 窟壁画中还有圆塔。唐人段成式在《寺塔记》中记长安崇仁坊资圣寺东廊有团塔，约略同时的晚唐人张彦远在《历代名画记》中也记资圣寺有"北圆塔下"等语。实物中有山西运城的泛舟禅师塔，是一座砖砌仿木构的圆塔，其造型和施工技法已相当成熟。壁画中出现圆塔也正是现实的反映（线图 10）。我国各地有大量的高层佛塔保留下来，单层佛塔的数量可能更多，只是它不及恢宏雄伟的高层塔的影响那么大而已。

三、单层木塔

线图 9　莫高窟天王堂五代单层土塔

此类塔形最早见于莫高窟盛唐壁画中，而以中晚唐时期所见最多。一般多为正方形三开间。塔顶作攒尖或盝顶形的居多。而平面作六边形、八边形，以及圆形的单层木塔，亦在盛唐出现。壁画中的塔，造型自由，以界画的手法

图 2　天王堂塔

线图 10　第 217 窟盛唐圆形单层砖石塔　　　线图 11　第 23 窟盛唐（多宝塔）单层木塔

表现得比例恰当，构造手法也交代得相当合理，是一批富有价值的研究
资料。

　　单层方形木塔：以盛唐第 23 窟南壁法华经变中见宝塔品的多宝塔
最为典型（线图 11），因为此幅壁画是以塔为主题，画面较大，有条件
比较精细具体地描绘塔的整体形象及细部处理，结构合理，造型优美。
此塔身为三间四柱式，当心间较宽，不设门户。塔内多宝佛及释迦佛对
坐于座上。左右两次间有直棂窗，檐柱四根，上各有四铺作斗拱一组，

三补间均作人字斗拱。塔的基座比较华丽，最下一层作覆莲及须弥座，须弥座边上左右各有栏杆，其上再作一台，四周有平座及栏杆。在基座与栏杆的中部设踏道直达塔身。塔顶作四角攒尖。屋面坡度平缓，檐端平直，翼角不起翘。塔刹由须弥座、山花蕉叶、相轮六重及华盖宝珠等部件组成，华盖以下有链系于四角。中晚唐时期壁画中与此相类似的三开间、单层木塔比比皆是（线图 12）。1987 年，陕西扶风法门寺塔地宫中出土了一铜塔模型，形式与此塔极为相似。

六边形或八边形木塔：莫高窟盛唐第 217 窟南壁上部、中唐第 231 窟北壁弥勒上生经变上的兜率天宫两侧院中、五代第 61 窟西壁五台山图中均有单层六边形木塔，共同特点是建于素平台基上，木构塔身，正面正中设门，侧面两间设窗，塔顶六角攒尖，上有宝珠，与一般塔刹相轮不同，其整体形象颇似日本奈良法隆寺东院的梦殿。中晚唐时期此种塔形又成为经变画中的钟楼与经楼的形象，甚至

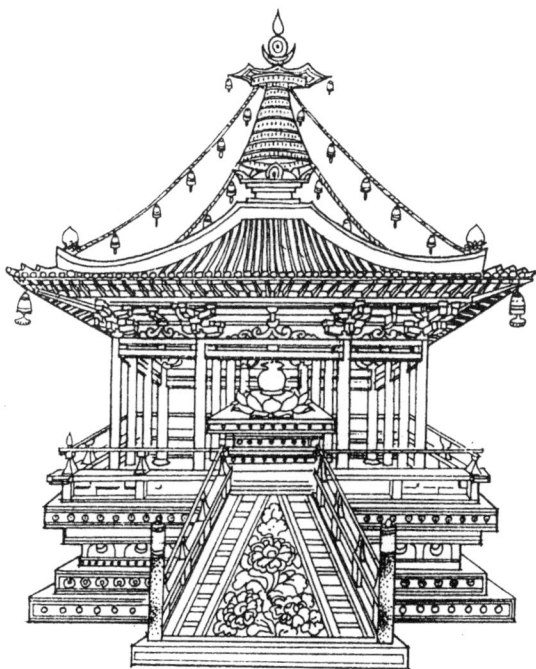

线图 12　第 148 窟盛唐单层木塔

线图 13　第 148 窟盛唐圆形单层木塔

一些城垣的角楼也作此形象，应用比较普遍，莫高窟园林中一座"慈氏之塔"为单层八边形攒尖顶土心木塔，[⑦]是此类塔形很好的实例。此类塔的出现是唐代社会建筑施工技术进一步发展的结果。[⑧]

圆形平面单层木塔：最早见于盛唐中晚期的第 172 窟，窟中南壁观无量寿经变上端两侧各有六柱圆形木塔，柱间不设墙壁门窗，攒尖塔顶上有塔刹，并有链系于檐端，塔的造型轻盈剔透，在庄严的佛寺建筑群中调和气氛，丰富了建筑群的空间组合，使建筑群的天际轮廓富于变化，起到了很好的装饰作用。唐人关于寺院的笔记中多有所谓东塔、西塔的记述，壁画上的反映也许正是以现实为根据的。中晚唐以后壁画中圆形亭式的木构建筑又多用作钟楼、经楼。盛唐第 148 窟壁画中圆形木塔，围塔一周有八柱，攒尖顶上弧形坡面上可以看见四条垂脊，圆锥形屋顶上起脊，说明圆塔是从多边形发展而来的。垂脊把锥形屋顶分隔成若干个扇形屋面，可以用相同尺度的瓦件铺砌屋

面，因为当时也许还没有专门为北京天坛祈年殿生产不同尺度瓦件的
条件。中晚唐时期此类塔多置于寺院的回廊屋顶上。第148窟两幅大
型壁画上还有几座独立的圆形木塔（线图13），颇似山西运城泛舟禅师
塔⑨，此塔为砖砌仿木构圆塔。壁画所反映的木圆塔虽是小型建筑，但
圆形木构建筑的出现说明了唐代建筑造型更趋多样化的事实。

四、楼阁式塔

楼阁式塔在壁画中不是塔的主要类型，北魏时仅第254窟有三层
塔一例（线图14、图3），初盛唐
时期也仅第323窟有七层塔一
例，到中唐时期有二层塔出现，
五代以后壁画中有三层、四层及
七层塔出现，而以四层的较多，
平面形式多为方形。第55窟宋
代壁画中有三层六边形楼阁塔。
方形塔则每边三开间，有的中间
开门，两次间开窗，有的仅中间
开窗；二层以上的塔有的设平座
栏杆，有的仅有栏杆。塔身每向
上增加一层，层高与宽度逐层减
少，形成比较显著的收分，塔顶
有塔刹。这是一般情况。特殊的
例子如盛唐第323窟北壁的七

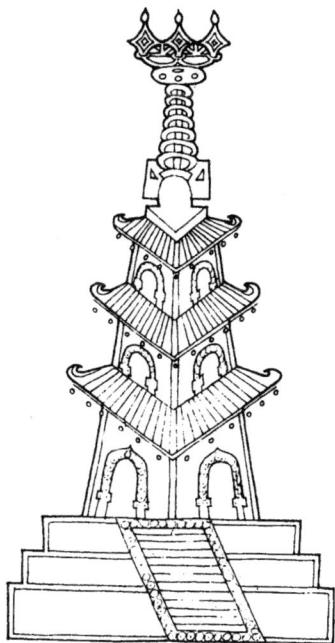

线图14　第254窟北魏三层塔

图 3　楼阁式三层塔　第 254 窟南壁

层木塔（线图15），其最上层不做攒尖屋顶，而以歇山屋顶作塔顶，塔顶上也没有塔刹相轮。与此相似的五代第61窟五台山图中的四层塔顶作庑殿顶，仅正脊中部置一宝珠，以表示其宗教的含义。这些均为少见的例子。塔顶上不设佛教的标志——覆钵及塔刹、相轮，在唐、五代时期的现实社会中不知是否有此种实例。榆林窟第33窟壁画中有七层塔，第七层塔身作窣堵波式，上有简单的塔刹。莫高窟五代第61窟五台山图中有"大悲阁"，是一座四层佛塔，下三层为面阔三间的重楼，第四层做覆钵形塔身，其上有三层叠涩出檐及山花蕉叶，以上又做覆钵及塔刹相轮。⑩五代第340窟甬道顶的四层楼阁塔（线图16），下三层均为三

线图15　第323窟盛唐七层木塔　　线图16　第340窟五代四层木塔

开间，中间开门，两次间开窗，并逐层收小，第二、三层每层外有栏杆，第四层收为一间，平面转角为 45°，使转角面向正面。第 9 窟甬道有三层楼阁塔，造型与第 340 窟的完全相同，中唐第 159 窟有一座下为六边形、上为圆形的二层塔，与此同时代的第 360 窟壁画里有钟楼及经楼各一座，与第 159 窟的二层塔相同，作为壁画中的建筑形象，画家为丰富建筑形象的变化是否信笔为之，已不得而知，但通过一些较为特殊的建筑造型，不难理解古代匠师在建筑造型上是煞费苦心的。

虽然莫高窟壁画中所绘楼阁式塔不多，但所反映的造塔意境颇有意思，一种是以中国传统的楼阁作为佛塔的样式。在佛教传入之初，社会上把黄老与佛等同看待，认为仙人好楼居，以传统的楼阁来供奉佛像当然顺理成章。还有一种是把中亚一带的窣堵波缩小，置于传统的楼阁顶上，强调了佛教的标志作用，也为楼阁增强了顶部装饰效果。由楼阁变为佛塔，也有我国当时的内部因素。佛教传入我国的东汉时期，正值西汉以前盛行的高台建筑之风渐衰、楼阁建筑逐渐兴起的转变时期。据《三国志·吴志》记载，笮融在徐州大起浮屠祠，下为重楼阁道，上累铜盘九重；同书《公孙瓒传》称"为围堑十重，于堑里筑京，皆高五丈，为楼其上"，他的诸将"家家作高楼，楼以千计"。[11]以上两条记载中的楼，可能是"坞"里面做瞭望用的高层建筑。《世说新语》中记"凌云台楼观精巧，先称平众木轻重，然后造构……台虽高峻，常随风动摇……魏明帝登台，见其势危，别以大木扶持之，楼即颓坏"。[12]《艺文类聚》卷十《幽明录》记载："邺城凤阳门五层楼，去地二十丈。"[13]高层楼阁建筑经过几百年的发展和技术上的探索才渐趋完善，到北魏洛阳永宁寺建九层大塔，排除记载上的夸大之词，其高度也是可观的。山西应县佛宫寺木塔是现存唯一的楼阁式木塔，通高 67.31 米。[14]我国现存楼阁寺塔很多，但都是砖木或砖石、金属仿木构的楼阁式塔，成为很有影响的一种塔的类型。因为它的造型既能满足我国古代人民信仰佛教的意愿，又能适应我国的审美要求，所以楼阁式塔遍布我国大地。

佛教的窣堵波作为一种建筑符号，与我国传统的楼阁建筑相结合，也不是一个简单的过程，而是长期发展和探索的结果。《洛阳伽蓝记》卷五《道荣传》说乾陀罗有雀离浮图，是一座高 13 级的木构建筑，塔上有金盘 13 重。[⑮]这座大塔是古代中亚有名的建筑，虽然形式不得而知，但与印度原来的以半球形覆钵为主要形态的窣堵波相比，在建筑形态上有了很大的变化，已经把窣堵波的覆钵及相轮作为一种佛教建筑符号置于另一种高层建筑物上，从印度到犍陀罗，这种建筑形象的转变，对我国的楼阁式塔的产生也许是一种直接的启迪。

五、多层砖石塔

前面已介绍过的楼阁塔，系指在传统木构楼阁建筑上安置覆钵塔刹一类塔的形象，这里指以砖石构成的多层塔，它的造型与楼阁塔迥然不同，莫高窟壁画中只有第 61 窟五台山图中有大致相同的几例。此图中部署名为 "释迦真身塔"（线图 17），由砖石砌成的四层塔身，平面为方形，下为砖砌素平台基，正中有斜坡墁道。第一、二、三层塔身基本相似，塔壁垂直，每层塔身高宽近似，略呈方形，每层塔身自下而上逐步缩小，塔身外有朱栏环绕。一、二层塔身中部有圆券门，每层塔身上有三层叠涩出檐，两侧檐端各悬金铎，各层檐边上均有山花蕉叶装饰。第四层塔身改为覆钵形，塔顶覆钵似第四层塔身而比之稍小，塔刹有四重相轮，两重伞盖，下小上大，再以莲蕾作顶，下层伞盖下有链系

线图 17　第 61 窟五台山图中
五代四层砖石塔（释迦真身塔）

于第四层塔檐端，链上悬金铎。

四层砖石塔：亦在五台山图中（线图 18），塔下砖砌素平台基，高约第二层塔身之半，每层塔身高约阔的四分之三，塔身两侧壁体作圆弧形，使塔身略具覆钵形，塔身正中开圆券门，门上有尖形三叠门楣，每层塔身下有朱栏环绕，塔身上重层叠涩出檐。二、三层塔身高宽逐层减少，第四层为覆钵，塔身上下均有两层叠涩，檐端置山花蕉叶，塔顶刹上有三重相轮和宝珠。整个塔身收分合理，形如炮弹。这两例四层塔的造型，其比例权衡及结构意图，可能是有现实依据的。五台山图中有广明三圣寺重檐塔，其造型约相当于上述塔的第四层以上的部分，仅在塔身下增加须弥座、覆莲以及一些局部变化。

六、几座造型独特的塔（砖木混合塔）

　　壁画中塔的造型多种多样，塔虽然在生活上没有实用性，只能供人们瞻仰礼拜，又是从域外传入的建筑概念，因此较少受到传统建筑观

念的约束。在十六国及南北朝时
期，建寺造塔之风日盛，外来建
筑概念融入固有传统，有一个接
受、融合、创新和发展的过程。
莫高窟北魏、北周及隋代的几个
塔的造型比较特殊，可以说明这
一问题。

第 257 窟北魏混合单层塔
（图 4）：在一幅沙弥守戒自杀品
的故事画中，一小沙弥守持戒律
拒绝姑娘的爱情而自杀。国王起
塔埋葬小沙弥骨灰，但塔的形式
不是窣堵波，而是中国传统建筑
小殿堂和窣堵波的结合。塔身下
有较高叠涩须弥座，正中设踏道
直至塔身，塔身中有圆券龛，中
有小沙弥像，塔身上有庑殿屋
顶，屋面上有瓦垅，檐端平直，

线图 18　第 61 窟五台山图
中五代四层砖石塔

并可见椽头，至翼角处卷起作弯钩状；正脊两端有向内弯曲的鸱尾，正
脊中部置窣堵波，钟形覆钵上有锯齿状受花，再上有锥体状的塔刹，顶
上有三花，左右分悬很长的可与塔身等高的大幡（线图 19）。此洞窟
南壁中部还绘有一佛二胁侍的说法场面，它的环境则是一座典型殿阙
式的建筑，清瘦高耸的双阙对峙，子母阙身上有庑殿屋顶，檐下有斗
拱，两阙间有庑殿大屋顶，表示这是佛殿。屋顶显得比较扁平，屋面上

图 4　单层砖石塔　第 257 窟南壁

线图 19　第 257 窟北魏单层塔

线图 20　第 257 窟北魏阙式塔

线图 21　河南唐河县西汉画像石中的殿阙图

有瓦垄，檐下有圆椽，椽下张挂帷幔。特殊之处是在屋顶正中上置一窣堵波，半圆覆钵上为受花，圆锥形塔刹，刹上有三宝珠，左右分悬大幡（线图20）。河南唐河县砷窑出土的西汉画像石（线图21）⑯，两高耸的单体阙（不带子阙）之间有庑殿建筑，中坐一尊者，其整体殿阙形象与上图所示的佛说法的殿阙是极其相似的，只是殿顶加上了重要的佛教建筑符号。

四川郫县出土的汉画像似表示一门阙⑰，双主阙之间的殿堂是大量汉画像中常见的题材之一。殿堂是供神仙、王者及官宦人家居住的场所。佛教经由西域传入内地，汉文化中传统的建筑形象直接与佛教相结合，反映了外来文化的移植过程，这种把塔的形象置于建筑上的意匠也不是突然产生的。《洛阳伽蓝记》卷五城北条中记"于阗王更作精舍笼之，令覆瓮（指窣堵波的覆钵）之影恒出屋外"，（线图22）在一直坡屋顶的精舍上置窣堵波，说明佛教在西域流传的南北两路上，已经有了在屋顶上做窣堵波的处理方法。第257窟壁画上有两例特殊塔形，它的基本建筑概念也是直接源于西域文化和汉文化的一种拼合方式。

第428窟西壁北周金刚宝

线图22　新疆克孜尔石窟壁画中的塔

图 5　五分法身塔　第 428 窟西壁

座塔（图5、线图23）：建塔材料可能是砖木结合，形式上是中西结合的组合式大塔，虽然是壁画，但描绘得很具体。正中一座四层大塔，置于重层基台上，第二层基台表示为砖砌。塔身下两层较低，第一层正中设圆券门，第二层上下均有突出塔体的平板式檐。两檐之间有四个金刚力士，下层外设栏杆。实际上第一、二层是塔的基座，第三层是砖石塔身，外有三间四柱木檐，四柱上有斗拱。塔身正中有大于当心间的圆券门，门中有摩耶夫人诞生释迦牟尼的场面。第四层有一佛二胁侍菩萨的布局，表示释迦牟尼的禅定形象。三、四层塔身之外，均有三间四柱的木檐，柱上斗拱之上有纵向类似于桁架的结构，桁架上有平板式的出檐结构。再上有直坡形的屋顶，屋面有瓦垅，正中有一金翅鸟，鸟两侧为受花，上有较扁平并饰以莲瓣的覆钵。覆钵上有高耸巨大的塔刹，上有七重相轮，顶端有仰月宝珠。仰月两侧分悬着四幅巨大的长幡，这

线图23　第428窟北周金刚宝座

是塔的主体。大塔四角分置四个形状相同的三层楼阁式小塔，方形基座上三层较瘦狭的砖石塔身，塔身之外有檐柱两根。上有斗拱，二、三层柱间有栏杆。一、二层上均有挑出的平板式的塔檐。塔身上作受花覆钵，上有九重（或八重）相轮塔刹，刹端有双重仰月，仰月间有

线图 24　新疆吐鲁番交河故城土塔遗址

三宝珠刹顶。塔的两侧有四大天王守护。天空有飞天翱翔，祥云缭绕，天花乱坠，充分表现出庄重的宗教气氛。建筑史家们均称此塔为金刚宝座塔。[18]

金刚宝座塔源于中印度布达伽耶。中亚地区，古代犍陀罗地方的雀离浮图，也是五塔一组，而且是"上构众木，凡十三级"，又于"四角起大高楼"，是一座木构的楼阁式金刚宝座塔。[19]新疆交河故城遗址内一座土塔（线图 24）亦是五塔式布局。安西榆林窟第 3 窟西夏壁画中有一座花塔，其布局亦是五塔组合。此种类型的塔，在西北地区早已流传甚广。

据敦煌研究院的有关专家考证，此种塔应该称为"五分法身塔"，按照佛教的解释，所谓"五分法身"就是戒、定、慧、解脱及解脱见知等五身，五塔即五身的象征。[20]

印度式塔（线图 25）：第 76 窟宋代壁画中画释迦牟尼一生中发生重大事件的八处地方所建的宝塔，称为"八大宝塔"。壁画中的八塔称为"八塔变"。现在八塔仅存半数，四塔的形式完全相同，塔下有须弥

座，座下有覆莲，束腰部分设壸门。上下枋的表面均作方形纹饰，塔身
正中有三叶形龛，龛侧有龛柱，柱上有栌斗。塔身的两侧竖矩形的壁面
上，画站立的山羊，羊又站在一匹白象上。所画的山羊及白象形象生
动，但其宗教含义至今还不明白。塔身上有砖石叠砌成三角锥体的塔
刹，比例很大，下层相轮大于塔身，塔顶有宝盖及宝珠，宝盖两侧各悬
一长幡。塔前的榜题上画一法轮，榜题两侧各画一鹿，表示释迦牟尼在
鹿野苑说法、初转法轮的情形。[21]这一比较特殊的塔形，不知有无相类

似的实例，它的形
式似受印度教天祠
建筑风格的影响。

上述几座混合
结构的塔，大都是
北魏、北周时期壁
画中所反映的，造
型特殊，不但整体
如此，塔刹部分也
有特殊的表示。其
一是塔刹上悬幡。
第 257 窟的两塔均
悬挂一对长幡，第
428 窟的金刚宝座
塔则悬两对长幡，
悬幡是为了祈福。

线图 25　第 76 窟宋代"八塔变"中的第三塔

敦煌卷子 S・46547

《百缘经略要》记一人在塔上悬长幡而得大福报的故事，说明塔上悬幡最早源于印度及犍陀罗地方，新疆也沿袭了此种习俗。据《洛阳伽蓝记》卷五"宋云记"，宋云在西域捍迷城见到当地上千的塔，"悬幡盖亦有万计"，幡上还有北魏的年号，甚至还有姚秦时候的幡。宋云去西域求法，携带了大量宫廷和仕宦人家的幡，从于阗到犍陀罗，凡有佛事的地方"悉皆流布"，唯留太后百尺幡一口，拟奉尸毗。可见当时的确有很长的幡。现在新疆的克孜尔石窟及库木吐拉石窟壁画中的窣堵波上亦悬挂长幡。莫高窟隋唐、宋代壁画中塔上不悬幡，改在经变画中另竖立幡杆，确是对现实的反映。第76窟八塔变的印度式塔也悬挂长幡。

图 26-1　新疆克孜尔第 107 窟 A 左廊右壁壁画中的塔（6—7 世纪）

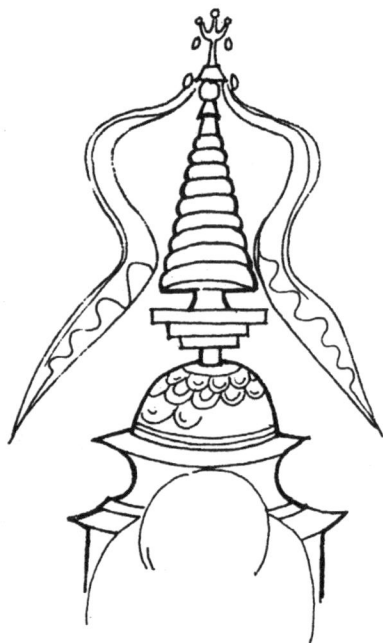

线图 26-2　新疆克孜尔石窟第 205 窟主室窟顶壁画中的塔

而从北周经隋唐、五代到宋代 400 多年的壁画中，塔上普遍不悬幡而只悬铎。现在青海塔尔寺大金瓦殿供奉的喇嘛塔上披挂了无数的幡。可见同是佛教信仰，但某些习俗也反映了一定的时代、地域和民族特征。

其次是关于刹顶的处理，第 254 窟三重塔及第 257 窟的两塔，均为北魏时期的壁画。第 254 窟的刹顶表示成三叉形状，三叉下有三宝珠。第 257 窟的塔因壁画已剥蚀，塔刹细部已难于辨别，但刹顶仍可看出是由三宝珠组成的。新疆克孜尔石窟壁画中的二塔（线图 26-1、线图 26-2）与此相似，亦有三珠并列。敦煌第 428 窟的金刚宝座塔主塔之外的四小塔刹顶上亦有一组三角形的三珠。据《贤者五戒经》上说："旋塔三匝，表敬三尊，一佛、二法、三僧"。[22]是为三宝。塔上的三环、三珠

线图 27　巴基斯坦白沙瓦博物馆造像石"三宝礼拜"

或三轮（线图 27）都是用形象表示三宝的意义㉓。礼敬三宝，就要右绕佛塔，这种宗教仪轨很早就有了。莫高窟隋唐壁画中的塔刹则没有"三宝"的表示，这反映了佛教的右旋仪式改在寺院的佛殿中进行，反映了佛塔在寺院建筑群中已居于较为次要地位这一事实。

（原载《敦煌研究》1996 年第 2 期）

【注】

① "支提"在印度也是一种石窟形制，其典型的平面形式，是纵长的殿堂，两侧有柱廊，殿堂的后部有塔，塔的后部有半圆的通道，可供佛徒做右旋礼拜之用，所以这种"支提"是作为一种建筑空间来理解的。

② 为供奉佛图或高僧所建的塔，也可称"支提"，如河南安阳灵泉寺塔林（摩崖雕刻的塔）有"大隋开皇十年岁次……道政法师支提塔""故大融法师支提塔"等榜题。参见河南省古代建筑保护研究所《河南安阳宝山灵泉寺塔林》（《文物》1992 年第 1 期）。

③《梁思成论文集》第 1 册中《敦煌壁画中所见的中国古代建筑》一文中把敦煌壁画中所见的佛塔类型分为（甲）单层木塔、（乙）多层木塔、（丙）窣堵波塔、（丁）单层砖石塔、（戊）多层砖石塔，符合莫高窟的实际情况，本文参照了上述分类及定名。

④ 参见《刘敦桢文集》卷四第 10 页关于喇嘛塔的论述（中国建筑工业出版社，1992 年）。

⑤ 同④第 2 页 "知覆钵之上，还有宝匣……乃是奉藏舍利之所在。再上建刹杆，杆上饰以相轮"（梵语 chhatra，意即伞，为印度人用以遮蔽日晒，建于塔上，表示崇敬）。

⑥ 河南省古代建筑保护研究所:《河南安阳宝山灵泉寺塔林》,《文物》1992 年第
1 期。

⑦ 慈氏之塔,原在莫高窟对面的三危山中,距莫高窟约 15 公里。根据对其结
构形制及檐下的塑像、壁画风格的判断,建塔的时代约为宋初。为便于保护,
1981 年迁建于莫高窟园林中。

⑧ 木构建筑中方形或矩形平面角柱上的柱头枋,正侧两面形成 90° 的夹角,而
六边形和八边形的角柱上的柱头枋和椽檐枋形成 120° 和 135° 的尖角。要求
斗、拱、枋、柱等构件的榫卯角度在施工制作上难度大一些。

⑨ 参见中国建筑工业出版社,《中国古代建筑史》第 139 页图 93,山西省运城市
泛舟禅师塔。

⑩ 宿白:《敦煌莫高窟中的“五台山图”》,《文物参考资料》1915 年第二卷第 5 期。

⑪ [晋] 陈寿撰,[宋] 裴松之注:《三国志·吴志》,中华书局,1975 年。

⑫ [南朝·宋] 刘义庆撰:《世说新语》,上海古籍出版社,1982 年。

⑬ [唐] 欧阳询撰:《艺文类聚》,上海古籍出版社,1982 年。

⑭ 刘敦桢主编:《中国建筑史》,中国建筑工业出版社,1980 年,第 201 页。

⑮《洛阳伽蓝记》卷 5 城北条中记“道荣传云:‘悉用文石为阶,阶砌栌拱,上构
众木,凡十三级’‘上有铁柱,高三百尺,金盘十五重,合去地七百尺’。”文中
记述矛盾之处甚多。据法显及玄奘在北印度的记述,上述迦腻色迦所建的大
塔,互有出入,不过都说是很高的大塔。

⑯ 南阳汉代画像石编辑委员会编:《南阳汉代画像石》,文物出版社,1985 年。

⑰ 高文编:《四川汉代画像石》,巴蜀书社,1987 年,第 68 页,图 23。

⑱ 罗哲文先生的《中国古塔》中有此命名,另萧默先生在《敦煌建筑研究》一书
第 175 页做了详细论述。

⑲《洛阳伽蓝记》城北条中关于“雀离大塔”的记述。

⑳ 施萍婷:《关于莫高窟第四二八窟的思考》,《敦煌研究》1998 年第 1 期。

㉑ 敦煌文物研究所编:《中国石窟·敦煌莫高窟》第 5 册,文物出版社,1987 年,

图版第 106、107 及图版说明。

㉒ 常青:《西域文明与华夏建筑的变迁》,湖南教育出版社,1992 年。

㉓ 栗田功编古代佛教美术丛刊:《Gandharan Art》I,日本二玄社出版,第 154、

155 页。

敦煌建筑画中的
古代建筑局部表现

　　宗教是人创造的，是人们按照一定的行为准则、思想意识、希望祈求、生活习惯等塑造神，而建筑是人的居住场所，因而佛教里的神也都生活在人的生活场景中。不同地域的人们，居住的建筑形式亦不同，所以不同地域里的佛教神仙们的居住建筑形式也各异，佛教艺术里表现的建筑形式，是根据佛经内容和当地习俗表现的。

　　在石窟寺里绘制有满壁的佛传故事、本生因缘故事，或是表现佛讲说的经典哲理，以此诱导和教诲人们"苦海无边，回头是岸"的道理。由于佛经哲理深奥，文字晦涩难懂，用绘画的形式艺术地演绎其内容，比较容易为广大民众所接受。

　　敦煌石窟壁画中表现的佛传、本生故事和诸多佛教经典如阿弥陀经、观无量寿经、法华经、药师如来本愿经、弥勒上生经、弥勒下生经等 20 多种佛经内容，经过不同的佛教徒们的解读，再加上画家们的理解与想象，就铺陈演绎成场面壮阔、构图严谨的故事画与经变画，它们是构成各时代石窟壁画的主题。为了附会主题，在故事发展和经变内容中穿插着各种建筑图像，成为佛教人物生活的场景，就像戏剧舞台上的布景一样，根据情节需要绘制不同的建筑类型。

随着时代的发展和绘画技巧的进步，壁画中的建筑形象无论从整体还是局部，都表现得更为真实完整，如组成建筑群的各种单体建筑有城门、城楼、角楼、殿堂、佛塔、楼阁、台榭、回廊等，还有厩舍、茅庵、草棚、屠房、邸店、监牢、桥梁、坟墓、烽燧等，它们用途各异，形式多样，几乎包括了各时代大部分建筑类型。至于建筑的局部和细部，如台基、须弥座、阶陛、散水、栏杆、柱枋、门窗、各种斗栱、屋檐、各式屋顶、瓦饰、脊饰、塔刹、相轮等都有具体细致的描画，成为造型优美、比例合度的建筑形象。壁画中表现的建筑局部所传达出的是不同建筑类型的基本形象，是最具时代特征的建筑局部描绘。因此可以说壁画中的建筑形象在一定程度上是现实的反映，有一定的可信度，作为一种形象艺术，画家所反映的基本上是现实中存在的事物。

莫高窟建窟初期的北凉、北魏、西魏、北周等各时代建筑画的表现手法还比较稚拙，但反映了种类繁多的建筑类型，正因为其比较稚拙，所反映出的建筑局部则是最基本、最具体的，是最具时代特征的部分。

在隋代的几十年间，美术人才辈出，知名的画家如展子虔、郑法士、董伯仁等都各有专长，尤善画台阁等建筑形象。画台阁建筑、车马等形成了绘画中的门类和专长，并影响了唐初绘画的发展。

隋代的建筑形式及局部处理承袭了北朝的做法，不仅反映了当时许多不同的建筑类型与艺术风格，也体现了当时建筑所达到的技术水平。

初唐时期，长安画家人才辈出，阎立德、阎立本兄弟既懂建筑，也善画台阁，并以画家身份出任政府要职，对画坛影响不小。《历代名画记》对初唐画坛的画家檀知敏的画风曾大加赞扬道："栋宇楼台，阴阳向背，历观前古，独见斯人。"中原文化以它优秀和先进的水平影响周边地区，在贞观之后，壁画风格逐渐趋于写实，更加有利于表现建筑的局部及其特征。对于佛经中着重宣扬的佛国世界的繁华绮丽，则用细腻的笔触加以刻画。对于建筑各个构件及周围环境的处理，初唐建筑画完全不同于隋代，对于建筑只作概括性的描画，这正是初唐建筑画的重要特征。

盛唐的大型经变由于画幅大，所以对于其细部的描绘更加精细，特别是第217、172、148窟。从这些经变画中，可以看到盛唐时期建筑的发展水平，以及对于建筑细部的许多处理方式。在反映建筑细部的同时，还表现了许多建筑与人物的关系，使画面充满了生活趣味。建筑画经过长期的发展，已经形成比较成熟的技法，刻画大范围的建筑群，能展示宏伟开阔的视觉界面；表现小范围的局部，依然能够创造出寺院重廊复道深邃的细腻景观引人入胜，仿佛可以深入其境。敦煌石窟内的建筑画发展到盛唐时，已达到登峰造极的地步。

进入中、晚唐时期，壁画上反映的建筑仍然继续了中原建筑的传统，但是中唐的建筑画在建筑装饰上吸收了吐蕃的艺术风格，使这时期的建筑画自有独特的魅力，并一直影响到以后几个时代。

从五代至元代，中国大地上保存下来的古建筑实物逐渐增多，而且宋代流传下来的卷轴画中，以建筑为主题的绘画也不少，宋代张择端的《清明上河图》可为其代表，其余宋画如《金明池争标图》《滕王阁图》《黄鹤楼图》《明皇避暑宫图》等，都是以建筑群为主题的绘画。五代、宋不乏擅长画建筑的画家。宋代郭若虚在《图画见闻志》中有一段带总结性的议论："画木屋者，折算无亏，笔画匀壮，深远透空，一去百斜。如隋唐五代以前，洎国初郭忠恕、王世元之流，画楼阁多见四角，其斗拱逐铺作为之，向背分明，不失绳墨……"同时，他要求画家要深入了解建筑局部的各个名件的用途及结构，这说明宋代对建筑的绘画已经建立了比较完整的技术指导理论。

敦煌的五代、宋时期，由于地方统治者曹氏家族模仿中原，设立画院，罗致了一大批能工巧匠，大量绘制壁画。由于集中领导，集体创作，使五代、宋初壁画风格过于统一，绘画形式呈现程式化的倾向，但在建筑局部的造型及装饰技法等方面仍有进一步提高与发展。

西夏时期是敦煌石窟晚期建筑画的一个亮点，尽管只在榆林窟第3窟中有建筑画，但多样的形式仍为敦煌建筑画的落幕加上了浓重的一笔，闪现出夕阳晚照下的辉煌。

元代的建筑画只见于几座佛塔，其他内容也有精彩之作。

建筑画中的局部形象是对当时建筑物的忠实写照，它们虽然不是实物，但在我国早期古代建筑缺乏实物的情况下，所提供的形象是文献资料无法比拟的，建筑画中表现的建筑形象就成为古代建筑信息保留和传递的渠道之一。建筑形象及风格的变化往往都是从局部的技术性变革开始，集合若干局部的改变，导致结构和整体形象的变化。因而研究建筑的局部特点，是研究其时代特征的必要步骤。

以下按时代顺序分别对敦煌壁画中的建筑局部作简略介绍。

一、北凉、北魏、西魏、北周（早期）

在北凉到北周这段时期的壁画里绘出了很多故事画，有表现佛陀前世神奇事迹的"佛本生故事"，表现佛祖释迦牟尼从出生到涅槃的"佛传故事"，以及据佛教教义宣扬因果报应的"因缘故事"等，建筑画就是这里的场景之一，如北魏第254窟南壁的"舍身饲虎"图，是一幅佛本生故事画，画面中将几个主要故事情节糅合在一起，而在其左上角画一座三重塔，其作用就是埋葬尸骨，塔的形式以中国传统的重楼建筑为主体，在塔顶上增加佛教的重要标志——塔刹。又如北魏第257窟壁画中有多幅故事画，因而里面也出现了多种建筑形象，有坞壁、殿、门楼、殿阙、单层塔、覆钵塔等等，它们的局部特征主要表现在以下几个方面。

台基与栏杆：早期的房屋多表现为素面平台基，好似一个矩形的盒子，表面砌砖，以保护台基表面的强度及棱角的完整。台基前有台阶，供人上下出入。佛塔的台基受佛教的影响，出现由几个大小不等的矩形叠加而成的简单叠涩须弥座形式。台基边沿及台阶两侧均有栏杆。这时栏杆的形式主要有两种：一是直棂，又称直棂栏杆，即在栏杆下部做竖直的方形立柱，因柱子棱边向外而得名；二是勾片栏杆，即在栏杆下部用竖直的短构件与直角折钩构件组成，所形成的空间形式呈长方形和直角折钩形，因而称为勾片栏杆。将这两种形式相间组合，就成为一种新的形式。台基与栏杆的组合形成一种虚实对比，丰富了建筑的立面形象。

屋身：壁画中表现的殿堂都是正面一大开间，两侧有厚墙，墙上有壁带，殿堂檐下张挂帷幔，主人坐于堂中。根据壁画表现的内容，建筑大多反映的是王宫或富豪之家，而考古资料表明，自商周、秦汉各朝代的王宫建筑规模都很庞大，一座建筑都由很多间组成。"间"是古建筑中的一个量词，表示四柱之间的空间，一座建筑常用开间或面阔几间，进深或纵深几间来形容其规模的大小。正面开间多用单数。中间开门，两边对称布置窗或门。敦煌壁画中的帝王宫室却只表现为一大间，并经历几个朝代，延续一百多年，说明这时的建筑画水平还显得较粗略，

图 1　城阙　第 275 窟南壁

但为了使人物的形象不受影响，省略了中间的柱子。两边的厚墙则是从秦汉到唐代沿用了很长时间的一种建筑手法，唐代大明宫的考古发掘表明，大明宫的麟德殿是一座开间 11 间的大殿，两边的厚墙各占去一间，其厚度达到 530 厘米。可见厚墙在当时建筑中的重要作用。所以壁画中反映的建筑正是其最具特征的形象。

　　早期壁画中所画的殿堂均表现正面，两侧是厚墙，中部画壁带。北凉第 275 窟南壁的城楼有两重壁带（图 1），北魏第 257 窟西壁门楼和厅堂、西魏第 249 窟西顶上殿堂、第 285 窟南壁故事画中的殿堂，两侧的厚墙从正侧两面均可以看见壁带的设置（线图 1），直到隋代壁画中仍可以见到这种构件的运用。鉴于这时期的殿堂在殿身两侧都有厚墙，墙身中部用壁带，甚至佛塔上也用壁带，它既是一种装饰，又解决了当时建筑结构中存在的问题。我国北方传统的木结构建筑，当柱网与梁架的连接还没有得到很好的解决之前，房屋左右后三面的厚墙，是稳定房屋柱网的重力墙，墙体由夯土筑成。在墙体中增加壁带，既增加了墙体的强度，又具有一定的装饰性。文献中有唐人对汉代昭阳宫壁带的解释："壁之横木如带者也。于壁带之中，往往以金为钉，若车钉之形也。"

屋顶：屋顶的形式曾是封建社会划分等级的一个重要标志，而在早期敦煌壁画中，这一因素还不明显。四阿顶即四面坡的屋顶，又称庑殿顶，是等级最高的屋顶形式。在北凉第 275 窟中绘于城楼上。悬山顶是一种结构简单的两坡屋顶。在北魏壁画中所见最多，宫殿、城门、佛寺都用此建筑形式。歇山顶是四阿顶与悬山顶结合而成的一种新形式，它的上半部分是悬山，下半部分是四阿，因此从整个屋顶变化的发展看，它的出现较晚。壁画中出现于西魏时期，用于王宫内的殿堂上，而城门楼上则用四阿顶（图 2）。北周壁画中的建筑物数量和形式都很多，

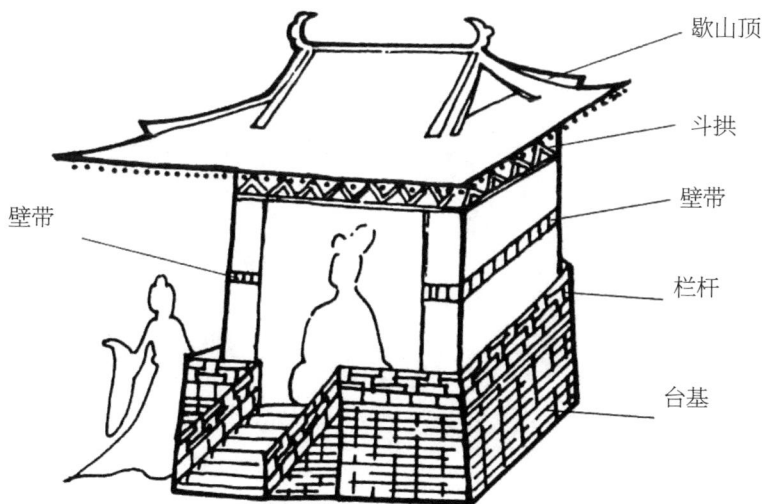

线图 1　殿堂 第 285 窟

图 2　宫廷　第 285 窟南壁

图 3　宅院群落　第 296 窟东坡

线图 2-1　第 296 窟两段式歇山屋顶　　　　线图 2-2　四川高颐阙两段式屋顶

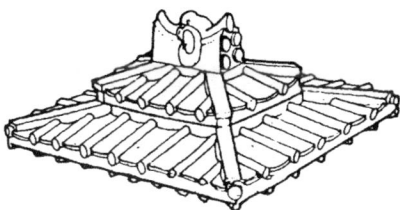

以上三种屋顶形式都有出现，似乎还没有等级之分。这时在第 296 窟出现一种新的屋顶形式，即两段式歇山屋顶，它在屋面上只增加两条平行的线条，即表达了不同于一般的歇山屋顶（图 3、线图 2-1、线图 2-2）。此屋顶有用于殿堂上、重楼上，却不见用于门楼上。总之，屋顶形式作为等级的划分，在这时的敦煌壁画中还没有形成。

　　脊是屋顶各个坡面相交处，做结构处理后形成的一种形式，用砖瓦堆砌而成。屋顶正中的脊称正脊，其余斜向的脊称斜脊、垂脊等。鸱尾是屋顶上作为正脊两端的一种收束，同时是屋脊的重点装饰。鸱尾是以大海里的鱼尾为原型的，据说"激浪即降雨，遂作其象于屋脊，以压火祥"。早期的鸱尾形式很简单，绘成弯钩状或忍冬形纹样。

　　斗拱：即斗和拱的总称，用于屋檐下，是屋身与屋顶之间的连接与过渡，它是中国传统建筑最重要的特征之一。屋身的柱子上安方形的斗，斗上向前后左右各伸出一横木，横木底边外端向上弯起，形似拱，拱上再置斗，斗上承托檐檩。斗和拱的重复就使屋檐出挑更加深远。斗拱的起源很早，经过长期的改进、演变，逐渐趋于完善。

叉手又称人字拱，一般认为早期称叉手，唐代以后称人字拱，它与斗拱的形成一样久远，大的叉手用于屋脊下，将屋脊高高托起，形成屋面的坡度。用于屋檐下的小叉手，主要安置在两柱之间，与斗拱一样起承托屋檐的作用。早期建筑画中的斗拱与叉手都还处于不断的发展变化之中，每个时代都各有特色，其中以一斗三升及叉手拱最为多见。北凉第 275 窟中所画的斗拱图像清晰，结构特殊，为以后所不见。如一斗三升斗拱之下，支着一组叉手拱或直斗；一斗二升下支着人字拱。北魏第 257 窟有一斗二升斗拱上再支着两组一斗三升斗拱，形成了一枝树杈的形象（线图 3）。这时斗拱的组成形式还只限于向左右伸出，没有向前后挑出。从北凉到北周，建筑画中的斗拱形态比较自由，尚未形成规范的模式。早期壁画中斗拱的演变过程，是隋唐时期斗拱发展到成熟的前奏。

建筑施工：敦煌壁画中表现宫殿、佛寺的殿宇重楼，都是千百年来能工巧匠们的劳动创造，在壁画中偶然留下了几幅营建施工的场面，的确难能可贵，北周第 296 窟经变故事中穿插着建房造塔的场面，反映了建筑的施工过程。在一幅施工图中有一座三间的殿堂即将竣工，有 4 个工匠正在施工，其中两个画工、两个泥工。画工们着袍服，足蹬靴。泥瓦工们仅穿一短裤，赤膊、赤足。本图之上还有一幅建塔图，6 个泥工正在施工，其中有一人手持矩，他们均着短裤，赤膊、赤足。工匠们的穿着反映出工匠们的艰辛劳动（图 4）。

线图 3　一组早期斗拱

二、隋代

　　敦煌石窟在隋代得到很大的发展。隋文帝是虔诚的佛教徒，曾普诏天下，听任百姓出家。史料记载"有僧行处，皆为立寺"，当时全国兴建寺院近 3800 所，大规模的建寺活动为寺院壁画的艺术创作提供了机遇，建筑画也得到了发展。

　　隋代净土思想广泛流行，敦煌壁画中频频出现了"弥勒上生经"经

图 4　建房造塔　第 296 窟北坡

变画，依据佛经中说弥勒菩萨居住的兜率天宫"四角有四宝柱，一一宝柱有百千楼阁"，因而就画出大殿和楼阁，以符合经文描述。其他如法华经变等，也都出现大量的殿堂、居民院落、佛塔等建筑形象。

由于建筑结构与建筑绘画技法都比早期有很大提高，这时的建筑画也顺应时代发展，表现了隋代建筑正处于从早期到唐代的转变过程，具体表现了建筑结构从不稳定到稳定的变化中。

台基：殿、堂、楼等建筑物的台基都是砖砌素平台基，占据主要位置的殿堂有东西两阶，而两旁作为配殿的堂只有一阶。第302、303窟所画的堂，台基一周及两侧均设栏杆，把栏杆和台基联系起来，丰富了台基的立面形象。叠涩须弥座式的台基已普遍使用在佛座上，如第311窟北部说法图的佛座，第420窟主龛佛座及东壁说法图的佛座也达到相当华丽的程度，须弥座的束腰部分用蜀柱分隔，柱与柱之间画圆券龛形，到盛唐以后逐渐转变为壸门的形象。

墙壁：隋代殿堂的墙壁很多都表现素白无华的白壁，但由于使用的颜料不同，呈现出两种不同的效果，如第423、420窟维摩诘经变中堂的墙壁素白无华，檐柱是黑色，根据化学家分析，这种黑色是由橘红色的铅丹氧化而成。而第380、303窟中的建筑使用土红色绘檐柱，所以房屋主体呈白墙红柱，即"白壁丹楹"，色彩对比鲜明。第380、417窟的殿墙，承袭早期用厚山墙加壁带的做法，至唐代壁画中这种形式就消失了。

斗拱：中国传统建筑中，斗拱一直是最受重视的部分，在有关记录建筑工程的典籍中，对斗拱的制作记述十分详尽，而在实际建造中，对斗拱的运用技术如何，直接关系到整座建筑的造型和建筑的稳定性。隋代壁画所表现的斗拱形式及结构方式，是我国木结构发展过程中的关键时期，壁画中的斗拱形式还比较简单，柱头上用一斗三升斗拱，柱头之间的补间斗拱用人字拱，还没有向外悬挑的"出挑"结构。第 423 窟两座殿堂的檐部只见一层檐椽，没有飞檐，说明当时建筑的出檐还比较小，没有出挑的结构。河南博物馆藏有一座隋代彩绘陶屋，其柱头上已有向外挑出三层类似斗拱的结构。第 417 窟的殿堂檐下，在柱头的额枋上用连续的人字拱。第 433、419 窟的殿堂檐下，则于柱头上直接承托斗拱（图 5）。第 423、420 窟的殿堂柱头之间已用额枋连接，这是房屋结构方式的大改革。

在额枋之上使用连续的人字拱，形成类似现代建筑中的桁架结构，是继承北魏的一种常见做法，见于北魏宁懋石室雕刻的孝子故事中，其建筑中就用了连续的人字拱形式，北周的建筑画上也有连续的人字拱形式，而隋代第 417、433、419 窟建筑上画出连续的人字拱，由于画得过于简单，才形成了类似桁架结构的形式。第 427 窟中心柱的龛沿边有一组建筑的檐口下有清晰的连续人字拱的绘画，由于画幅较大，对人字拱的形象绘得很认真，已经脱离了早期人字叉手的形式，而成为人字拱的形式。隋代的这一做法既继承了前代的形式，又有所发展变化。

综上所述，可以看出这时期的斗拱样式，呈现出多种多样的变化形式，有一斗三升式的；有一斗三升与人字拱相结合的；有的在柱头上直接安放斗拱，斗拱之上再承放额枋；有的继承前朝做法，在额枋之上使用连续的人字栱（线图 4）。在柱子之间没有额枋等连接构件用以加强左右的联系，致使房屋的稳定性较差，到后来发展成在柱子之间用额枋加强联系，这是结构上的重大改革。额枋不放在斗拱上，而是在柱头之间，大大加强了柱网的稳定性，隋代大概正是这种变革的过渡时期，这一变革，为唐代建筑走向成熟奠定了基础。

图 5　殿堂斗拱　第 419 窟西坡

屋顶：隋代壁画中所见的屋顶有歇山、庑殿及攒尖式，而以歇山顶为最多，歇山屋顶的结构，在屋顶的两侧面，有一个三角形的山花，屋顶有九条脊，比较富于形象的变化，所以在当时比较流行，壁画上出现的频率也比较高，甚至表示兜率天宫的殿堂也不用庑殿而用歇山，反映出屋顶的等级制度还没有严格的规定。第 423、420、419 等窟中所画厅、堂、门、厢房等不同用途的房屋，多用重檐歇山或重檐庑殿，有的又像重楼重檐，但楼的层高仅是下层的 1/4 或 1/5，所以二层又不是楼层，而是重檐的表示，好似现在南方依然使用的披檐形式（图 6）。重檐是一种古老的建筑结构，所谓"重屋四阿"就是重檐庑殿。《隋书》卷六记"将作大匠宇文恺……造明堂实样，重檐复庙"，其中重檐是一种高等级且华丽的屋顶式样。所以在隋代壁画中多有表现。所有的屋顶都盖瓦，而且板瓦很宽，正脊两端有鸱尾，屋脊的端头上还没有装饰性的瓦饰，屋脊多画成绿色，屋面画石青色。

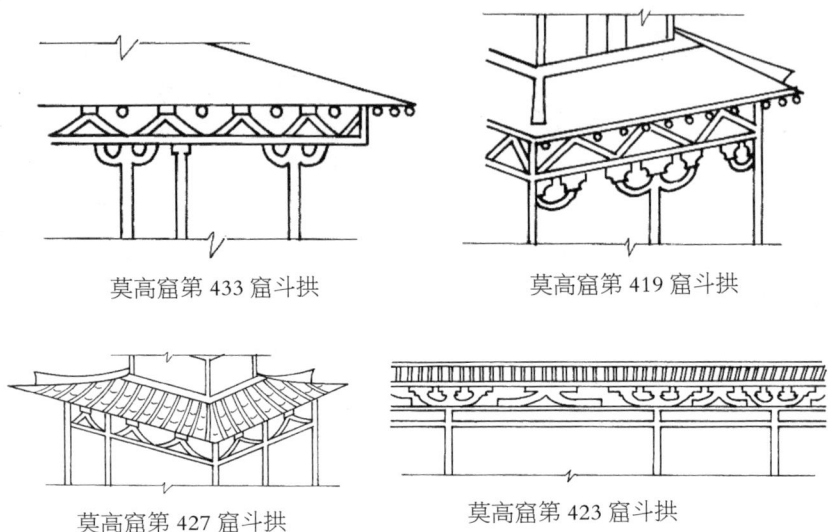

莫高窟第 433 窟斗拱

莫高窟第 419 窟斗拱

莫高窟第 427 窟斗拱

莫高窟第 423 窟斗拱

线图 4　隋代斗拱的四种形式

壁画中所画屋顶大都是直坡屋面，檐端平直，屋角也不起翘飞，第314、380 窟的殿堂屋面表现凹曲的反宇屋面，但屋角仍是平直的没有起翘，唯有第 276 窟有一座攒尖顶的单层木塔，在屋角处有明显折线起翘的反宇屋面。屋角起翘是木结构技术发展的结果，对建筑艺术的形象至关重要，隋代有可能开始了这种变革。

窗与障日板：第 303 窟所画很多堂屋的山墙上有窗的形象，双层窗框的内框中有直窗棂，窗框的四角有忍冬纹装饰，大概是金属饰物，这种窗的形象，亦见于宁夏固原地区北周墓壁画，可能是当时流行的做法。第 420 窟许多厅堂山墙上所画的窗户，满涂绿色之后再画直棂，可能表示直棂的里面，蒙有绿纱，这在当时也是一种较为流行而奢侈的做法。日本现在复原的古建筑，窗上的直棂直接涂刷为绿色，这乃是古建筑遗风。障日板在第 303 窟的很多堂屋檐下仍然袭用，形式一如北朝

图 6　住宅院落群　第 423 窟东坡

时期（图 7），这也说明当时建筑的屋檐短小，所以用此物遮挡阳光。关
于"障日"一词见于唐人张彦远《历代名画记》和宋《营造法式》等书
中，在《历代名画记》中大致记载东廊或西廊障日下由某人画什么。莫
高窟西魏第 249 窟西坡下左右两边有相对的两座小殿堂，在正面檐下

图 7　有障日板的堂　第 303 窟西坡

有板状物伸出檐外，并向上翻起。初唐第 338 窟所绘的三座殿堂，左右两堂的檐下均有向上翻起的障日板，只是板上不再是西魏和隋代的方格图案，而是华丽的宝相花图案，由于没有建筑实物遗存，故暂且称之为"障日板"。

　　通过隋代建筑画的反映，说明从南北朝开始，中国的传统建筑从形式到结构都逐渐趋于成熟，而在台基、墙壁、屋顶、门窗、栏杆等建筑细部的处理上也反映出整个时代的渐变过程。

三、初唐

初唐时期仍然承袭隋代的一些建筑表现形式，如在表现寺院群时，建筑组合还略显单调，仍然袭用一殿两堂或一殿双楼的品字型组合，但在建筑周围环绕有露台、小桥、流水，因而使画幅增大，占据了整壁的面积。画幅增大了，建筑画的内容也就增多了，在建筑局部的描绘上则更清晰，更接近现实，不再如早期和隋代建筑画中简单地勾勒轮廓，如屋顶上的鸱尾，唐以前的壁画里大多都只勾勒出一个上竖的弯钩，到初唐时就绘得很具体了。通过这些清晰的图像，可以与考古发掘出的建筑构件实物相互佐证，对唐代建筑构件进行明确的断代。

台基、栏杆与花砖铺地：这三部分是一个有机的整体，在初唐的净土变中，"七宝池""八功德水"是经变画中的主要背景形象，宝池的台基出于"八功德水"之中，台基表面和侧面都用砖包砌或镶砌，有的很华丽，如第 220、329、341 窟宝池中的台基边沿分作整齐的方格，方格中画团花或宝相花图案作装饰。而第 71 窟建于地面上的台基只用素方砖包砌，这种不同做法正是当时多样化的建筑技法在壁画中的反映。

台基中间即露台上，在菩萨天人的空隙处，画满方砖墁地，方砖上或有花纹或只有素色色块，考古发掘证明唐代宫殿多铺设方砖地面，长安名寺青龙寺的考古发掘中亦有方形花砖出土，莫高窟从隋代开始在石窟地面铺设墁地花砖，花纹多为宝相花、莲花等浮雕花纹，花砖或方砖的地面处理一直延续到近代。

台基的边沿普遍安装木栏杆，栏杆的各构件名称为：帖地的一根横木称"地栿"，中间的横向方木叫"盆唇"，盆唇与地栿之间可以安装直棂、卧棂或勾片，初唐多画装板，板上彩画花纹，称"华板"。上部一根横木是扶手，古代称"寻杖"。栏杆内每隔一段有一立柱至寻杖下，称为"斗子蜀柱"，有的蜀柱在寻杖上再做一朵小莲蕾，在每一转角处有高出寻杖的立柱叫"望柱"，望柱柱头通常雕作宝珠或莲花形。栏杆中所有的横木通称为"栏"，竖立的构件通称为"杆"。有的还在每个横竖相交的节点处，用另一色彩围绕节点画出一矩形，矩形边沿有排列密集整齐的黑色圆点，可能是用金属包镶以加强节点。如第 220 窟的栏杆上即有金属包镶的节点。第 321 窟龛顶南侧，画一列天宫栏杆，装饰华丽，蜀柱间有白鸽嘴含璎珞，上层栏板的褐色底层上画白色龙凤纹，画家信手画来，如行云流水般自然流畅。

台基是传统建筑的基础部分，壁画中的露台台基都以实砌体表现，上面用不同色彩的方块或在方块中绘以团花图案作装饰，它和栏杆相结合，产生的虚实对比丰富了露台的外观和立面造型，是露台建筑的重要组成部分（图 8-1、图 8-2）。

台基、栏杆和铺地花砖在画面中被大量地运用，将画面分成若干部分，各部分之间用小桥相连，桥栏杆亦用相同的形式形成格调一致、华丽和谐的装饰风格。据日本高僧圆仁在唐开成至会昌年间巡礼五台山过醴泉寺时所记，"户柱阶砌，皆用碧石"。圆仁经五台山又到长安，对当时佛教寺宇中的装修陈

图 8-1　台基与栏杆　第 220 窟南壁

设多有赞誉，说明当时寺院的建筑、装修及陈设是相当考究豪华的。圆仁的记述，说明壁画中的各种装饰与图案均来自现实生活。壁画里只是将人间一切美好的事物都融会进去，以表现佛经的内容。

图 8-2 花砖墁地 第 331 窟南壁

斗拱：趋于写实的绘画风格，能更加清楚地表现建筑构件的细部刻画。初唐时期第431、220、323等窟，仍以一斗三升及人字斗拱为主，但在第71、321窟的楼阁上，已经有了向前出两跳的斗拱构件了，其中第一跳跳头上不出横拱，按建筑术语就是"单拱偷心造"；第二跳的跳头上，有类似令拱的替木，第71窟两跳单拱上，跳头上没有令拱及替木，拱头直接承托在撩檐枋下。第321窟楼阁角柱上方的斗拱，只从角柱的两面出跳，跳头上有令拱，角拱还没有发展成45°角的形式。以上这些斗拱的例子说明，初唐建筑中的斗拱，形式简洁明朗，但其功能结构仍处于发展中。第71、321窟楼阁的屋檐出檐深远，正是斗拱出跳的结果（图9-1、图9-2），较之隋代有了很大的发展。这时斗拱普遍使用单拱，没有左右伸出的横拱，说明房屋开间的跨度相对较小，敦煌壁画中提供的斗拱信息，在实物缺乏的

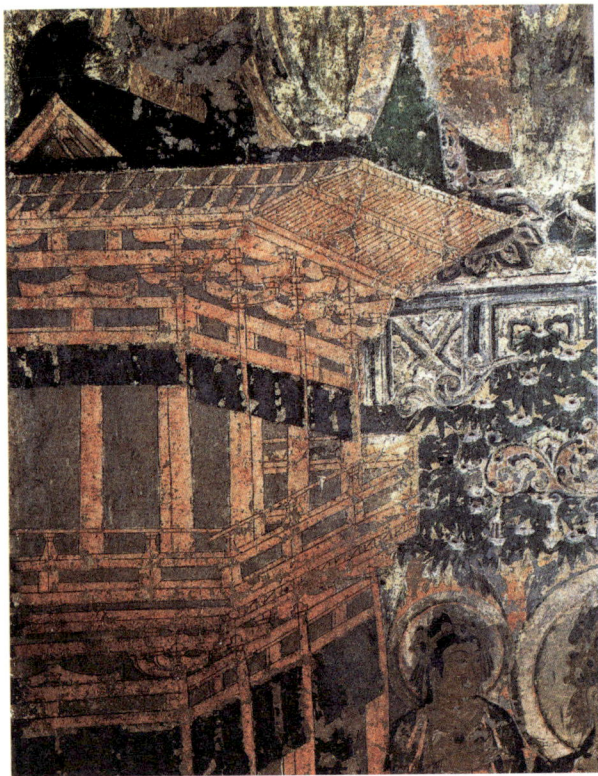

图版9-1　斗拱　第71窟北壁

情况下，是无可代替的形象资料。

屋顶处理：屋檐大多仍是平直的，只有少数呈现翘曲檐角，如第215、220窟。初唐时，鸱尾的画法已很规范，有弯钩状的背鳍与连珠纹，如第220、431窟，不似隋代只用两笔即勾画出轮廓来（线图5 1、线图5-2、线图5-3、线图5-4、线图5-5）。斜脊的下端可见清晰的方形脊头瓦，之上再覆一层筒瓦，如第431窟南壁中的二层阁建筑。尽管这时的鸱尾从建筑技术到建筑绘画技法都有了很大的发展，但在一些小型殿堂上，也有不设鸱尾的做法，如第323窟北壁的佛教史迹画中，有一座三开间四阿顶的小殿堂，在殿堂正面阑额匾牌上书"甘泉宫"三字，殿前另有榜题记："汉武帝将其部众讨/匈奴并获得二金（人）丈/余列之于甘泉宫帝为/大神常行拜谒。"按照题记内容，

图 9-2　斗拱　第 321 窟北壁

线图 5-1　第 285 窟西魏鸱尾

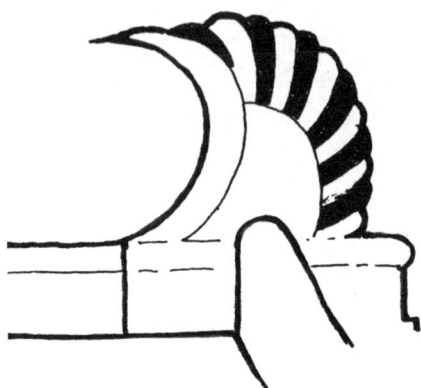

线图 5-4　第 431 窟初唐鸱尾

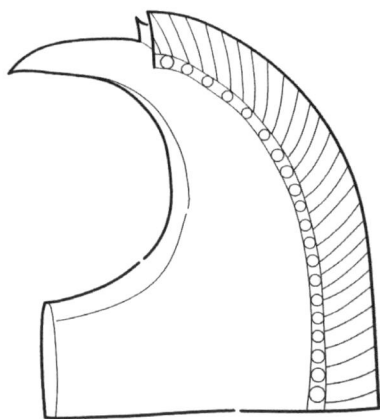

线图 5-2　朝鲜高句丽时代（相当于
　　　　中国南北朝）安鹤宫鸱尾

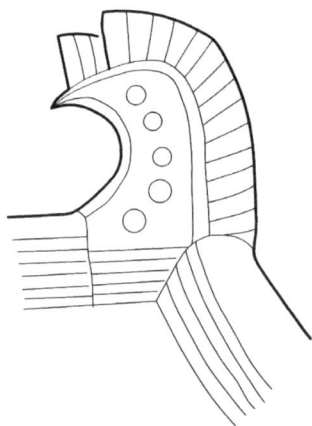

线图 5-3　第 419 窟隋代鸱尾

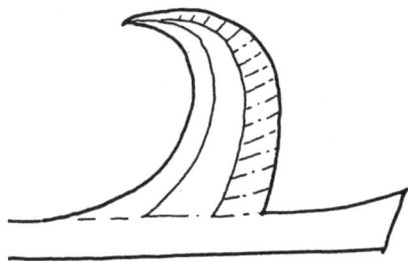

线图 5-5　第 220 窟初唐鸱尾　▷

汉武帝供神人的甘泉宫，建筑规模一定不会很小，但壁画中这座四阿顶的甘泉宫，在正脊两头没有上竖的鸱尾（图 10），不知当时的画家是因为壁画中画幅小而故意省去，还是其他原因，因为在同一窟南壁的建筑上就绘有鸱尾，而在北壁的所有建筑上都没有绘鸱尾。在正脊两头不设鸱尾的屋脊处理，上见于隋代，下见于唐代各阶段的壁画中，是唐代现实中存在的一种屋顶形式，现在日本保存的飞鸟时代（相当于我国初唐时期）的法隆寺仍然有这样的屋顶形式。

初唐壁画中对建筑画的写实描画，一直影响到以后各时代，是建筑画走向成熟的开端。

图 10　甘泉宫第 323 窟北壁

四、盛唐

大型的寺院建筑群从初唐才开始出现，盛唐时达到极盛，主要表现在观无量寿经变、阿弥陀经变、药师经变中以大型寺院建筑群为主的大场面。此外在弥勒经变表现的天宫建筑群落中有多重的院落组合，在这些寺院建筑群和院落组合中，都是由各种高低错落、大小不一的单体建筑互相搭配，组成主次分明、起伏有致的建筑群落，而构成寺院建筑群的单体建筑类型繁多，常见的有殿、配殿、堂、楼、阁、钟台、经藏、碑阁、角楼、门、廊、塔、露台等。

盛唐的大型经变由于画幅大，所以对于其细部的描绘更加精细，特别是第 217、172、148 窟。从这些经变画中，可以看到盛唐时期建筑的发展水平，以及对于建筑细部的许多处理方式。在反映建筑细部的同时，还表现了许多建筑与人物的关系，使画面充满生活情趣。

在大型经变中，对建筑的台基、栏杆、铺地花砖、出水平坐、柱础、斗拱、屋檐下防鸟雀的网、歇山屋顶的山面、鸱尾及鸱尾上面的拒鹊，都有清晰的表现，将盛唐时期高超的建筑技艺与装饰艺术完美呈现。

台基、栏杆与地面：这时的台基、栏杆与地面仍继续沿用初唐的形式，只是规模和装饰的华丽程度都超过初唐。露台的台基是盛唐壁画中表现的主要形式，特别是第 148 窟，由于画幅巨大，佛殿前的大小露台高低错落，实体的砌台与架空的水中平坐，和露台上曲折回环的栏杆形成虚实对比。第 172、148 窟露台台基的上枋以下，用蜀柱分隔成若干隔身板作台壁，板上用团花或其他纹样装饰得繁复华丽，使大幅经变的画面精巧富丽（线图 6）。

栏杆仍采用金属片包镶，以加固节点，并有很好的装饰效果。华板

线图 6-1　第 148 窟　台基、栏杆

线图 6-2　第 217 窟　台基、栏杆

的形式在盛唐早、晚期有所变化，早期多用绘以花纹的华板，一如初唐形式，到晚期，逐渐较多地采用勾片栏杆形式，并一直影响以后的建筑形式。台基与栏杆的虚实组合，形成一道新的装饰带，共同构成建筑立面构图中的重要元素。

盛唐对地面的装饰，除继续使用花砖铺地外，还用其他形式表现佛经上的七宝地面，如第217窟的地面用大小不同的白点不规则地布满地面，表示用珠宝铺装；第148窟兜率天宫的地面全部用曲折回环的圆圈表示玛瑙铺装的地面。

平坐：在第172、148窟的大幅经变画中，寺院的庭院内有大片的水面，于水中立柱，组成柱网，柱上置斗拱栏杆，成为平坐，平坐之上再建殿堂、露台，形成生动的立面建筑形象，这种做法与日本建筑中的"寝殿造"十分相似。

斗拱：斗拱是中国传统建筑的一种特殊结构，经过长期的发展，到盛唐时得到进一步发展，进入完全成熟的阶段。以第172窟的斗拱为例，北壁净土变中的寺院内，各种繁简不一的斗拱分别用于不同等级的建筑。如结构简单的出一跳四铺作斗拱用在回廊上，出两跳五铺作斗拱用在角楼及后佛殿夹屋上，出三跳六铺作斗拱用于后佛殿的上层，位于正中的大佛殿，其转角铺作采用七铺作双杪双下昂重拱计心造斗拱（图11），第148窟中心

图 11　斗拱　第 172 窟北壁

大佛殿的斗拱也是此做法。这种形式的斗拱是盛唐及以后壁画中所见最复杂、高规格的斗拱，而且画得精确合理，符合结构规范。现存五台山晚唐佛光寺大殿的斗拱也用七铺作，只是第一跳不施横拱，为单拱偷心造做法，更觉简洁疏朗一些（图12）。

第217窟北壁寺院建筑群里有一座钟台，屋檐下的斗拱部分用绿色的网罩住（线图7），这是为防止雀鸟在斗拱间做巢而采取的防护措施。《营造法式》中称"护殿檐雀眼网"，制作方法"用浑青篾，每竹一条劈作一十二条，刮去青……其雀眼径一寸……"这种做法

图12　山西五台山佛光寺大殿斗拱

发展到以后，采用金属网护檐，如今在一些古建筑中仍能看到。汉语词典中称其为"罘罳：设在屋檐下防鸟雀筑巢的金属网"。壁画上对这种设施的表现仅此一例，实是难得而珍贵的资料。

屋顶及瓦件：盛唐壁画的屋顶形式反映了各单体建筑在建筑组群中的主次关系，四阿顶（庑殿顶）用于主要建筑的屋顶，如大佛殿、城楼正

门等。配殿、角楼，以及城楼的另外几个侧门均用歇山顶。屋面全部葺瓦，檐口平直，檐角基本不起翘飞，屋顶正脊两端有带双鳍的鸱尾，斜脊、垂脊和戗脊的端头仅有脊头瓦和筒瓦。檐边只见筒瓦的圆瓦当，板瓦的端头没有"滴水"。瓦面和脊分别作青灰与石绿色，以示区分。

　　瓦件上的小构件"拒鹊"，在第445、217窟的殿、碑阁与二层楼的鸱尾上都有清楚的描绘（图13）。《营造法式》"用鸱尾"条中记"鸱尾上用铁脚子及铁束子安其抢铁，之上施五义拒鹊子"。这一形象只有在盛唐壁画中才可看到，另外在敦煌藏经洞发现的绢画上也有表现。

　　建筑施工：第445窟弥勒经变中有一幅拆楼图，二层楼上层的屋面瓦与椽子都已被拆除，仅留梁架部分。楼房内部的间架结构为三开间歇山顶形式，四椽栿的大梁，栿中部用一个大驼峰代替叉手，两架梁之间还有上、下平槫及大角梁，大角梁上又架子角梁，梁头不起翘，结构清晰合理。楼上

线图7　钟台 第217窟

图 13　鸱尾上的拒鹊　第 217 窟北壁

有工人正在劳作，地上堆放着散乱的砖瓦木料（图 14），表现了房屋拆除的施工场面。建筑施工场面的形象在壁画中反映得很少，因此更显珍贵。

　　通过对盛唐建筑画局部描画及建筑施工中所看到的梁架结构，更清楚地了解到初唐画家对于建筑的阴阳向背已有了独到的见解，发展到盛唐时，画家在描写建筑形象，特别是房屋的斗拱、栏杆等比较细致复杂的小构件，如果不是对建筑整体与局部都有深刻详细的了解，是无

图 14　拆楼图　第 445 窟北壁

从下笔的，更不能刻画得如此清楚，因此建筑局部的清晰描绘对于研究
中国古代建筑是无可替代的形象资料。

五、中唐与晚唐

　　敦煌石窟内的建筑画发展到盛唐时，已达到登峰造极的地步。进入
中晚唐时期，建筑画经过长期的发展，已经形成比较成熟的技法，刻画

图 15　台基与栏杆　榆林窟第 25 窟南壁

大范围的建筑群，能展示宏伟开阔的视觉效果。表现小范围的局部，依然能够创造出寺院重廊复道深邃的细腻景观，引人入胜，仿佛可以深入其境。而且在吐蕃统治敦煌时期，壁画上反映的建筑仍然延续了中原建筑的传统，但在建筑装饰上则吸收了吐蕃的一些装饰艺术风格，使这时期的建筑画自有独特的魅力。

台基与栏杆：从南北朝经隋到初盛唐，台基与栏杆的形象不断地向着华丽风格变化，台基由素平台基到叠涩台基，由于受佛教艺术的影响，又从简单朴素的须弥座式发展到装饰华丽的须弥座台基。

栏杆的变化不是很大，早期主要以勾片和卧棂式为主，初盛唐时以彩绘华丽的华板栏杆为主，但勾片栏杆仍可见到。中晚唐时期则又以勾片栏杆为主。

台基和栏杆是建筑立面构图的重要组成。这时华丽的台基与简洁的栏杆、朱柱黄瓦形成鲜明的色彩对比，因而古文献中常用雕栏玉砌来概括豪华的宫廷建筑，壁画中的形象充分证明这些形容毫不夸张。中唐开成年间，日本高僧圆仁在巡礼五台山时看见有玉石制作的戒坛，在醴泉寺见"户柱阶砌用碧石构作"。中唐壁画中反映的台基、踏跺、平坐、栏杆比之盛唐更为华丽。从榆林窟第 25 窟，莫高窟第 158、159、231 等窟中可以看出，台基与栏杆都达到了很强的装饰效果（图 15）。第 231 窟的一处殿堂台基下有仰莲，形成宋代以后常见的须弥座形象。

壁画中大片的台基是表现出于七宝池水中的露台台基，常常有几种做法：一种是出于水中的实砌露台，在束腰部分用隔身板柱分隔为若干方块，方块内彩绘莲花或团花纹饰；另一种是在水中立木柱网，柱上设平坐及栏杆，形成空灵通透的水上露台。这两种做法继承了盛唐时的样式，中唐又出现一种形式，即兼顾以上两种做法，在实砌露台外，围绕一周木柱网，上设平坐和栏杆。

多种台基形式，可以用于同一经变中，根据不同的位置，选择不同的形式，丰富了画面效果。在榆林窟第25窟，莫高窟第158、159等窟中都能看到。这样的处理，使整幅经变画显得更加生动，足见古代画师们在构思创作时付出的心血，为今人留下宝贵的艺术财富。

柱：自中唐开始，建筑画中所看见的檐柱，均有彩画的团花或莲花纹饰，有的还似有珠宝镶嵌。晚唐继续做彩画处理，但在盛唐或盛唐风格的建筑画中则没有彩画柱子。日本和尚圆仁于中唐开成年间巡礼五台山时曾记述"金阁寺，阁九间三层，高百余尺，壁檐椽柱无处不画，内外庄严，尽世珍异"；成书于中唐的《寺塔记》中有"……及诸

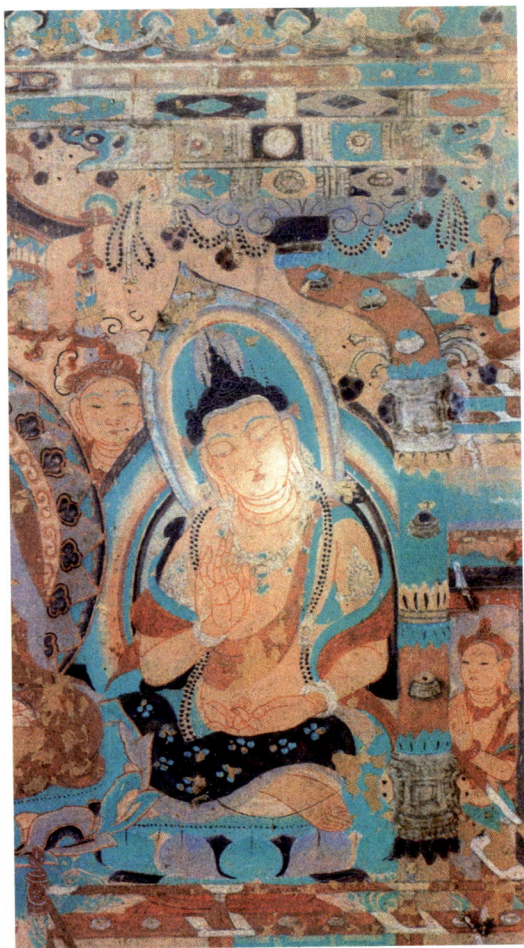

图16　柱子与柱头　第231窟南壁

柱上图画"之句。可见在建筑物上用彩画装饰在中唐已普遍使用。柱子下的柱础，普遍画作覆莲柱础，又称作铺地莲花。

中唐第 231、361 窟，位于寺院中心的佛殿柱子变形，其上端向内弯曲（图 16），这种结构形式对于木构件的使用原理似有悖于常理，亦不见于文献及遗物，但却影响到五代和宋代的建筑画。第 231 窟中还有多处表现了吐蕃艺术特征的建筑形象，无论从建筑的整体还是细部都不同于汉式建筑，下有繁复的须弥座，在三间四柱的殿身上有三叶拱，兽形柱头，柱身上镶嵌宝石等，种种风格是吐蕃受印度建筑影响的产物。

斗拱：壁画中对于斗拱的绘画，到盛唐时已达到非常完备的程度，由于画师们熟知建筑构造，所以画起来也得心应手。这时期所见繁简不同的各式斗拱，有四铺作、六铺作，最多达到七铺作。七铺作的斗拱上，用两层下昂，也有不出下昂的，只用华拱出跳。第 12 窟南北相对的两壁都有大幅经变画，对画中建筑上的斗拱结构，南北两壁却作了不同的处理，南壁的佛殿斗拱只用华拱出跳，北壁的佛殿斗拱则用双下昂出跳（图 17-1、图 17-2）。说明这时对斗拱的应用已非常熟练，在应用的过程中可以随心变化。其他如第 237、201、85 等窟建筑上的斗拱，都还可以较清楚地看出其结构特点。斗拱结构的时间性很强，它对于鉴别建筑的时代具有较准确的参考价值。现存建于唐大中十一年（857年）的山西五台山佛光寺大殿的时代就与敦煌的晚唐同时，是现存为数不多的唐代木构建筑实物的范例之一。而斗拱的合理运用，正是此殿的重要特点之一。壁画上的斗拱可以与这一重要的实物构件互为参证。

瓦饰、砖饰："秦砖汉瓦"是古老的也是最基本的建筑材料。在古建筑中，屋顶是三大组成部分之一，古人在它的结构、造型及表面装饰

图 17-1　大殿斗拱　第 12 窟南壁

图 17-2　大殿斗拱　第 12 窟北壁

上下了很大功夫。中晚唐时期对屋顶的处理，继承了盛唐传统，并在瓦和脊的装饰上有所发展，如第158、361、156窟的屋面上用了几种色彩鲜艳的瓦，可能是琉璃瓦（图18）。在正脊两端的正吻已经出现鸱吻，垂脊和戗脊的端头有脊头大瓦（日本建筑中称为鬼面瓦）。琉璃瓦的运用，改善了屋顶的防水防渗漏的效果。它的鲜艳色彩与装饰瓦件的结合使用，使传统建筑的屋顶减少了灰蒙蒙的沉重感觉，变得较为明快且富有生气，大大提高了屋顶在审美方面的视觉效果。日本僧人在中唐开成年间经山东到山西五台山途中，经过醴泉寺时写道："斋后巡礼寺院，礼拜志公和尚影，在琉璃殿内安置。"琉璃在建筑上的应用，可能从屋顶开始。壁画中的佛殿画作琉璃顶，大概是迎合阿弥陀经中说"上有楼阁亦以金、银、玻璃……而严饰之"所作的处理。壁画和历史的记载相互吻合，充分说明唐代确曾有琉璃瓦的寺院建筑。

用花砖作地面铺装，在初盛唐壁画中多有所见，而将花砖作建筑墙面装饰在中晚唐壁画中出现较多，主要表面在对城门墩台表面的装饰，如第231、159、9窟的城门墩台表现有正方形及菱形的分格。有的在格子中间绘四瓣莲花纹图案作为装饰（图19）。古代城门的墩台及城垣都用夯土筑成，容易受到风雨侵蚀和人为破坏，所以对其加以保护是必不可少的。唐代长安大明宫的城门都用普通的砖贴面。壁画上的城门用花砖贴面也是有现实依据的，现存河南安阳的唐代修定寺塔，塔身表面用菱形浅浮雕砖贴面，可见壁画中的花砖贴面技术来自现实。

建筑内部结构与设施：壁画上所看见大量的楼台亭阁、殿宇廊房，大多是外观形象，而在弥勒净土变中有一个场面，说在弥勒世界里，有一个国王把一座宝幢献给弥勒佛，弥勒佛又把宝幢转赐给婆罗门人，婆罗门众人当即把宝幢拆毁并瓜分了。按照对佛经的理解，壁画上多表

图 18　琉璃瓦顶大殿　第 158 窟东壁

现一群婆罗人拆一座幢幡，但自盛唐到宋代，有少数壁画都画成一座楼阁正在被拆除。榆林窟第 25 窟弥勒经变中，有婆罗人正在拆除一座两层楼阁，下层尚且完好，上层的屋顶已经拆掉，仅剩下柱子和部分梁枋，其中一梁栿之上有大叉手一组，形成三角形的梁架，从力学角度看，是一种稳定的结构形式（线图 8）。更少见的是，从已拆除的二层楼面上，看见有一人正从一层楼梯上至二层，楼梯口开在二层地面的中间。将建筑的内部结构暴露出来，对于今人能更多地了解认识古代建

筑的内部设施，无疑是最好的形象资料，在敦煌壁画中也是一则孤例。

唐代建筑画在敦煌延续了291年，在这291年的建筑画中，所见的殿堂都是单檐或重楼，没有一座像隋代那样有两三重披檐似的重檐殿屋。据文献记载，"重屋四阿"起源于汉代以前，在唐代的壁画中为何没有隋代出现过的重檐庑殿或重檐歇山的形象？这一问题暂时还找不到答案，姑且存疑，等待以后有更多的发现。

图 19 花砖贴面城门 第 159 窟东壁北

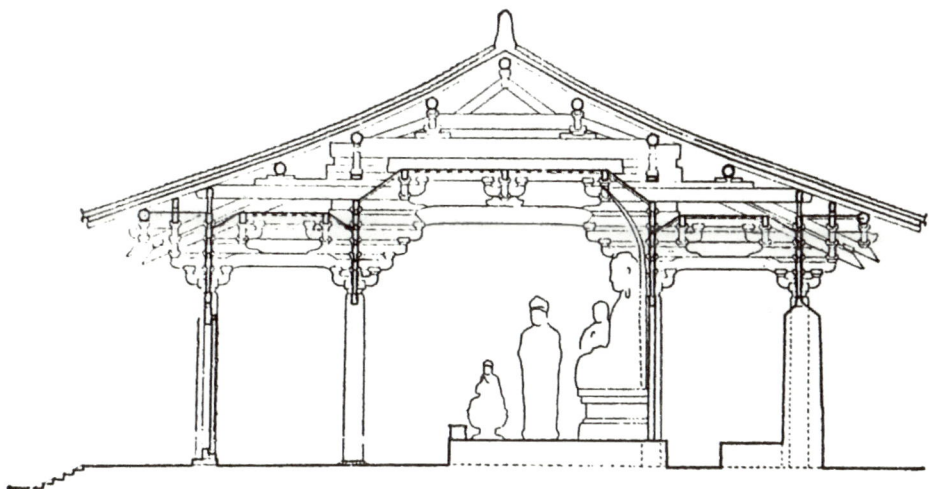

线图 8　佛光寺大殿断面图

六、五代、宋、西夏

　　这时期的建筑局部，呈现两种不同的风格与形式：一是继续使用唐代的稿本与粉本绘制壁画，所以在建筑局部的表现上，依然沿袭中晚唐的做法，再加之画院的统一稿本，缺乏生机与活力，因此在建筑表现上没有什么创新；二是西夏时期，在榆林窟第 3 窟的寺院建筑画与山水建筑画中，一改中晚唐至五代、宋几百年间形成的建筑画风格，在建筑表现上受中原宋代文人画的影响，使用工笔界画的画法，将建筑的局部处理得更加细腻，局部的做法也更接近元明清时代，是明清建筑变化的前奏。

　　台基与踏道：榆林窟第 3 窟南北壁净土变中所画殿堂的前部，描绘有极其细致的台基及踏道。台基是须弥座式，下有圭脚、覆莲。上下枋分作矩形，并有花纹装饰，两枋之间为束腰，束腰中部做壶门，通身画条形的卷草花边。北壁正中大殿的台基设左右两阶，南壁正中大殿的台基设左、中、右三阶。台基的上枋有华板、栏杆，华板中间用上下相错的六边形镂空块，与从北朝到宋代壁画上的勾片栏杆或绘有花纹的华板栏杆相去甚远，而与明清建筑上形式多样的栏杆相近。阶道两侧亦有栏杆，栏杆的上下设望柱，起到稳定栏杆的作用，望柱头高出于栏杆，雕出各种花饰。台基是建筑的基础，它以坚固的实体表示了其在建筑中的重要性，栏杆只对人的安全起保护作用，因此在造型上显得比较空灵和疏朗（图 20）。

西夏台基与栏杆的组合与隋唐时期的相比，更为华丽，更加富于装饰性。从隋唐所画殿堂均设左右两阶，设三阶的台基是等级最高的建筑。明清故宫太和殿设三阶，中间一阶有雕饰华丽的云龙御路，专供帝王乘辇通过。

图 20 台基与栏杆 榆林窟第 3 窟南壁

图 21　大殿斗拱两重　第 61 窟南壁

斗拱：作为木构建筑的重要结构组成部分——斗拱，发展到这一阶段，已进入完全成熟的时期，在第 61 窟南壁阿弥陀经变中大殿的斗拱图中，可以看见转角铺作是七铺作，两跳华拱，两跳下昂。而两柱之间只有一组六铺作的补间斗拱，比柱头铺作减去一重下昂（图 21）。从盛唐以来殿堂大多用七铺作斗拱，是很长时间习用的结构方式。斗拱发展到盛唐以后，模数组合已相当成熟，这种结构构件都是事先预制好的，并拼合成组，待到用时一组组地进行安装，说明当时建筑设计与施工已经形成高度的模数化了。北宋李诫于元符三年（1100 年）成书的《营造法式》对斗拱的设计与制作有详细的记述，此书是对元符以前历代建筑的总结。

图 22　重檐斗拱　榆林窟第 3 窟南壁

　　榆林窟第 3 窟建筑檐下的斗拱，远不如唐宋时期的粗大雄壮，远远看去，细小密集成一片，看似画得很细致，但却分不清斗与拱或昂的界线（图 22），这正是明清时期斗拱逐渐成为装饰的开端。

　　鸱吻：中国传统建筑屋顶正脊两端的大型装饰瓦件——鸱吻，状似龙首，张嘴含脊，背上有双鳍翘起。第 61 窟五代壁画中酒肆建筑的正脊两端的鸱吻较为清晰，宋初第 431 窟木构窟檐正脊的鸱吻，除有龙首

张嘴含脊，还将隋唐时期向上弯起的双鳍，改变成了有尖啄形似鸟头的
鸱尾（线图 9-1、线图 9-2）。

　　在敦煌壁画上，从北朝直到隋唐建筑的正脊两端脊饰都称作鸱尾，
是因为只见有向上弯起的双鳍，而没有晚唐以后张嘴含脊的龙头，壁
画反映了从鸱尾到鸱吻的转变时间。因为敦煌远离中原，这个转变可
能在中原还早于敦煌。宋代编纂的《营造法式》卷二"总释下"在"鸱

线图 9-1　第 61 窟鸱尾

尾"条中记："时人或谓之鸱吻"，在卷二十六的"瓦作"条中的"鸱尾"后还有"兽头""嫔伽""蹲兽"等脊上的装饰，但在这里五代和宋代壁画中仍然在脊端绘方形的脊头瓦，上覆筒瓦，只在榆林窟西夏第 3 窟建筑画中的屋顶上改变了这种绘画形式，但

究竟画的是什么，由于壁画绘制很细密，很难看清具体形象（图 23-1、图 23-2）。

西夏的建筑画与唐、五代、宋的绘画风格截然不同，建筑形象也不同于以上各时代。建筑画的总体形象与山西繁崎岩山寺的金代壁画风格相似（图版 24），其中的十字平面佛殿和建于宋皇祐四年

线图 9-2　宋代窟檐鸱尾　第 431 窟

图 23-1　屋顶脊饰　第 61 窟东壁北

图 23-2　脊饰　榆林窟第 3 窟南壁

（1052）的河北正定隆兴寺摩尼殿建筑实物十分相似，而十字平面的二层楼阁则是对十字平面佛殿的发展，这是西夏与中原加强了文化交流与联系，在寺院建筑上受中原影响的反映。人们甚至怀疑这几座石窟内的壁画当出自中原画师之手，这并不无道理，因为它的形式的确很新颖，很独特。与敦煌上千年流传的形式相去甚远，而与中原当时流行的画风相近，是敦煌壁画里的一个新形式。

建房：第 454 窟有两处建房施工图，都已完成下部柱网的修建，在柱网梁架上有工人正在安装人字大叉手，下面的众多工匠也各自忙碌着，其中有着袍服者，好似工地指挥，工人们则身着短装，有的正挥锛砍制木料，有两人正在拉大锯锯木头，还有的在屋架下忙着向上递送材料，地上已有组装好的几组斗拱（图版 25）。图画得比较粗略，但从中可以看出中国传统建筑是以垂直的柱和水平的梁枋组合成受力的框架，然后才盖屋顶、砌墙、安装门窗等。墙体没有荷载的功能，只起隔绝内外和防寒保暖的作用，根据地域的不同，墙体的厚度也各不相同。

根据敦煌遗书中的有关记载，在莫高窟的开凿过程中有很多各行业的工匠参与修建，其中泥工与画工是必不可少的。工匠们的等级分别有：都料、博士、师、匠、工等级别。赤膊的装束也表现出工匠们劳动之艰辛及生活之困苦，敦煌遗书中有《赵僧子典儿契》记载："塑匠都料赵僧子……今有腹生男苟子，只典与亲家贤者李千定。断作典直价数：麦贰拾硕，粟贰拾硕。"已是"都料"的高级工匠，其生活的艰辛达到卖儿过活的地步，真实地反映出他们的生活地位和状况。

图 24　山西繁崎岩山寺金代壁画

图 25　建房施工图　第 454 窟西壁

　　我国古代社会从事百工技艺的劳动人民地位是低下的，是最底层的劳动者，在文献中关于这方面的资料很少，而在神圣的石窟寺这类佛教殿堂内，自北周以后各时代都有一两幅有关建筑施工的图画。这些图画一是提供了建筑的内部构造、建造过程和施工方法等；二是从劳作者的服饰装束上可以分辨不同人物的身份等级，这是历史文献中所没有的形象资料。

七、结语

　　在中国的绘画史上，反映建筑之美有着悠久的历史。早在东周的漆器及战国的铜器上就有关于建筑的图像，山东孝堂山及武梁祠的汉代画像石上有大量的人物及殿阙形象；江苏徐州出土的画像石上有双阙高楼、马厩庖厨、亭、树、假山等形象；河南南阳出土的汉代画像石上有殿堂、殿阙的组合；四川出土的汉代画像砖上已出现完整的宅院和双阙；邻近敦煌的酒泉、嘉峪关魏晋墓壁画中有坞堡和庄院，这些反映社会现实生活中的建筑是形象的历史资料。历史学家翦伯赞先生曾说："我以为除了古人的遗物外，再没有一种史料比绘画雕刻更能反映出历史上社会之具体的形象。"研究敦煌壁画中的建筑画局部形象，以一斑而窥其全貌，为当今考古发掘出的建筑残构件提供一定的历史依据，相互印证，使历史记载中模糊的建筑形象清晰起来，对于它的研究，不仅具有史学意义，更具有现实意义，还有许多未解之谜等着对中国古代建筑有兴趣的仁人志士去研究，去发现。

石窟造型的民族形式
——帐在石窟造型中的运用

为佛教开凿石窟起源于印度,辗转经中亚诸国传入我国新疆地区,进而遍及全国。在流传的过程中,它的形制融入了许多民族的传统建筑形式,开始了石窟形制民族化的进程。莫高窟开窟延续的时间最长,数量最大,石窟造型的民族化贯穿于整个建窟过程,这与佛教思想传入中国后,不断和中国传统文化思想相融合的过程一样。中国石窟形式的民族化与佛教思想的转变进程是相一致的。

帐是我国古代的大型家具之一,可能起源于秦汉时代,从文献中知道帐是帝王和王公大臣日常生活起居、行军、郊游、宴饮时临时所用的帐室、帐殿。《事物纪原》记:"王所居帐也。"《西京杂记》中说汉武帝杂错天下珍宝造了甲乙二帐,用甲帐居神,乙帐自己用。

帐的形式和制作:《邺中记》记邺都宫殿中所用的帐,极为奢侈豪华,对其形式和制作材料的运用,有清楚的记述:"石虎御床,辟方三丈,冬月施熟锦流苏斗帐,四角安纯金龙头,衔五色流苏;或用青绨光锦;或用绯绨登高文锦;或紫绨大小锦;丝以房子锦百二十斤,名曰复帐。帐四角安纯金银凿镂香炉,以石墨烧焦和名香,帐顶上安金莲花,花中悬金箔织子绕囊,囊受三升以盛香,帐之四面上十二香囊,采

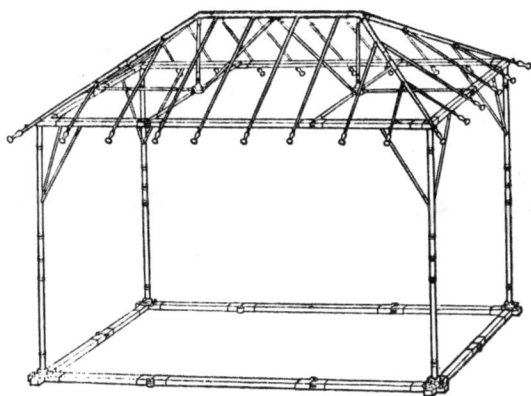

图1 河北满城汉中山王墓中出土的铜帐构

色亦同。春秋但锦帐裹以五色缣为夹帐,夏用纱罗,或紫文縠(湖)为单帐。"作为帝王居住的大帐,其制作极为豪华精致,可以看出它是皇室贵胄生活中的必需品,是一种规格很高的大型家具。

帐的构造:近几十年来,在考古发掘中发现了一些帐的金属构件,河北满城汉中山王刘胜墓中出土的铜帐构,有折叠的铰链、接头,可以把各种不同长短的杆件搭接成一座四阿顶的帐殿(图1)。洛阳附近曹魏正始八年的墓中有铸铁帐构,可搭建成下图的帐架(图2),这种帐架还可以做成平顶的,覆斗形的及攒尖顶的,在帐的周围可用帐帷,《事物纪原》中称,帐

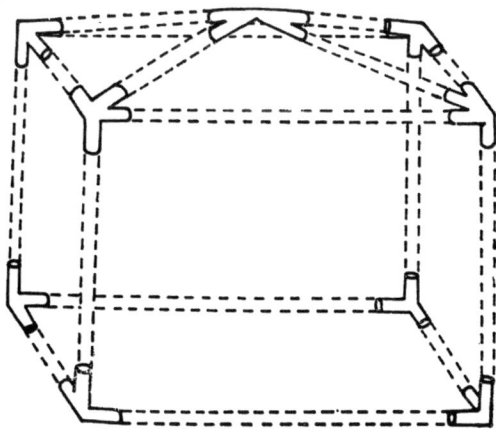

图2 曹魏正始八年的墓中有铸铁帐构

图 3　第 285 窟藻井的帐顶图案

帷的不同用法及称谓为"在旁曰帐，在上曰幕"，亦称盖。它所构成的
形象在莫高窟早期的壁画中有例可查（图 3）。

　　帐与佛教：帐何时为佛教所利用？本人所见最早的记载是描述后
赵邺都宫室中"佛座帐上刻作飞仙……"唐代段成式《寺塔记》："长
安安国寺……利涉塑堂，元和中，取其处为圣容院，迁像庑下，上忽梦
一僧，形容奇伟，诉曰：暴露数日，岂圣君意耶。及明，驾幸，验向如
梦，即令移就堂中，侧施帐帷安之。"上述两条记载说明佛教与中国文
化的联系密切。佛教是外来的宗教，当它传入中国之初，人们把它与中
国的神仙方士同等看待，传统的帐既然能安置中国的神仙，当然也可以
用它供佛。用帐安置佛像，是对佛的最高礼遇，并表达出崇敬之情。同
时反映出当时人们的文化观念和审美情趣。

帐与石窟：在北朝的石窟寺中，出现了多处用帐形龛来供奉佛像的形式。开凿于北魏的龙门石窟中已经在佛龛上有帐帷的表示，巩县石窟第3窟（图4），更是明白无误地以帐作为佛龛的外形，天水麦积山石窟第127窟（西魏）、第27窟（北周）、第141窟（北周），都是将整个窟龛建造在一个完整的帐形之中。第127窟因为窟的平面是横矩形，窟顶为矩形的覆斗，在各个面的交接处，用绘塑结合的办法表示出帐顶的构造节点（一种用于连接各个不同方向杆件的构件）。第4、27窟，作四方帐形，帐顶为四角攒尖，四角的帐柱下有覆莲柱础，柱身画成筒形。第4窟七佛龛内有柱架，龛外上有帐额，额上有山花，左右塑出帐帷，帐角上有龙头，口衔下垂的流苏，形象酷似上引《邺中记》里所载石虎所用的帐。

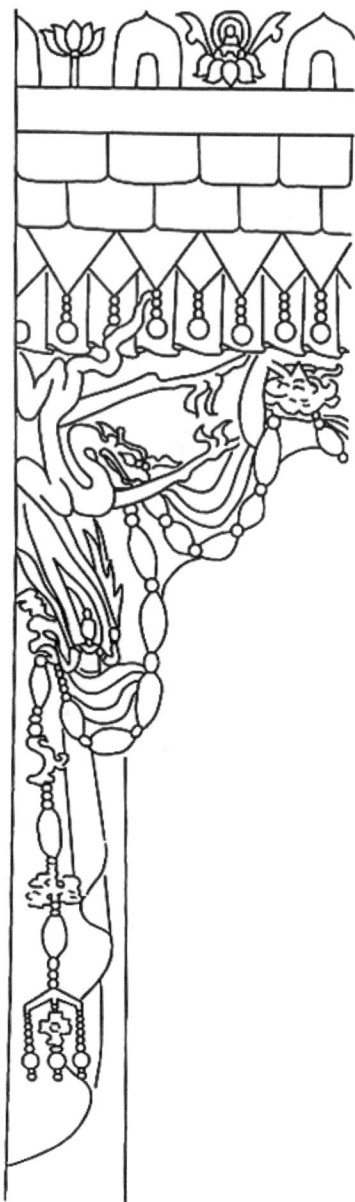

图4　巩县石窟中心柱帐形龛

宁夏须弥山石窟第 45、46 窟中心塔柱四面各壁的佛龛均刻作帐额与帐帷，装饰很华丽。第 67 窟中心柱有仿木构的帐架，中心柱四角有八边形的帐柱，中心柱本来是塔的象征，结果被帐形所取代，使其更加符合信众的审美。

帐的形式不但成为石窟造型的依据，还影响到单层佛塔的造型。河南安阳修定寺塔，在单层四方塔身的四角有八边形帐柱，塔檐下有浮雕的帐额。安阳林泉寺隋唐摩崖窟龛中雕刻的舍利塔及支提式塔有不少作帐形。看来以帐形作为佛教窟龛造型的依据，可能即开始于中原一带，以它丰富的文化积淀，为佛教建筑的本土化创造了有利条件。

莫高窟中的帐：从莫高窟石窟造型中，最早表现出帐的意思是从西魏第 249、285 窟的覆斗形窟顶开始，第 285 窟覆斗顶的"藻井"实际是表示斗帐的盖，四个角上有饕餮纹，其中口衔下垂的流苏。如果说这样还不能十分清楚地表示整个覆斗顶石窟是帐的形式，那么在隋代和初唐的洞窟里就明显有帐的表示。以第 386 窟为例，方形窟室的四角画帐柱，帐柱上画石青底色白色连珠纹，帐柱下有莲花柱础，帐杆到覆斗顶边沿与横向帐楣相交处，有莲花形帐构，覆斗顶上，用四根斜帐杆，支撑着方形帐顶，方形帐顶四角再用莲花形的帐构相连接，构成覆斗窟顶，就像许多文献中所称的斗帐形式。同时期的第 397、396、394、401、405 窟中都有大致相同的帐的意匠。上述麦积山石窟有帐形表示的洞窟除第 127 窟是覆斗形的帐之外，其他诸窟如第 4、27 窟等，都是攒尖窟顶，而且将帐表示得十分具体清晰，是制作非常考究精致的帐。莫高窟的帐形窟龛表示帐形则比较简略，有点示意的性质。

建于初唐的第 60 窟，方形窟室的东壁已经坍塌，南北壁与西壁转角处，画六边或八边形帐柱，下有仰莲柱础，柱身上四道束莲纹饰，帐

图 5　第 60 窟西壁束莲帐柱

柱与覆斗顶下横向的帐楣的节点亦有莲花形帐构，覆斗顶的帐杆画作石青底色白色连珠纹，整个帐架形成斗帐形，帐架清晰可辨（图 5）。

　　帐是一种可拆装的大型家具，估计在宫殿和寺院中供王公贵胄和佛与菩萨使用的帐可能是固定的，因此成书于北宋时期的建筑专著《营造法式》中，有"佛道帐"一条，并绘有图样，装饰精巧繁复，应是寺院中固定的宗教设施。莫高窟第 74 窟是盛唐开凿的覆斗顶石窟，其帐形有所变化，不是将整个石窟置于帐中，而是把帐移到了佛龛上，龛顶画出平棊及梭脚椽。覆斗顶上是斜向的杆件，可以看到四根帐柱头。迎面的帐额上是三角形的锦饰，帐檐上画山花蕉叶，龛的左右转角处画流苏纹。莫高窟初盛唐的佛龛都作平顶敞口式，只有此窟龛形没有改变，而以绘画的方法画出立体的盝顶帐形，为中晚唐普遍采用的盝顶帐形龛开启了一个先例，是一个过渡的龛形。

图 6　第 361 窟帐形龛

第 231 窟是一个大型正方的覆斗顶洞窟，盝顶帐形龛，据敦煌遗书 P.4640 号与石窟内容相对照，此窟建于中唐开成四年（839 年），是敦煌人阴嘉政所建。遗书中有"帐门北画文殊菩萨一铺，帐门南画普贤菩萨一铺"等语，由"帐门"二字揭开了佛龛造型的依据，当时就是以帐为龛，亦可以证实隋代及初唐时期的部分石窟形式就是对帐形的模仿。与第 231 窟同时的第 361 窟的佛龛也作盝顶帐形龛，帐的两侧还有帐柱的遗迹。第 360、359 窟的帐形龛外的帐额、帐檐、帐顶上有描绘精细华丽的装饰（图 6），亦可借此了解帐的具体形象。北魏第 246 窟的中心柱正面龛经西夏重修后也做成帐形（图 7）。

石窟寺是佛教思想的载体，古代佛教在中国的传播，当初并不是一件容易的事，"当时的佛教徒，都是用当时当地流行的宗教观念和文化思想来认识宗教的，当地传教者要善于迎合当地群众的思想和要求，并且采取一些办法以满足他们的要求"。在佛教传入之初，本来就把佛教当作中国一般的神仙方术，用祠祀的方式对待佛，把供神的帐来供佛当然是很自然的，把原本就习用的家具，用以供佛也符合固有的审美观念。

佛教建筑不仅是为佛所建造的象征佛国世界的建筑空间，也是为世俗大众提供膜拜祷告的场所。宗教建筑空间内的一切设施越是贴近世俗生活，就越是使人们产生一种亲近感，使人觉得佛国并不是高不可攀，而是和当时当地的人们一样，享受着人间美好的一切。帐的形式在莫高窟石窟造型的民族化过程中只是一个方面,石窟寺从一开始,就注入了民族传统建筑的感情,用本民族所能接受的形式,在宗教所能容许的范围内对它的造型进行民族化的修饰,这一过程在莫高窟一千年的建窟历史中从未停止过。

注:本文是 2000 年敦煌国际学术讨论会上的发言提纲

图 7   第 246 窟帐形龛

杂记篇

关于日本古建筑的保护
——访日回忆

从 1984 年到 1993 年的 10 年间，本人先后五次应日本东京艺术大学、日本东京国立文化财研究所及东京日建设计事务所等单位邀请，东渡日本，虽然每次去的时间都不长，但是前后总计也有百余天，每次都与文物有关。在主人的精心安排下，我曾赴东京都、横滨、镰仓、佐仓、仙台、平泉，以及日本的古都奈良、京都、大阪等地，参观了许多博物馆、大小寺院、神社民居、宫城遗址、风景名胜等，对于日本的古老文化有一点粗略的了解；特别是对日本古建筑的保存现状及保护情况有较为深刻的印象，尽管时隔多年，但记忆犹新，关于日本古建筑的保护，特简述如下。

一、关于日本的佛寺

日本的佛教最初经由朝鲜于五六世纪传入日本，到七八世纪得到了日本上层社会的支持，从而普遍流传，到现在仍然是日本的主要宗教，因此寺院的建立和维修保护，受到社会各界的普遍关注。我所到之处都有佛寺，其中规模较大、历史比较悠久的佛寺主要集中在古都奈良、京都等地。时代最早的有公元 700 年前后的法隆寺、药师寺、招提寺、东大寺等部分建筑，以后日本的佛寺建设延续不断，一直到近代还有新建和重建的寺院。我所见到的寺院无论是大型的建筑群，还是几间小殿，环境都非常整洁幽雅，除少数香火特别旺盛的寺院有比较强烈的商业气息之外，一般寺院中仅有少数出售纪念品的小店，店铺地点的选择和建筑形式的设计，都和寺院的格调相协调，越是等级高的寺院，环境的保护情况越好。这是我的一般感受。下面就对几处大寺院谈一谈我的参观印象。

（一）法隆寺（图 1）

法隆寺在奈良附近，是日本首屈一指的大寺院，始建于公元 6 世纪末的飞鸟时代，大约在公元 670 年毁于雷火，灾后很快得以重建。根据许多专家的研究，法隆寺的布局以及金堂、五重塔的风格和结构，的确保存着较为古老的手法。法隆寺的平面布局，不是轴线对称，而是轴线两侧的均衡，轴线一侧是金堂，另一侧为五重塔，这是其特点（图 2）。

图 1　日本法隆寺中门及五重塔

建筑外檐原来是白壁红柱，内檐各构件均经彩绘，至今已有一千多年。外檐木材表面已经炭化为黑褐色，更显得古色古香，庭院中的地表铺设小卵石，既显得整洁，又不呆板，雨天之后地面不泥泞，也不生长杂草，别有风趣。金堂、五重塔原来是横矩形的廊院，后来把讲堂包罗进去，廊院形成"凸"字形的平面。讲堂两侧，东面有钟楼，西面为经藏，都与回廊相连，东西对峙，

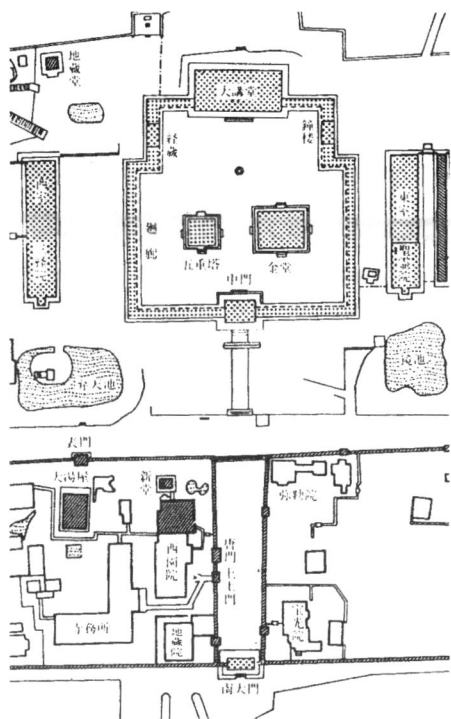

图 2　日本法隆寺主要部分平面图

成为讲堂的陪衬。出法隆寺东大门，是法隆寺东院，也是一座纵向的矩形廊院，院中有一座八角形梦殿，造型很好。这种单层多边形的小殿堂及廊院西北角的一座钟楼，多见于莫高窟盛唐以后的壁画中，使我感到特别亲切。

　　寺院周围满布苍松翠柏，高低错落，使寺院有一种肃穆庄严、娴雅和谐的气氛。这里并不会使人感到宗教的神秘，反而令人充分感受到一种东方历史文化的气息。可惜 1949 年 12 月，法隆寺电线走火，金堂被烧毁。现在的金堂是根据详细的测绘资料按修旧如旧的原则重修的，

图 3　日本法隆寺金堂

图 4　日本唐招提寺金堂

效果不错(图3)。据说,日本政府把法隆寺金堂火灾这一天定为全国消防日,这一天日本全国各城市都要进行消防演习,奈良市的消防车要进到法隆寺内进行巡回演习。金堂被焚毁的残存构件被拆除后,重建于法隆寺新建的仓库中,作为研究资料及纪念之用。

(二)唐招提寺(图4)

唐招提寺在古都奈良,是我国唐代扬州高僧鉴真和尚历尽艰辛到达日本之后于公元759年建立的,寺院建筑虽然经过了多次维修,但是其中金堂、讲堂、钟楼,以及院落环境据说还保存着创建时的风貌。金堂是寺院的主体建筑,建造时间相当于我国盛唐时期,因为得到精心地维护,所以建筑仍完整坚固。只有仔细观察后才能看出多根檐柱都经过修补,木材表面也炭化成褐色,室内木构件还留下一些斑斑驳驳的彩画,依稀透露出相当于唐代的艺术风格。金堂在历史上经过多次修缮,特别在房顶坡度及门窗装修形式上变动较大,明治三十二年(1983年)落架大修时做了改正,恢复了较为平缓的屋顶及七开间板门形式,使堂内宽敞明亮。招提寺金堂比我国五台山南禅寺(789年)早23年,它是七开间大殿,是研究中国建筑史很好的旁证。

鉴真大师是日本律宗的初祖,备受日本社会尊崇,在招提寺左侧有鉴真的影堂。1988年,我们一行有幸进入影堂,堂中的鉴真大师塑像保存在一个很严实的橱柜中,一般情况下都不对外开放,影堂中肃穆整洁。四壁和隔扇上是日本著名画家东山魁夷所画的大海、高山、丛林,及扬州的景色,风格清新、淡雅,与影堂的气氛非常和谐。影堂之东是鉴真大师之墓,亦为中国墓葬的习俗之一。寺内浓荫蔽日,一派清幽闲适的景致。规划得体,使寺院环境远绝了闹市喧嚣,保持浓厚的文化、

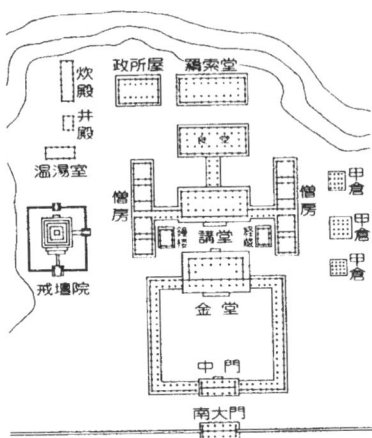

图 5　日本唐招提寺复原平面图

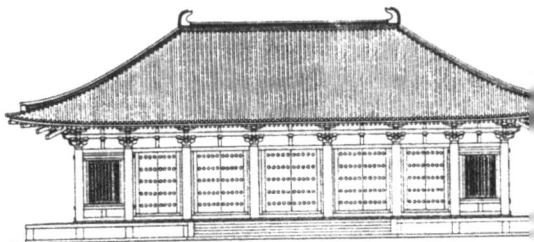

图 6　日本唐招提寺金堂

历史和艺术气息，无怪乎日本社会颂称唐招提寺是日本"不朽的建筑"（图 5、图 6）。

（三）奈良东大寺（图 7）

东大寺在奈良的东部，也就是公元八世纪(奈良时代)古都平城京的东面，故称东大寺，是日本现存规模较大的寺院，寺内保存了一批古老建筑。南大门建于十三世纪（镰仓时代），门口两侧有 8 米多高的木雕金刚力士像。1990 年访问此寺，适逢左侧的力士解体大修之后，已归位安装，正在进行最后的细部修补。据说修理此像花费将近一亿日元，大部分是国家投资，地方上给一部分，寺院也投入一小部分。我曾看过此像解体修复全过程的录像，工作人员严谨细致，可以说是一丝不苟。大殿原来是奈良时代所建，但几经兵火，现在的大殿建于十八世纪，十几年前又进行了维修，据说它是世界上最大的木结构建筑之一。殿中巨大的卢舍那佛铜像是奈良时代铸造的，经过不断维修保存到现在，大佛

图7　日本奈良东大寺廊院场地

体形高大壮观，是日本国宝级的文物。大殿有廊庑一周，是近代复原的古建筑，庭院中绿草如茵，视野开阔。寺的东侧已近丘陵，丘陵边沿还散布着许多珍贵文物，其中有奈良时代的大钟和镰仓时代的钟楼、法华堂、二月堂、戒坛院等。在古建筑之间，三三两两的梅花鹿悠然漫步，常向游人觅食。日本是工业高度发达的国家，生活节奏很快，节日假期，人们到寺院参拜巡礼，在古代文化艺术氛围和优美的自然环境中，身心会得到短暂的放松，是现代游乐园所无法替代的。

（四）药师寺

药师寺邻近上述招提寺，是奈良时代盛极一时的大寺院，寺内多数殿宇已经在历史的长河中泯灭了，仅存的东塔是公元730年创建的，经过考古发掘，人们已完全了解了当时寺院的规模及布局。由于近二三十年来日本经济的振兴和发展，为古寺院的再建提供了经济和物质条件，现在的金堂及西塔分别于1976年和1981年复原建成。金堂与中门之间和一周回廊目前正在重建，新建的殿堂、门廊及塔都是仿奈良风格的建筑，殿堂内外金碧辉煌，日本人在重建这些寺院时设计与施工是严肃认真的，不是一时的权宜之计，是出于对奈良文化的怀念，试图再现了奈良文化的辉煌成就，我在参观过程中也深有感受（图8）。

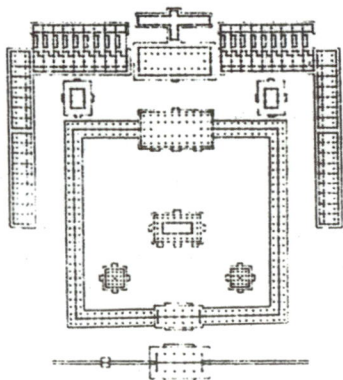

图8　日本奈良药师寺复原图

1993年再访该寺时，正值按考古发掘的资料恢复金堂一周双通道回廊的时期。药师寺是日本法相宗的道场，寺侧新建的仿唐建筑玄奘纪念堂已经竣工，庭院地面花砖铺装的花纹是仿自敦煌的，日本文化从来大胆吸收它认为有用的东西，这正是他们的长处所在。

（五）京都平等院凤凰堂及其他寺院

京都是日本稍晚于奈良的古都，被称为平安京，也有大量保存很好的寺院。其中平等院凤凰堂是十分珍贵的古建筑。凤凰堂建于公元1053年，平面呈凹形，正中是佛堂，两侧有重层回廊。回廊两端的转角处屋顶上有亭式建筑，与中部佛堂相呼应，整座建筑造型优美，玲珑秀

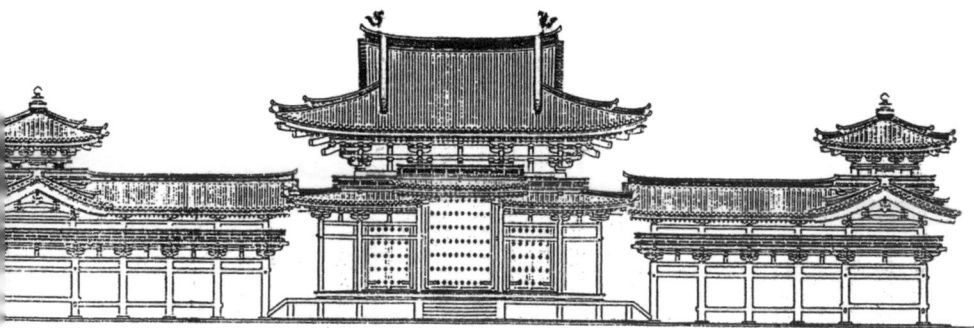

图 9　日本京都平等院凤凰堂

丽。堂前有一池清水，既包含着佛教阿弥陀净土的宗教含义，又增添了建筑的灵秀之气。凤凰堂殿堂内藻井宝盖的工艺十分精细，殿内四周壁上满布木雕天人伎乐，堂前的板壁及十扇板门上满绘生动而精致的佛教故事画，一堂之内集建筑、雕塑、绘画于一体，真是不可多得的艺术精品。历史上平等院曾遭兵火之灾，凤凰堂能保存下来实在是莫大的幸事。凤凰堂建筑体量虽不算大，却充分显示了东方文化艺术独特的魅力（图9）。

京都宇治万福寺是中国明代高僧隐元法师东渡日本，在京都建立的临济宗寺院。隐元法师原在中国福建黄檗山万福寺出家，在京都建立的寺院也称万福寺，现在该寺院举行法事时，仍然保存着隐元法师传下来的仪轨。受中国禅宗影响的寺院，称为禅宗样。万福寺从整体布局到单体建筑，充分体现了中国建筑的风格。三门上的匾额"万福寺"三字为隐元禅师所书，笔法苍劲饱满，其他对联也是书法精品，是中日文化交流的具体表征。

京都清水寺是日本有名的寺院，开创于奈良时代，现在的寺院建筑建于宽永十年（1633年），主要建筑规模宏大，是国宝级文物。其他诸堂塔也是重要的文化遗产。这里是信仰观音的道场。寺院各主要殿堂依山自由布局，殿侧很大的月台是用密集的柱网支撑的。寺中所有建筑构件都是褐色的，完全融入周围苍翠的山林之色中，更显得寺院古朴清幽。寺后是音羽山，山前的京都大部分市街尽收眼底，春天的樱花，秋天的枫树，四时景色各有特色。日本保存古建筑的历史和环境风貌的原则，与我国文物保护法中关于保护古建筑的精神是一致的。但是在我们保护古建筑的实际工作中，有些地区和部门，总不免要想方设法使其整旧如新，其结果是改头换面、画蛇添足，也许是审美观念和对文物保护原则认识上的差别吧。

（六）平泉中尊寺金色堂

寺在日本本州的一关附近，距东京约400公里，寺院建在丘陵地带，殿堂顺着山势自由布置。山间满植高大的松杉，在一处松柏丛中有一座外形似库房的钢筋混凝土建筑，库房中保存了一座40多平方米的小型殿堂——金色堂，此堂建于公元1124年(相当于我国北宋晚期)，是日本国宝级古建筑。金色堂进深、面阔都是三小间，是有斗拱的大式建筑，殿堂外檐柱额、梁枋、檐望的表面满贴金箔。堂内的四根金柱以及上部的梁枋斗拱、下部的须弥座、栏杆等处用螺钿镶嵌成细致的纹样，并配以金银镂花的纹饰。佛座上的几十身佛、菩萨像雕琢精细，造型优美，也全用金色装饰，整个佛堂豪华庄严，金碧辉煌，是日本天平时代高超工艺技术在建筑装饰上的集中表现。

金色堂是近来根据原件修整复原的，外覆一座钢筋混凝土的大厅，再用玻璃幕墙将其密闭。玻璃幕墙内人工调节气候，相对湿度控制在

60%左右，温度不超过 20℃，在不大的空间中，上中下四周以及室外共设置了约 10 个温湿度探头，测得的数据分别输入计算机存储器，常年自动记录。科技人员定期检查设备的工作情况，并调出资料进行分析。这种精心保护的措施在日本也是特殊的。我曾有幸进入堂内，发现局部的金箔及漆膜也有龟裂的现象，距修整完成的时间才不过几年，所以要做到特殊珍贵文物保护得绝对安全、万无一失，也是相当不容易的。

（七）宽永寺清水观音堂（图 10）

观音堂在东京上野公园内，大约建于 17 世纪，是日本的重要文化财(日本文物保护的第二个等级，次于国宝级的文物保护单位)，建筑面积为 134 平方米。该堂正在进行落架大修复原工程，日本人称其为解体

图 10　日本京都清水寺

复原工程。作为文物建筑的复原大修工程，该工程由寺院、地方政府、科研单位、主管文物的行政部门及设计监理单位共同组成修缮委员会负责。文物建筑的维修设计部门必须取得日本文部省颁发的设计监理证书，由此可以看出，日本对文物维修工程的管理是比较严格的。清水观音堂的落架大修复原工程从 1990 年开始，到 1995 年竣工，预算为 4 亿日元（约合人民币 3 千万元）。整个工地为一个大工棚所覆盖，原殿堂一周的空地也在大工棚的覆盖下，成为临时仓库和工房，存放拆卸下来的大小建筑构件。梁柱等大构件放在下层，檩枋等放在中层，椽子等小件放在上层，有条不紊，所有构件的编号均在两端，便于在堆积的情况下查找构件。日本古建筑维修的基本原则是"修旧如旧"，尽量保存原物，少换材料，部分伤残的构件在剔除糟朽部分后用新材料填补，新旧木材之间的缝隙灌注黏合剂，使其成为一个整体。一些小构件如斗拱的斗耳、椽头的糟朽部分，用木粉调和黏合剂成为可塑的修补材料予以修补，甚至做出较为明显的木纹，使其保持古旧木材的质感。

　　施工图纸绘制得比较全面细致，工程方案图比例为 1∶100，施工图的比例是 1∶50，在施工中如山面上博风板等弯曲构件以及装饰性构件，都要画出 1∶1 的大样，以保证施工准确。工地上工人数量不多，但工作认真负责，井井有条，设计监理单位在工地上有常驻人员，有完备的办公室，设计监理部门对文物保护工程进行有效的技术和质量监督，这些都给我留下了深刻的印象。

二、日本的民居

现代的日本，因为经济高度发展，城市的民居受欧美生活习惯的影响而有一定的改变，但在农村依然保持着固有传统，一些农舍房屋的布局和结构还保存着相当古老的方法。奈良市郊的农舍是比较典型的，一般都是集中式的平面，不像我国大部分地区农村民居形成院落，它的平面基本作横矩形，朝向以偏南为主，平面的一侧分隔为四个生活起居的居室。南面两间较大，可铺设 6 张榻榻米(10.8 平方米，榻榻米类似于中国的床席，每张约 190 厘米×95 厘米)。北面的两间可容 4.5 张榻榻米(8.1 平方米)，靠山墙一面，辟为神龛及壁橱，四间居室之间都有轻质隔断及推拉门扇。室中的被褥白天放入壁橱，晚间就寝时再铺设，所以房屋的面积虽不大，但也觉得宽敞。另一侧的一半为厨房及储藏之用，反映了农家的特点，功能分区非常明确。

在横滨的郊区有一处著名的园林叫三溪园，园内布局为山、水、路相结合，回环曲折，但不闭塞。特别是园中从各地迁来许多古建筑，如寺塔、庵舍、亭阁、水榭等，构成古建筑与园林相映成趣的一处园林景观。园中有一座"旧矢箍石家住宅"，是从横滨以西几百公里以外的岐阜县迁建于园中的。此住宅建于十八世纪中叶，是一座典型的农村富户住宅，房屋全是木结构，茅草屋顶。屋顶坡度较为陡峻，顶内实际为楼层，是家人的居室，下层左侧为厨房，并设两处火堂，靠外一处为接待客人时用，里侧的火堂供家人日常生活起居用。不用取暖时，每隔些时间，也需生一点火，让烟气熏蒸房屋，可以预防虫蛀木料。右侧的一半为接待贵客的处所。此种住宅的特殊之处是它的屋架是近似等边三角形构架，下弦是受拉构件，三角形构架中再无别的腹杆，上弦的檩椽全部用绳索捆绑固定。这一古老的结构方法在地震频繁的日本，可能对地震波起着衰减作用，因此这种技术一直保留到近代。

建筑是一个民族文化的集中表现，保存建筑文化的优秀传统，对于提高民族自信心，增强民族凝聚力是大有作用的。日本在保护古建筑方面做了大量的工作，作为日本古都的奈良，在古建筑的维修保护方面所取得的成就则更为突出。近些年来的奈良市，城市规划为保护宫殿遗址、寺院、佛塔、神社、古老街区、传统民居进行了大量地调查研究，测量绘图，成就不小，值得钦佩。

在日本的几次参观考察活动中，我所接触到的机关单位、科研机构、寺院等的有关人士，都很热情友好。特别是 1992 年应东京国立文化财研究所邀请考察日本古建筑的保护，时间较为充分，当时东京文化财研究所修复技术室主任三轮嘉六先生负责接待我，为我安排了近两个月的考察计划，并经常陪我参观，从他那里我学到了许多关于日本古建筑的常识，使我铭感之至。京都泉涌寺执事释龙雄先生、奈良中川美智子女士、大阪小原真琴先生等都曾给予我热情友好的帮助。虽然事隔多年，但至今尚留下美好的回忆，值此向诸先生一并表示诚挚的谢意！

本文的内容曾于 1994 年 5 月在重庆建筑大学召开的第五次中国古建民居学术会议上作过发言。

（原载《敦煌研究》1998 年第 2 期）

甘肃石窟考察杂记

——我参加过的几次石窟考察

  我于 1947 年到敦煌艺术研究所（即现在的敦煌研究院）工作，在文物工作岗位上工作了 46 年，这几十年来除在敦煌工作之外，从 20 世纪 50 年代至 60 年代，还曾经参加过我省几处重要石窟的考察与保护工作。这些工作使我领会到党和政府在中华人民共和国成立初期，在经济还相当困难的情况下对文物保护工作的高度重视，并取得文物保护和研究工作的丰硕成果。但是事情相隔几十年，岁月的流逝使有些事情在记忆中已经逐渐淡漠，为了怀念过去，根据有限的记忆笔录如下。

一、永靖炳灵寺石窟的首次考察

  1949 年前，炳灵寺石窟是一处被人遗忘了的文物瑰宝。1951 年，我省老专家冯国瑞先生调查了炳灵寺石窟和麦积山石窟的基本情况，并撰文作了报道，引起文化部文物局的重视。1952 年，由文化部组织中央美术学院、西北军政委员会文化部（以下简称西北文化部）、敦煌文物研究所三个单位共同组成炳灵寺石窟考察团。1952 年 9 月中旬，敦煌文物研究所的人员先期到达兰州，北京的画家们在西安与西北文化部的人员汇合，因为当时天兰铁路还没有通车，他们只得由西兰公路经六盘山、华家岭，乘卡车一路很艰辛地到达兰州。各路专业人员齐聚兰州。9 月 20 日前后分批到达炳灵寺，在那里紧张地工作了近 10 天，分工进行了石窟内容调查、历史和艺术分析、壁画临摹、摄影、测绘等多项专业工作，取得了丰硕成果。像这样集中这么多大画家的考察团，比较全面地考察一处石窟，据我所知可能还是第一次。时过境迁，转眼过去五十年了，当时参加考察的人员多半已经相继去世，在此我谨表示对他们的深切怀念。

考察团的人员组成：

中央美术学院：吴作人（名画家、教授）、肖淑芳（名画家、教授、吴作人先生的夫人）、李可染（名画家）、李瑞年（画家、教授）、张仃（画家、教授）、夏同光（教师）。

西北文化部：赵望云（名画家、文物处处长）、范文藻（画家、摄影师、1949 年前曾在敦煌艺术研究所工作过）。

敦煌文物研究所：常书鸿（名画家、所长）、段文杰（画家、考古组组长）、孙儒僴（保护组业务干部）、窦占彪（技工）。

甘肃省文教厅：冯国瑞（考古学家）、曹陇丁（画家）。

考察团团长：赵望云

副团长：吴作人、常书鸿。

考察情况

9 月 15 号前后，考察团的十几位成员分批由北京、西安和敦煌到达兰州，住在甘肃省政府招待所。去炳灵寺之前，邓宝珊省长曾宴请了全体成员。9 月 18 日，由兰州乘汽车（可能是卡车）到临夏，地方党政领导会见并宴请了考察团成员，临夏专署给予考察团很大帮助，除调派得力干部襄助后勤外，还为考察团雇请厨师并置办了生活用品。次日，考察团由临夏乘车到老永靖县城（当时称为莲花），沿途都有民兵站岗。到了莲花以后，考察团派范文藻、窦占彪及曹陇丁和我四人组成先遣队出发。我们骑马途经唵哥集到炳灵寺途中，黄河岸边奇峰突兀，崖壁陡峭如刀切斧斩，大寺沟口耸立的双峰，煞是一对直指蓝天的宝塔，壮观奇特的景色令我们惊叹不已。寺沟在黄河的对岸，要乘皮筏子才能过河，这种水上交通工具我们是第一次看见。用十几只充了气的牛皮和羊皮，固定在一些细木杆扎成的木架上，十分轻便灵活。黄河在峡谷中奔腾咆哮，回旋翻转，筏子漂浮颠簸在波涛之上，我也稍觉紧张，但在舵手奋力划动和机灵的操纵下，最终安全到达彼岸。

过了河就到了炳灵寺下寺，这是几座不大的寺院，高低错落地分布在黄河岸边，考察团就准备分住在这几座寺院中，寺里住着几十个喇嘛。曹陇丁同志因不适应坐皮筏子，觉得乘皮筏子渡黄河太危险，为此他写信告诉考察团，希望赵望云等专家改走山路，以免过河时发生危险，这倒是他的一番好意。第二天，考察团的教授专家们，果然经由莲花过黄河骑马走山路到炳灵寺，一路上坡陡路滑，崎岖难行，幸好有几个民兵陪同，但也吃尽了苦头。考察团集中之后，沿黄河岸边进入大寺沟巡礼石窟寺，看见巍峨庄严的大佛和山崖上密集的石窟，以及造型优美的摩崖造像，真是不虚此行，旅途的劳累也就置于脑后了。

在石窟宝藏面前，大家感到无比兴奋，但是崖壁陡峭，石窟高悬，人们只能进入下层洞窟，二层以上的洞窟和摩崖佛龛因为没有栈道，只能望佛兴叹。考察团当即决定雇请木工，购买木料，就地打造云梯。在此期间，人员也进行了分工，赵望云、吴作人、常书鸿、冯国瑞几位教授负责全面考察石窟，其他画家负责临摹壁画或写生风景。李瑞年教授在当时的摄影条件下准备拍摄一幅石窟全景，范文藻负责拍摄洞窟内外的雕塑和壁画。我则利用简陋的测量设备，打算在几天之内测绘石窟立面、平面和部分典型洞窟的平、剖面图，时间很短，地形复杂，只得勉为其难。在石窟内外不大的现场里，人人都在热情饱满地工作。

两天之后，木料买到了，工人也请到了，由我和老窦负责督造云梯，当第一架云梯赶做完成之后，大约有十几米那么高，前端有两个直径约 30 厘米的木轮。因为梯子很重，从寺院里请来的十几个年轻喇嘛帮忙，大家齐心协力，连抬带推，终于把梯子搭上了第二层洞窟，大家迫不及待地往上攀登。当进入洞窟之后，才发现洞窟里堆积了约一尺厚的鸽子粪，可能是几百年来积攒下来的，已经非常干燥，稍一走动，尘土就满洞飞扬，根本无法工作，只好请老乡们清除打扫之后（鸽子粪是上好的肥料，老乡们都装上带回家去）才开始工作。有了云梯大大方便了石窟调查和摄影工作，范文藻为了充分利用云梯，有时用绳子系在腰上，一头系在梯子上，向外探身寻找有利的摄影角度，多次做出惊险动作，拍得一些雕塑的好照片。

吴作人教授、常书鸿所长当时都是近五十岁的人了，但他们也不畏艰险，多次由云梯登上石窟，深入进行考察。因为梯子太高，一个人在梯子上也闪忽闪忽地，所以互相都在提醒"慢点、小心点"，但谁也不甘落后，还是竞相爬上洞窟。每当工作间隙，民工们三三两两坐在太阳下喊起了花儿，高亢激越的腔调在山谷中回荡，真是美不胜收。

李瑞年教授在大寺沟中爬高上梯选取好地形、好角度拍摄石窟全景，最后用几十张底片，拼接成一张完整的石窟全貌照片，做得天衣无缝，成为这次考察最为珍贵的资料。大寺沟中一派繁忙紧张的工作情景。当时我还是二十几岁的青年，在教授专家们工作热情的鼓舞下，几天之内，我也克服种种困难，完成了石窟平面、立面及部分石窟的测绘图。

在使用云梯的第二天，曾出现过一次惊险事故。在移动云梯时，因为梯子过于笨重，十几个人配合不好，在移动中，一不小心，梯子突然倒下，只听有人大喊："快闪开"，喇嘛和民工们四散躲避，梯子轰地一声倒在地下，摔成了几节，高层洞窟的工作只得暂时停止了，当天下午，第二架云梯制作完成，又赶工修好了摔坏的梯子，就这样，两个高梯轮番移动，大大加快了考察的进度。在大约六七天的时间中，考察、摄影的范围大概在三层洞窟以下诸窟龛。大佛头上左右两侧的大窟（后来编号为第 196、172 窟）实在太高，又听说第 172 窟内有大量藏书，但短时间无法上去，只有望窟兴叹了。在几天的工作间隙中，还考察了寺沟中明代的藏传佛教壁画，顺道到上寺看望了一位活佛。

在短暂的考察期间，对于石窟造像的始建年代，初步可以认定开始于北魏（我记得在一个碑上有北魏延昌的年号），兴盛于唐代，明代又进行过改造，时间跨越一千年，是我国佛教艺术的瑰宝。后来发现第 169 窟有建弘年号，把石窟寺的始建时代又提早了约一百年，是中华人民共和国成立初期文物工作的重大发现。这次考察的成果，由国家文物局编辑《炳灵寺考察报告》一书，作为考察工作的总结。9 月下旬，炳灵寺大寺沟早晚已生凉意，考察工作已取得一定成果。9 月 28 日前后，考察团离开炳灵寺，返回时大家决定放弃山路，改乘皮筏安全地渡过黄河，途经老永靖、临夏返回兰州，结束这次考察工作。

附带补充一点，在我们考察炳灵寺的同时，史苇湘、李承仙、王去非等几位同志，为配合中华人民共和国成立三周年暨天兰铁路通车大典，筹备了敦煌艺术展览,这是中华人民共和国成立以后,敦煌文物研究所在兰州举办的第一次壁画展览。

1998 年 9 月于兰州

二、1952 年考察天水麦积山

1952 年 9 月底结束了炳灵寺的考察之后,大概是冯国瑞先生与赵望云处长、常书鸿所长商量,决定利用考察炳灵寺的人力,趁热打铁紧接着再考察天水麦积山。大约是 10 月 3 日,我随常书鸿所长乘天兰路通车典礼的列车,与西北文化部和中央美术学院的同志们同赴西安,在西安进行考察准备工作之后,大约在 10 月中旬到达天水。参加此次考察工作的人员有西北文化部文物处的范文藻;省文教厅的冯国瑞以及敦煌文物研究所的常书鸿、段文杰、史苇湘、王去非、窦占彪、孙儒僩等人。地方上派了民兵协助工作,瑞应寺的住持朱和尚也帮助我们料理生活。

1952 年 10 月中旬,在常书鸿所长的率领下,一行 8 人由天水出发经马跑泉、甘泉镇,当时麦积山还没有通公路,卡车沿着崎岖的山路上行驶,不时蜿蜒地穿行在溪水之间,颠颠簸簸,直到中午才到达目的地。朱和尚安排我们住在瑞应寺左边的厢房中,我和段文杰等人用各种木板搭了一个通铺,铺上自己带的行李,常书鸿所长和冯国瑞先生住里间的小屋。我们住的房子比较大,兼做会议室和工作间。这里没有电,夜间只能用汽灯和油灯照明。做饭就在朱和尚的厨房里,屋外的走廊上就是饭厅,每隔两三天派人去甘泉镇或是马跑泉买副食并取发邮件，生活倒也不错。当时我们都还年轻，不计较生活条件，只要有地方住，有饭吃，有工作可干就感到满意了。

初到麦积山，看见山势高耸，上大下小，才领会到麦积山名称的由来，壁立如削的崖面上满布窟龛，形势十分壮观和险峻。麦积山势之高是其他石窟不能与之相比的，当时崖面上栈道残毁，梯道零落破碎，除东崖几个大窟如上七佛阁、下七佛阁、牛儿堂，以及下层顺山坡的几个石窟之外，大部分石窟都无法上去，为此大家都很焦急，当务之急，就是马上采购木材，并请来木工师傅文德权，首先着手西崖栈道的整修，文师傅艺高人胆大，为我们的考察工作做出了很大贡献。

因为西崖不能上去，先开展东崖的摄影、临摹、测绘工作。段文杰、史苇湘临摹壁画，范文藻摄影，我测绘洞窟，常书鸿所长在窦占彪的配合下调查洞窟，用的一架梯子是湿木料做的，十分沉重，在从一个洞窟移向另一个洞窟时，几个人控制不住，梯子倒了下来，幸亏有一块大石头顶住，没有出大的问题。但窦占彪的膝关节被砸了一下，他一瘸一拐仍坚持工作，后来虽然经过多次医治，但始终没有完全康复，给他留下终身的痛苦。

麦积山的西崖，因为栈道残毁，七零八落地残存一些梁板，不知经过多少年的日晒雨淋，都已经变成黑色，估计很不牢固，看来许多年都没有人上去过了。但奇怪的是，在上西崖的一段栈道上，居然有一身早期的塑像躺在那里，可能是有人想盗劫，不知为什么又没有拿走，虽遭长期日晒雨淋，塑像还是完整的，可见麦积山的塑像制作精良。

西崖需要新修和加固的栈道约一百米，中间还有很多层已经残破的楼梯，当时要想登上西崖，困难真是不小。但是文师傅真有办法，他带着不多的几个工人，不慌不忙地工作，每修好一段，我和范文藻就迫不及待地紧随其后进入洞窟，发现窟内大都是北朝的壁画塑像，一方面感到异常惊喜，另一方面也为洞窟内遭受烟熏火燎、虫咬鼠伤的情况而感到十分惋惜。不管如何我们是多少年来首先登上西崖的人，首先看见这些珍贵文物，我们也深感荣幸。前一次考察炳灵寺，洞窟内满是鸽子粪，而这里满地都是核桃壳，令人不解的是，核桃壳都是很完整的两半，后来才发现是松鼠所为，我们的到来打乱了它们长期宁静的生活，它们惶恐不安地到处乱窜，却给我们带来不少的乐趣。

栈道的修理非常困难，也非常危险，栈道是在岩体上凿出约 25 厘米见方，深约 30 厘米的梁孔，在梁孔中安插木悬臂梁，梁与梁之间的距离约 1.5 米，梁上铺设木板，当时来不及做栏杆，所有的楼梯栈道都是下临几十米的深渊，人在上面只能小心翼翼地走，真有点如履薄冰的感觉。段文杰他们几人比较胆小，每上一次西崖就说："就上这一次，再不敢上了。"但是木工文师傅，沉着胆大，跪在洞窟的崖边上，用力把槽朽的梁拔出来，然后把新梁安进梁孔，还得用楔子把梁楔得非常牢固，一点都不马虎。新梁是刚伐的湿木料，非常沉重，估计每根不下一百多斤重，在安装过程中，别人又帮不上忙，一个人操作，我们真是提心吊胆，就怕文师傅有个意外。就这样每天前进几米，遇到实在太残破的楼梯，明知不太牢固，为了赶时间，也就只有依靠它了，临时在楼梯旁搭一根椽子当作扶手，多少给人一点安全感。大概过了 20 来天，终于登上了西崖的碑洞，以及附近的洞窟。东西崖之间还有一片洞窟，因为下了大雪，天气很冷，为了安全，只好作罢。

段文杰、史苇湘临摹不少好画，如七佛阁走廊顶端平棋中的故事画、碑洞窟顶的仙人乘鹤等。后来因天气太冷，画面也结了冰，我也画过一张牛儿堂的图案，颜色涂到纸上，马上就冻住了，只好带回住地，放在炭火盆边勉强画完。

每到晚上，大家围坐在火盆边上，各人都在整理笔记或是画画，有时冯先生给我们讲古人的传奇故事或背诵诗文，因为冯先生满腹经纶，谈笑风生，使我们能够轻松愉快地度过寒夜。有一天晚饭以后，大家正在闲谈，一个民兵气喘吁吁地跑进屋里，紧张地说："豹子来了。"当时瑞应寺围墙倒塌，豹子真的要进来，我们只好躲进房里紧闭门窗。过了一阵，我们也听见豹子低沉的吼声，而且愈来愈近，吼声来自寺后面的山梁上，那里正好是一段绝壁，估计豹子下不来。虽然民兵有一支步枪，但大家都说：最好不要去招惹它，话虽如此，当晚还是有点担心，幸好一夜平安无事，这也成为考察中的一段小插曲。

有一天夜里下起了大雪，第二天天刚亮，常所长打着赤膊，穿着短裤在院子里揽了一脸盆雪，双手捧起白雪在全身揉搓，神情怡然自得，大家都说常所长身体好，这是他长期坚持锻炼的结果。在麦积山工作近两个月，生活虽苦，天气又冷，但是大家情绪很好。麦积山的优美景色给我们留下了难忘的印象。唯一的遗憾是，在那样的艰苦条件下，所得到的工作成果，后来没有及时整理发表，有些资料被别的出版物利用了。

在考察期间发现麦积山的壁画和塑像，作风细致，形象优美。因为天水邻近中原，直接受到中原和南朝发达文化的影响，造就了这座不朽的艺术殿堂。加上大自然的鬼斧神工，赋予它如此壮丽的一座山峰，成为一处艺术奇观。考察结束之后，考察组建议地方上设立保管机构，加强保护。今天它已经成为全国重点文物保护单位，是闻名中外的旅游胜地。

1998 年 10 月于敦煌

三、1953 年第一次考察安西榆林窟

安西榆林窟距离敦煌虽然只有 160 多公里，但由于地方偏僻，交通实在太不方便，1949 年前我们都没有机会到那里考察。1952 年到 1953 年，研究所增加了一批生力军。1952 年，李其琼由部队转业来敦煌工作，1953 年 8 月，孙纪元、关友惠、冯仲年、杨同乐四位同志从西安美术学院毕业之后一起被分配来敦煌，一时感到人力充沛，研究所有事业兴旺的感觉。本打算趁秋高气爽，作一次榆林窟的考察，正在此时玉门矿务局党委宣传部部长李季同志（下基层挂职体验生活的著名诗人），邀请我们去油矿为国庆四周年举办敦煌艺术展览。10 月 1 日，敦煌壁画展览在油矿如期举行，展览之后油矿派车送我们返回安西，准备实现我们第一次考察榆林窟的愿望。

（一）一段艰难的旅途

当时的安西城区很小，街道两旁房屋低矮，行人稀少，给人一种非常荒凉的感觉。城里没有旅馆，我们一行十来个人只好住在大车店里，在安西住了几天，忙着采购去榆林窟的生活用品，并请政府帮忙雇了三辆畜力车，因为既不能叫马车，又不能叫牛车，只因拉车的牲口有牛、马、驴、骡，是名副其实的杂牌车。当时人们出差，还得自己随身携带被褥行李，每人一个大铺盖卷，加上开展考察工作所需的器材用品，分别装在三辆车上，每辆车上还得坐三四个人。10 月中旬由安西出发，沿安敦公路走约十几公里，就上了走踏实乡的便道，因为道路崎岖，车行颠簸，我们不时地下车步行，实际上步行比车还快，直到天黑多时才到

达踏实乡政府，总计行程不过三十几公里，当晚夜宿乡政府。

第二天沿榆林河的西岸上行，中午以后才进入榆林河谷，河岸上完全没有道路，车辆经常陷入流沙之中，我们不时还得帮助推车。河谷中高山夹峙，河水湍急，发出很大的声响；河岸上丛生着红柳和胡杨，在蓝天白云下，闪烁着金黄的光彩，置身此情此景，旅途的劳顿也减轻了许多。但是当夜幕降临之后，车辆穿行在乱石与红柳之间，行进更为困难，我们提着马灯四处寻路。后来听到狗叫的声音，前方隐约出现了灯光，觉得希望在前，以为快到榆林窟了，但是车户说："那是'蘑菇台子'，榆林窟还早着哩，还有十几里路。"这时，我们与灯光之间还隔着榆林河，车户吆喝着牲口，打着响鞭，牲口也奋力拉车，我们也提着马灯涉水过河，在夜风中，河水寒冷刺骨。车到蘑菇台子，生火烤干衣裤，草草吃了晚饭已经过了午夜。第三天上午终于到达目的地，行程约十华里。

（二）与涅槃大佛同住

榆林窟荒凉冷落，大佛前有几间没有门窗的敞棚，涅槃殿勉强可住，段文杰等七八个人就在殿中打地铺，他的铺就安在大佛的右手边上，与大佛并排而卧。其他同志有的在大佛头边，有的在大佛脚下。我因为兼搞摄影，住在大殿对面的破房中，炕面塌了一个洞，只好临时用土垫平了勉强住上。房里没有窗户，好在白天不在房里，夜晚小门一关就是临时暗室；白天上洞窟里照相，晚上在房里的土台上冲洗胶卷，气温太低又没有温度计，冲洗胶卷的条件实在太差，因此照片的效果也不理想。

（三）紧张的工作

在榆林窟工作一个多月，工作是紧张的，我分担摄影和测绘，大部分同志都参加壁画临摹，大概有第1、3窟和第10窟的藻井和其他一些小幅壁画。几幅藻井纹样繁复细致，色彩清雅协调，画起来费时费工。洞窟内光线很暗，为了赶进度，白天在洞窟中临摹，晚上把画板抬回大殿里来，在大画板中间放上一盏汽灯，画板周围坐着七八个人，围着一张大藻井的摹本打人海战术，你画红色，他画绿色，一人一支笔都在着色，同时天南海北地闲谝，谈笑风生地一直工作到深夜。清晨，段文杰敲响放在他枕边的一口小钟算是起床的信号，又开始了新的一天。在不长的时间内，我测绘了东崖上层石窟的平面图和一些典型石窟的平面及剖面图。画家们也各自画了一些有代表性的壁画。

榆林窟的石窟形制和莫高窟不同，甬道特别深，洞窟里光线非常阴暗，我使用的摄影器材十分简陋，一部老相机又没有闪光灯，为了多照几张照片，什么方法都用过，用小镜子反射日光，又受到上午东崖没有太阳的限制，只有利用相机的B门，10秒到20秒的曝光，甚至一两分钟的长时间曝光，勉强拍得一些照片。可惜的是，正当我加紧拍照的时候，配合我的工人同志不小心踢翻了三脚架，相机摔落在地，相机完了，摄影工作也就无法进行了。在工作的间隙，段文杰和我们几个人，还调查了石窟内容，复查并抄录了供养人题记。此次考察的部分成果，大概在1954年的《文物参考资料》上发表了《榆林考察报告》。

当时我们没有任何交通工具，我已记不清楚在榆林窟的工作期间，生活供应是如何解决的，总之伙食比较清淡，菜蔬缺乏，萝卜白菜天天如此，1949年前后，我们在敦煌的生活基本上也是这样，已经习以为常。只是苦了一些抽烟的同志，香烟抽完了又无处去买，因为距离我们最近的踏实乡也有三四十公里，周围再没有村庄。烟瘾发了，只能满地寻找烟把子过瘾，弄得笑话百出。在榆林窟工作一个多月，那里地处高寒，11 月下旬天气已经很冷了，后来在返回安西的时候，在大车上冷得受不了，只好把被褥披在身上，好在下山的路走起来比较轻快，比上山的时候觉得好多了。

榆林窟与莫高窟同属一个艺术系统，但也有自己的风格特点。中唐第 25 窟壁画是唐代人物画的极品，在艺术技巧上可以说达到了炉火纯青的地步。西夏的第 2、3、4 窟的壁画也很有特色。第 25 窟的壁画使我着迷，百看不厌。这次考察在我们思想中建立了明确的认识，即榆林窟与莫高窟是不可分割的艺术体系，我们应该主动把它管起来。几十年来我们为此吃了很多苦，但在石窟保护方面也取得了一定的成绩。

1998 年 11 月 20 日于莫高窟

四、武威天梯山石窟的搬迁

大概是 1959 年的 11 月中旬，敦煌文物研究所负责人李承仙传达了甘肃省委宣传部及文化局的指示，要紧急调集一批业务干部去武威黄羊河水库，抢救天梯山石窟，于是我们打起行李就出发。11 月 16 日午夜到达水库工地，开始了近三个月的艰苦工作。那是在社会主义建设的高潮时期，武威为了加快农业建设，正在黄羊河上修建水库，而天梯山石窟正好在水库的淹没区内，没有别的办法，必须以最快的速度把文物抢救出来。抢救的办法就是把壁画、塑像迁离水库，没有商量的余地。搬迁工作由敦煌文物研究所、省考古队、省博物馆共同负责。研究所由李承仙带队，有段文杰、张学荣、孙纪元、李贞佰、万庚育、冯仲年、何静珍、李云鹤、窦占彪、李复、祁铎和我共 12 人，另有甘肃省博物馆的翟光伟，甘肃省考古所的倪士贤、张鲁章等四五人。我们由敦煌赶到水库工地，我和段文杰等七八个人挤住在一间小房子里，土炕大通铺，土火炉，好在是冬天，挤在一炕上感到非常暖和。在开展搬迁工作之前，宣传部部长阮迪民和文化局的领导，以及常书鸿所长来工地给我们交代任务，在时间紧任务重的情况下，要求大家鼓足干劲，努力完成搬迁任务。李承仙、段文杰、万庚育、李复、翟光伟负责临摹重要壁画，李贞伯、祁铎负责全面摄影，张学荣、李云鹤、窦占彪负责剥取壁画，我与何静珍负责测绘洞窟内外，倪士贤、张鲁章等几位同志负责考古发掘，工作开展得比较顺利。

（一）夜登天梯山

我们的驻地离天梯山约有两三公里，但没有道路，只有穿行在黄羊河的乱石河滩上，远远就看见近 20 米高的大佛，大佛的右侧就是满布窟龛的山崖，窟群的右侧是一片塌方区，从山下上到最高的洞窟，垂直高度大概有八九十米，从山脚下上去仅有一条很窄的斜坡小道，斜坡上又有很多粗沙，走起来很滑，路的一边就是陡崖。第一次就这样冒着危险上到了最高的第 1、2 窟，第二窟外面有一个拐弯，路又非常窄，一边就是八九十米高的深渊，我们都是硬着头皮过去的。以后为了安全，上山的小路边上用椽子搭了临时护栏，就这样也有一定的危险，我们每天上来下去都要特别小心。就这样过了没几天，不知是上面的命令，还是李承仙自己的主意，要求大家晚上到洞子上加班，每天吃过晚饭趁天还没有黑就赶快步行四五里路上洞子工作，大概 10 点钟前后，几个人就着一盏马灯半明不黑的又从洞子上下来，走回住地。当时正是三年严重困难时期，每天近 10 小时的工作，加上从石窟到住地往返三次，少说也有二三十里路，每晚十一二点躺在炕上，累了不要紧，可以一睡了之，但是饥肠辘辘，实在难以入睡。到了数九寒天，房子里的土炉子只能提供有限的温暖，水缸都冻破了，但是工作仍然照常进行着。

（二）不幸的事件——倪思贤同志之死

在天梯山第五窟的右侧，有一片山体的坍塌区，据说是 1927 年古浪大地震时，几个大洞窟被塌在下面。趁这次搬迁石窟的机会，对塌方区做一次清理发掘，考古所的倪思贤、张鲁章等几位同志负责这一工作，时间大概在 1960 年 1 月上旬的某天，很多人都在第 1、2 窟工作，忽听下面有人大喊："有人掉下去了。"又有人喊："老倪、老倪。"我们知道出事了，几分钟后人们都陆续下到山下，看见倪思贤静静地躺在地上，没有一点动作也没有一点声息。据在场的人说，一个民工在塌方区域的边沿清土，一不小心似要跌倒，旁边的老倪顺势想拉工人一把，工人是得救了，可老倪却没有站稳，顷刻之间人已滑向崖边，他伸手去抓一棵小灌木，但已经无济于事了，转瞬之间就掉下了几十米高的深渊，在高速坠落的过程中，还碰到一处突出的岩石，人翻了两下就直落崖下。在人们的惊慌中，张学荣叫我赶快回水库工程指挥部请大夫并拿一床褥子来。我一路小跑到医务所请来了大夫，并把我的褥子抱上，赶回事故地点，大夫先摸了摸老倪的脉搏，翻开眼睛看看，连强心针都没有打就说："不行了"，说罢就走了，大家都对大夫很有意见，但是老倪确实是不行了，当我们把老倪抬放到一个门板上，他的身体软软的，大概骨骼已经摔碎了。几个人把他抬到大佛院的时候，都忍不住落泪，难道老倪真的就这样走了吗？

　　我们把老倪放在大佛边的一个小洞子里，晚上由我和张鲁章看守，大佛院里有一排民工的住房，我们就在民工的房里休息。坐在土炉旁边，民工已经睡觉，炉火渐渐熄灭，我却睡意全无，老张在打盹中还不时地抽泣，我心中也感到压抑，每过一阵我们就去看看老倪，怕有老鼠去惊动他，这时才看见他的口鼻都在流血，就这样我们陪伴老倪一直到天明。第二天下午，老倪的家属和文化局的吴怡如同志从兰州赶来，在家属的哀痛中把老倪运回兰州，一场令人心痛的事故在现场上算是了结了，但给突击工作蒙上了阴影，大概是为了安全，晚上再没有让大家上洞子加班了。

（三）关于剥取壁画和搬迁塑像

　　大概到了1960年的1月中旬，李承仙、段文杰、万庚育等人到兰州写天梯山的材料，现场的测绘、搬迁工作仍在紧张地进行，那时正是数九寒天，我和何静珍同志在河滩上测量石窟立面，顺着河谷吹来的寒风，让人伸不出手来，戴上手套又无法操作仪器，我当时是摘帽的右派，抱着戴罪立功的思想，决不说半个冷字，冷得受不了时在地上拾一根草绳，拦腰系住棉袄，觉得稍好点。搬迁壁画和塑像，山是那么高，路是那么窄，用木板夹住的壁画算是勉强能够抬到山下，装在木箱子里的塑像非常笨重，狭窄的山路，全靠人力抬下来，人员和文物都不安全，后来水库工程指挥部借给我们一台手摇绞车，我和窦占彪同志把绞车架在第1、2窟下面的河滩上，在第一窟的崖边上安了一个三角木支架，支架的横梁上固定着滑轮和钢丝绳，构成一组高空运输索道。第1、2窟的七八身大塑像和壁画就从索道上安全便捷地滑到地面，快速完成了任务。经过几个月的艰苦工作，我们把第 1、2、5、6、7、8 等窟的壁画、塑像安全地搬迁下来，准备运回兰州暂存博物馆。当时正值困难时期，从天梯山把几卡车文物安全地运到兰州，此中的困难的确难以述说，而我已经提前在 1960 年的除夕之夜返回到敦煌。

在两个多月的工作中，我们在水库工程指挥部的食堂吃饭，粮食不够，副食又差，我的两腿浮肿，全身乏力，又不敢向人说，咬紧牙关努力工作。在此期间，常所长不知从哪里弄来 20 多斤大肉送到了工地，大大改善了我们的生活。敦煌文物研究所党委书记张立冲从敦煌来看望我们，带来不少烧饼，这是对我们最好的慰问。

天梯山石窟在中国佛教艺术史上，有极其重要的地位，很可能就是十六国时期北凉的凉州石窟，是除新疆之外我国最早的石窟之一。可惜的是，仓促的决定可以说把一个石窟给毁了，这是在特定的历史条件下形成的事件。石窟中的壁画和塑像虽然精心地搬迁下来并运到甘肃省博物馆，但是几年前才知道水库并没有把石窟淹掉，最高的水位仅淹到了大佛的膝部，如果当时决策之前多考虑一点文物的价值，权衡一下利弊，也决不会造成这样难堪的后果。

1998 年 11 月 26 日于敦煌

（原载《敦煌研究》2000 年第 2 期）

莫高窟的上寺和中寺
——国立敦煌艺术研究所基地回顾

　　作为莫高窟的保护、研究和管理机构的敦煌研究院，它的基本建设及相关设施已经初具规模，比起 60 年前创建国立敦煌艺术研究所时的情况真有天壤之别，不可同日而语了。60 年前国立敦煌艺术研究所筹建时，选择莫高窟的中寺（雷音禅林）作为工作和生活基地，自此以后，从 20 世纪 40 年代到 70 年代的 30 多年间，上寺和中寺由国立艺术研究所、敦煌文物研究所长期使用，虽然因工作和生活的需要做过局部修缮，但基本上没有改变它的整体布局，保持了原来的格局。20 世纪 80 年代以后，上寺和中寺逐渐失去使用价值，进入垂暮之年，房屋的梁栋糟朽，残垣断壁，荒凉破败，如果不及时整修，在不久的将来，上寺和中寺就将成为莫高窟考古上的历史名词了。

　　上寺和中寺是莫高窟发展史上最晚期仅存的两座小寺院，本身具有一定的文物价值，特别是 20 世纪 40 年代以后，它是敦煌石窟保护与研究工作的基地，也是培育敦煌美术专家、敦煌学学者的摇篮和基地。

　　最近敦煌研究院樊锦诗院长、李最雄副院长等领导为了保存莫高窟仅存的寺院，决定修复上、中寺，我作为 20 世纪 40 年代就生活在莫高窟的人，由衷地赞同这一决定，这是功德无量的事。为此我对 20 世纪 50 年代之前这一时段上寺和中寺房屋的布局,以及国立敦煌艺术研究所部分工作人员在这里的生活状况作了回忆,因为事隔多年,记忆所及只能是一鳞片爪,仅供参考。

一、概况

上寺和中寺在大佛殿(九层楼)前的南侧,坐东朝西,面向石窟,正对第 100 窟和第 108 窟,相距约 50 米,其间有林木及渠水相隔。寺院的规模不大,在藏经洞的发现者——清末道士王圆箓修建三清宫之前,莫高窟只有这两座寺院,南边的称上寺,北边的称下寺,有了三清宫之后,把它称为下寺,原来的下寺则改称中寺。中寺门前有一片不大的场地,南边与上寺之间有一段围墙,中间有一座大门,可以通行大卡车,门额上有于右任书"莫高窟"匾额;场地的北面有较矮的围墙,门也较小,门额上有常书鸿所长手书"西域胜迹"四字。此门之外是一片遮天蔽日的林荫之路,由此通向莫高窟北面的"三清宫",俗称下寺。这条林荫路与周围的沙山荒漠恰成鲜明的对比(图 1)。

二、中寺(雷音禅林)

我和范华同志都记得寺门匾额上题"雷音禅林"四字(图 2),该寺建于清乾隆三十七年(1772 年)。1954 年,因修建寺院正面一排房屋及大门,匾额被取下来,由我经手存放于第 450 窟内,中寺新修的大门上改悬"敦煌文物研究所"匾额(匾额为当时文化部部长沈雁冰题写)。寺院分前后两院,后院向北另有一门,门上有墨书"皇庆寺"三字,至

围墙

土地庙

曾给做过陈列堂

僧房

磨房

常所长住宅

宿舍

客房

佛堂

宿舍

牲口棚

美术工作室

磨房

僧房

上寺

牲口棚改建的宿舍

办公室院

办公室

办公室

中寺

职工宿舍

宿舍

1956年

山门

改建

山门

围墙

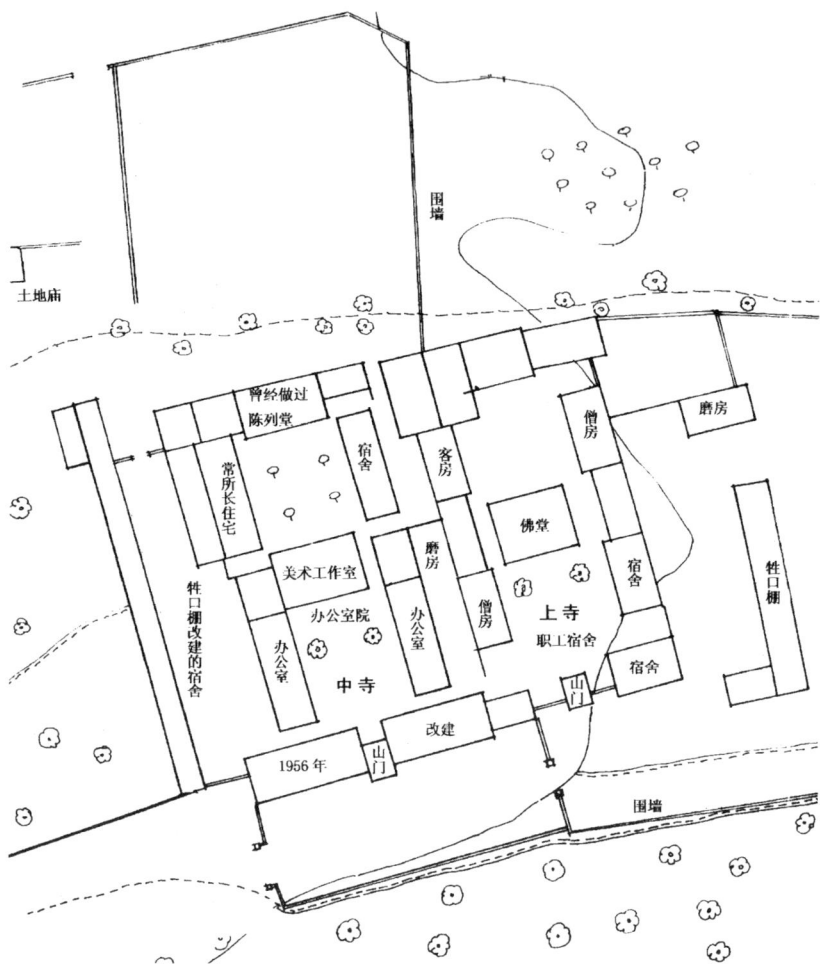

图 1　1950 年莫高窟上寺和中寺平面示意图

今隐约可见。所以中寺的前后院实际上是由雷音寺和皇庆寺组合而成的。最近偶读向达先生《西征小记》其中有："……上中二寺邻接,在最南端,大约创建于清乾隆时,中寺今犹存乾隆时雷音禅林寺额;二寺俱

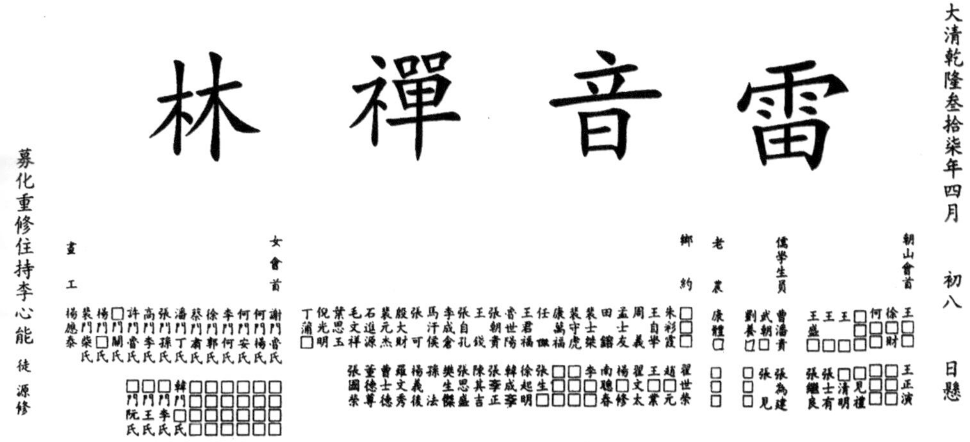

林 禅 音 雷

图 2　雷音禅林

由喇嘛住持。……32 年（1943 年）教育部收千佛洞为国有，于其地设敦煌艺术研究所，以中寺为研究所所址。"可以证明上面的回忆是对的。

　　1943 年敦煌艺术研究所成立前，中寺原本由马姓、全姓等三个喇嘛居住，筹建研究所时把中寺收归国有，几位喇嘛安置在第 94 窟北侧的三间房屋中。中寺由敦煌艺术研究所管辖之后，寺的前后两院的变动不大，寺北侧的一长排牲口棚改造成为职工宿舍，一直维持到 1964 年才拆除，并翻建为土木结构的简易宿舍，一直使用到近年。

　　山门与倒座　中寺的前后院在同一轴线上，前院正面原有单间山门，样式结构与现存上寺山门相仿，山门两侧均有倒座房屋，南侧两间用隔墙分为里外间，窦占彪师傅及另一工人马可住在这里，窦师傅住的单人炕，炕的两面墙上用土红摹画了北魏花边。范华住在外间。门北三间倒座，进门是一溜通炕，大概住着周信德、马兴、吴生贵等三四个工人，倒座房屋低矮简陋，因为没有窗户，里面非常阴暗，所有的工人在炕上仅铺了芦席，席上有一些不完整的破毡片和老羊皮袄，别无他物。冬天他们烧炕取暖，炕前有一土炉可以烧柴、取暖兼可煨茶，人们围炉闲话度过寒冬的长夜。

中寺前院（研究所的工作区域） 进入山门正面有三间小殿，1947年我到莫高窟时已稍加改造用作文物陈列室，入门的一侧有莫高窟的石膏模型（记不清是哪一位雕塑家作的），室内有两个玻璃陈列橱柜，里面放了一些文物。以后这里很长时期都是美术工作室，原来这一小殿前后都有廊檐，研究所用作文物陈列室，为了扩大室内面积，把前后墙向外移到檐柱之间。原来室内的梁檩是明造的，后来加了纸糊的顶棚，室内空间稍微整齐一些，院内南北各有厢房五间，南厢房东面三间是常书鸿所长的办公室和会议室，办公室与会议室之间有土墙相隔，办公室的窗下放着常所长的办公桌，靠后墙有一小炕，炕上铺着一条新疆地毯，室内没有别的陈设。办公室外即会议室，是两间小房，比所长的办公室要大一倍，中间放一张长桌，西头靠墙的三面是土坯砌的矮凳，长桌及土凳上铺着紫红色棉布。那时单位上很少开会，每个月常所长召开一次业务会，主要是业务人员参加，大家把当月的工作成绩即壁画摹本陈列出来供大家观摩，常所长还作点讲评，已经完成的作品会后由常所长收存。会议室里也偶尔接待一些来参观访问的客人。南厢房西面的两间房于 20 世纪 50 年代以后稍加改造成为常所长的办公室（图 3）。

院子的北厢房和南厢房一样也是五间，东面的三间是研究所的总务组，是集会计、出纳、文书、总务、保管为一体的办公室。每到冬天，室内安装一个铁皮火炉，炉子里主要是烧柴，炉子的烟筒四处冒烟，房子里经常烟熏火燎，室内的墙壁和顶棚被熏成了灰黑色，显得陈旧和寒

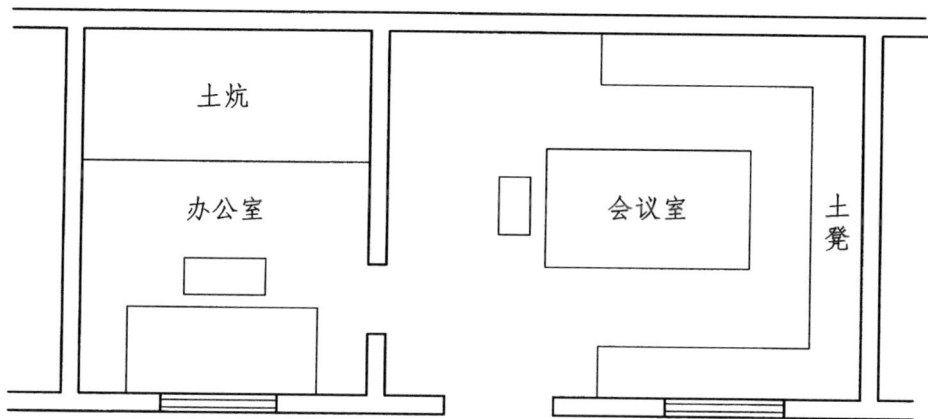

图 3　常书鸿所长的办公室及会议室示意图

碴。当时在这间办公室工作的有总务组组长霍熙亮（兼）、会计辛普德、文书刘荣增、总务王晓钟、保管员范华等。西面两间是客房。

　　院内一周有阶道，山门与小殿之间有甬路，甬路与阶道用旧方砖铺地，甬路的两侧各有一棵粗大的老榆树，大概有两百多年的高龄吧！二百多年的老榆树还枝繁叶茂、绿荫蔽日，更显小寺的清幽。

　　中寺的后院（皇庆寺）　布局与前院相同，只是后殿三间地面高出其他房屋四五十厘米。北面五间厢房是常书鸿一家的住宅，室内的布局至今尚未大变。常先生的几间居室，房屋既不高大也不阔绰，但是布置得雅致温馨，富有生活气息。不可否认，莫高窟的生活是十分清苦且单调的，我记得我刚到敦煌的那一个冬天，每当周末的晚上，常先生叫我们几个年轻人到他家里烤火喝茶，常先生善于烹调，就着炉火烙一种加糖的软面饼，一边烙一边吃，十分有趣。在这远离城乡的戈壁上，深夜还飘荡着欢乐的歌声，冲淡和缓解了莫高窟寂寞的气氛，这就是当时莫高窟人的生活。我记得前不久在电视上看到记者访问常沙娜女士时，她曾说当时的研究所"就像一家人一样"，对比我也有同感。

后院南面五间房中有三间是粮食库房，另两间是职工食堂的库房，三间后殿也曾做过陈列室，向西的一面是门窗，其他三面沿墙用土坯砌成约八九十厘米高的土台，垂直的面上用古代花砖镶嵌贴面，既是装饰也是展品，台上陈列文物，1949年前后又做过美术工作室及资料室。三间上房的南侧有一间小屋，里面有炕，东墙上开了一个小洞，安装了一片红玻璃，成为了一间简单的暗室。有一次，我和范文藻在屋里冲洗胶卷，因为天冷，用破盆子烧了点木炭，结果我和范文藻都因煤气中毒，感到恶心头疼，所幸不太严重，休息一天才算过去。

中寺后院常先生的门前有两棵梨树，东面的一棵叫酥木梨，梨的品质极好，常先生又勤于管理，树的长势很好，年年硕果累累，每当秋天瓜甜梨熟的季节，常先生把梨摘下来分给我们，让大家分享丰收的乐趣。树下放一张小桌和几张小凳，常先生一家常在这里吃饭，我们也常在这里听常先生闲话。

后院南厢房的背后就是上寺，两寺之间有约5米宽的夹道，东部是工人伙房，伙房旁边有木工房。夹道中部是磨坊，有一个工人专门磨面，每天下午打出二斗小麦（约80斤），先用筛子筛去草籽、麦秸等杂物，然后在清水中淘去泥沙，第二天天不亮套上两头毛驴拉磨磨面，并用脚踏箩把面和麸皮分筛出来，工作的时候发出"叮咚叮咚"均匀而单调的响声，每天如此，不然就供不上所内二三十人每天的食用，磨面的小麦里相当一部分也是莫高窟土地上自产的，（一部分蔬菜也是自己种的）这种生活颇有一点庄园经济的味道。

用牲口棚改建的宿舍　中寺前后院的北侧原是中寺的牲口圈，东西长的院子，北面是一长溜敞棚，敞棚后面是厚厚的夯土墙，后来利用这处棚子，加建前墙和隔墙，分隔成 11 间房屋，中间一间是过道，过道的东西各五间房屋就是职工宿舍，室内的陈设非常简陋。靠后墙有火炕可供双人使用，因为后墙较厚，所以在墙上挖出一个长条形的小壁橱，正面窗下有土坯砌的土桌子，表面用石灰砂浆抹面，倒也光洁可用。炕头边上放一张小二屉桌，一张小凳，炕的另一头的旁边放一个脸盆架，此外就别无他物了（图4）。正面墙上的窗户基本上是不能开的，窗上没有玻璃，是用白纸糊的，因为物资匮乏，每年发两次糊窗户的

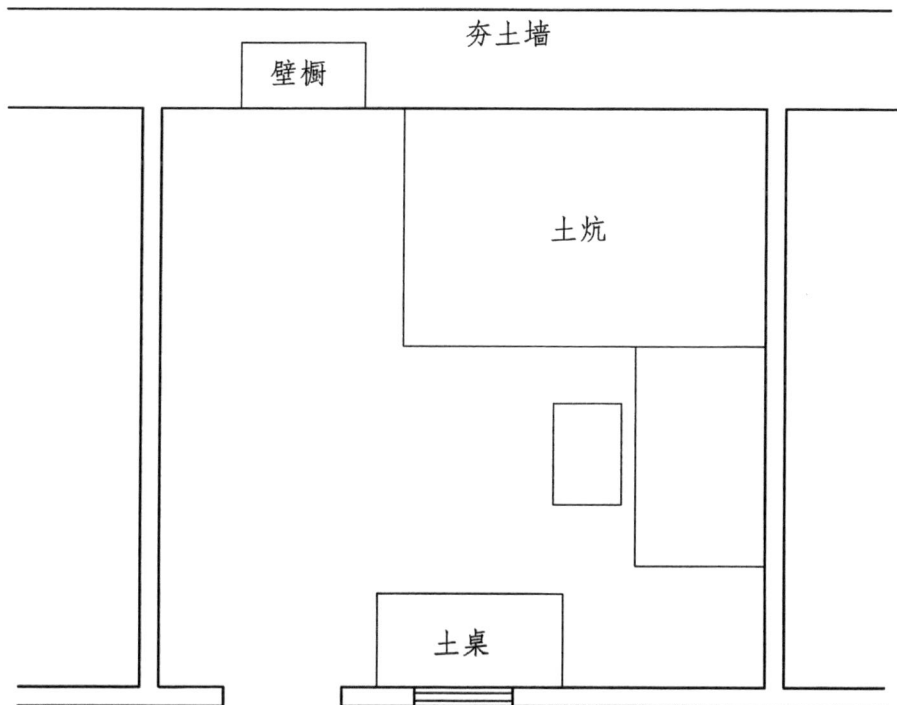

图 4　职工宿舍示意图

纸，但窗纸不能避风雨，不多日子纸就破了，只好随破随补。屋内的顶上没有吊顶棚，梁檩和椽子都是露明的。因为屋顶基本上是平的，一旦天下大雨屋里就漏个不停。不过平屋顶也有它的好处，果园生产的杏子、梨子、枣儿，吃不完了就在房顶上面晒成杏干、梨干和干枣，到冬天就有吃的了，这种自给自足的生活我们过了好多年。

最为艰难的是冬天，莫高窟冬天的气温在零下二十几度，因为经费紧张，所有职工的宿舍里都没有安装火炉，西北人或本地人都习惯烧火炕，每天吃过晚饭后往炕洞里添上一些干的牲口粪和柴草渣子用火点着，并把炕洞稍稍堵一堵，使炕里的燃料慢慢燃烧，炕上非常暖和，但是炕上的被褥衣服等都有一股很浓的炕烟味。我们来自南方的一群年轻人，既不习惯烧炕也不会烧炕，只好咬着牙顶着严寒。每到晚上我们都在办公室看书、写信或围炉烤火，实在瞌睡得不行了才回到宿舍迅速钻进被窝，被窝的下头用绳子扎紧，以免透进凉气，被窝上再压上所有的衣服。好在当时年轻，再冷也还是睡得很香。天亮醒来，头上靠近自己鼻子出气的部分都结上一层白霜，屋子里凡是有水的杯子、茶壶、面盆全都结成了冰。我们的炕也烧过几次，最终习惯不了。后来炕洞成了我们喂鸡的地方，三天两头还可以拾个把鸡蛋改善生活。

我到敦煌的时候，这一长排宿舍，从东头起住着霍熙亮、段文杰、辛普德（会计）、范文藻，我住第二间，在霍熙亮与段文杰之间（我住之前曾住过钟贻秋）。从西头第一间起住着欧阳琳、黄文馥、薛德嘉等（以前曾先后住过董希文、郭石清等人）。住房的情况是随人员的流动不断调整，变动比较快。皇庆寺门外西面是伙房，东面是饭厅，饭厅的东面有一间库房和两间宿舍，其中一间宿舍曾住过美术家周星祥和肖克俭。这一排房屋的东面另有两间小房，前后相套，是为教授或研究员准备的，曾经住过沈福文教授夫妇（漆器工艺家、四川美术学院教授）。1950 年作为史苇湘、欧阳琳结婚的新房，他们俩一直住到 20 世纪 70 年代。宿舍院的西南角有土坯砌的乒乓球台子，我们偶尔也玩玩，球拍是请木工做的，只是乒乓球太珍贵了。宿舍院子是我们的活动场所，每天晚饭后都集中在院子里聊天，同时每人都在擦自己煤油灯的玻璃灯罩。搞美术的人，人手端一个研钵，磨制自己用的各色颜料。除了冬天，几乎天天如此，生活单调而寂寞。

这一排宿舍的中间本来是过道，后来在后面加建了一间较大的房子，曾做过饭厅，冬天又是我们的办公室，只有这里才有火炉可以取暖，这间房子有一道后门，门外即果园，果园的西北角是厕所。出后门向东过了水渠原有一座土地庙（1944 年敦煌艺术研究所发现藏经处），后改为饲养牲口的工人宿舍（住工人达友德夫妇一家），其旁有牲口圈，所里的牛、马、驴等都在这里饲养。

中寺前后院及宿舍院的所有房屋都是敦煌当地的建筑方式，全是土木结构，土坯墙下有几匹青砖，墙里有木柱，支撑上面的梁檩和屋面。梁檩上的屋面做法是在檩上安置椽子，上铺苇箔或苇席，有的就直接在椽子上铺带叶的树梢，然后再抹两层草泥。土坯墙上也是抹两层草泥，然后再抹青土（或者就是一般的黏土）和石灰砂浆，墙的里外都是同样处理，只是室内在砂浆上再刷石灰浆，石灰浆里掺入一定量的硝盐（当时我们就吃这种盐），可以使石灰浆不掉白粉。当地室内习惯用青砖铺地，由于经费所限，我们不可能使房屋都用上青砖铺地，大概是常所长的发明，在地面上也抹石灰砂浆，这种地面制作简便又光洁耐用（20 世纪 50 年代以前，当地的泥瓦工人还没有见过水泥），如果保护得好，也可以使用许多年。中寺前后院及宿舍院房屋的门窗、椽子等木构件都是没有油漆过的，保持木材的本色。所有房屋的背面都是草泥抹面，不上白灰浆，显得比较粗糙。

　　现在留存下来的中寺北面的宿舍已不是当初最早的宿舍了，当时最早的职工宿舍在 1964 年在原址上进行了改建，但房屋结构依然是土木结构形式，房屋外观显得新式一些，这是文物研究所 20 世纪 60 年代的面貌。

三、上寺（天竺寺）

　　上寺的位置在中寺之南，规模与中寺相当，寺分前后两院，是传统的小寺院布局形式，有单间的山门。据老同志范华的记忆，山门的门额上有墨书题写的"天竺寺"三字，门两侧立枋上有红底墨书的对联，写的是"绿水青山多妙趣，白云芳草自知心"，颇有一点禅的味道，至今字迹仍隐约可见。上寺的庭院不大，前院中原有四棵苍老的大榆树，树的胸径都在 1 米左右，足有两三百年的树龄了，现枯死一棵，剩余的三棵经过近些年的精心管理和保护，仍然葱葱郁郁地庇荫着院落，为小寺院增添了些许古老的气氛。前院中正面是三开间带廊檐的佛堂，院两侧各有三间带廊檐的厢房，北房三间由上寺的住持易昌恕喇嘛（甘肃临洮人，自幼在甘南出家，清末来莫高窟住持上寺）居住，南房三间是客房，后来成了研究所的职工宿舍。前院建筑的整体布局比后院建筑的规格等级要高一些。

　　上寺后院也是上面有带廊檐的后殿三间，地面也比其他房屋高一些，南耳房三间是易喇嘛徒弟徐喇嘛生活的地方。院中南北厢房各三间，没有廊檐，都是作为客房使用，画家张大千 1942 年前后就曾住在北厢房，据说在北厢房里间的东墙上张大千曾画过一幅墨竹，后来被抹掉了。希望在整修时注意发现并设法保护起来（2002—2003 年维修时，在北厢房外间北墙上发现了这幅墨竹图，现在已得到很好的保护）。前后院厢房之间加建了三间更为矮小的房屋，作为寺院的客房，后来都住了工人，寺院南侧有牲口圈，东面有磨坊，再往南是一片梨园。20 世纪50 年代初，敦煌地方周边还有少量的土匪（国民党部队残部），为了莫高窟的安全，这里驻守着敦煌县大队的一个班，孔金同志当时是这个班的班长，他率领的保卫班战士住在上寺的房屋中，后来孔金同志复员转业留在了莫高窟，人们继续称呼他为孔班长。

莫高窟上中寺存在已经二百多年了，特别是近五六十年来，和敦煌艺术研究所及后来的敦煌文物研究所的活动密切相关，虽累经修缮，但其整体布局迄未大变，如果决定进行整修，希望能够整旧如旧，恢复旧观，使两座小寺伴随莫高窟继续保存下去！

2001 年 7 月

（原载《敦煌研究》2004 年第 1 期）

我的敦煌生涯

——踏上敦煌之路

一、突然的电报

1946 年冬天，我在四川省立艺术专科学校建筑科毕业之后，1947 年上半年在成都润记营造厂当技术员，4 月份奉调到重庆总厂工作。这里待遇不错，厂里免费提供食宿，每日三餐的饭食非常丰富，但是重庆是长江沿岸三大火炉之一，7 月份正是流火的季节，正当我热得不可开交的时候，成都的友人发来电报，告诉我说敦煌艺术研究所招聘一个学建筑的工作人员，虽然我对敦煌的情况一无所知，但它是一个学术单位，可能有进取的机会，于是以回成都完婚为借口提出请假申请。当时我是 22 岁的青年，也正是结婚的年龄，所以经理深信不疑，很痛快地准了我半个月假期，8 月 4 日我从重庆返回成都。临行时范志宣、李其琼来送行。

我到重庆工作是我第一次离家，匆匆返回成都，一是了解敦煌的有关情况，再就是看望妈妈和交往不久的一位女同学，并征求她们的意见。在上学的时候虽然听老师简略谈起过敦煌，当时根本没有在意，现在竟然要跋涉四五千里路到那里去工作，事出偶然也太突然，家人有点担心是自然的事情。后来请教老师辜其一先生，据他说："敦煌是一处规模很大的古迹，有很多的壁画、雕塑和古建筑，那里有一个研究所，所长是知名画家常书鸿，你去了以后可以搜集一些古建筑资料，也可以学画画，但那里太偏僻，可能比较艰苦，不要紧，工作两三年就回来。"还勉励我努力工作，说实在的，当时我十分幼稚，带着一种朦胧的憧憬决定了遥远的敦煌之行。没有料到这一决定竟成为我人生的巨大转折，迈出了我五十多年敦煌生涯的第一步。

和我同时应聘到敦煌的还有黄文馥、欧阳琳和薛德嘉三位女同学，她们都是应用艺术科的应届毕业生，虽然与我不同科系，但还是比较熟悉的同学，能够结伴同行倒是一件很愉快的事。就当时的交通条件来说，从成都到敦煌是相当遥远的路程，我们四位同学都没有出过远门，好在薛德嘉家里在四川邮政总局有熟悉的人，可以买到川陕公路的邮政车票，乘坐当时的邮政车，是安全快捷的选择。车是沿川陕公路经四川的新都、广汉、德阳、绵阳、梓潼、剑阁，过广元出四川，在陕西境内经褒城、宁强到双石铺，到双石铺后就完成了第一段行程。邮政车向北到宝鸡，我们在双石铺下车后要另想办法到天水，再到兰州，这是第二段行程。前面的路我们都不清楚，只有走到哪里再打听。

二、离开成都

经过一番商量和准备之后，我们一行男女同学于 1947 年 8 月 12 日终于走上了敦煌之路。那天早晨在成都署袜北街邮政总局门前上车，有各家的家人、亲戚朋友来送行，其中还有李承仙也来相送，当汽车开动前她大声地说："敦煌见！"我们以为她是说着玩的，后来到了敦煌不久才知道，李承仙与常书鸿早已有了婚约，只是我们一点也不知道罢了。

　　我们所乘的邮政汽车是一辆美国造的"小道奇"，进口的时间不久，车还是新的，是专门运送邮件的，因为邮件比较轻，可以附带拉几个客人以增加收入，上车前车厢的前面已经装了很多邮袋，七横八竖的，我们上车以后大家把邮袋稍加整理，各自把自己的行李安顿好，这就是自己的座位。车上除了我们四位同学之外，另外还有两位国民党的军官及其家属，一共八九个人，就这样我们上了路。车子顶上加盖了棚布，前后是敞开的，车行在川陕公路上，成都平原的田园风光尽收眼底。我是第一次走出成都市的北门，以好奇的眼光欣赏着快速移动的景色。进入德阳、绵阳就告别了成都平原，全是丘陵地区了，当晚抵梓潼县，因为薛德嘉是梓潼人，当晚就住在她家中，并受到很好的招待。

　　这是敦煌之行的第一个夜晚，虽经一天的颠簸有些疲倦，但思绪万千，一时难以入睡。这次我放弃重庆不错的工作，远离母亲、家人和朋友，以及熟悉的城市、熟悉的环境，母亲为我收拾行李，真切地感受到"慈母手中线，游子身上衣，临行密密缝，意恐迟迟归"的情意。我对妈妈说："我去那里工作两年就回来。"想不到这一去竟成永诀。我当时正在和音乐科的一位女同学交往，情感不深，没有说什么情意绵绵的话，但从此也就再没有见面的机会了。夜深人静，在一个陌生的环境里，辗转不眠，思前想后，对于远赴敦煌，不知道等待我的将是什么？

三、车过剑门关

　　由成都出发一路都是平原，经新都、广汉之后，逐渐有了浅山丘陵，路过剑阁之后，走上了川北有名的翠云廊，公路两侧有连绵不断的老柏树，两人都合抱不拢，盘根错节，苍劲挺拔，据说是蜀汉张飞种植的。果真如此，那这些树就有一千多年了，不管如何总是古人办的好事。一路上山明水秀，风光无限，行至一山谷的出口处，司机把车停了下来，我们下得车来，发现公路是劈山而成，路狭崖峻，路边有一石碑，上书"剑门关"三个大字，是国民党要员张群题写的。山前是一片开阔地带，地势陡然下降很多，汽车沿着陡峻的公路蜿蜒而下，回首一望，剑门关只是一道狭窄的山间缝隙，两旁的石壁有如刀斩斧劈，绵延不知多远，形成川北的一道天然屏障，成为一夫当关的雄关。

四、夜宿荒村

离开剑门关，在到达广元之前的一片开阔地上，天没有下雨，可是行至一小河边时，发现河水涨满，淹没了过河的小木桥。木桥本来就很简陋，被水淹了以后，看不清桥面的情况。为了安全起见，司机不敢贸然通过，只有停在路边等待山洪消退。这里前不沾村后不沾店，天色渐晚车上的人们饥肠辘辘，公路两旁全是即将成熟的苞米，但是无柴无火，苞米又不能生吃。正在一筹莫展的时候，倒是司机多一些上路的经验，领我们穿过几个苞米地，终于找到了一户农家。一个妇女正在做晚饭，我们向她说明情况，她为我们煮了一些鸡蛋，并卖给我们一些玉米饼子，又从一个大缸里捞出一些酸菜。我看见酸菜拉着很长的涎水，心里有点腻味，吃起来很脆又非常酸，味道还不错，也许是饿了吧！天色渐黑，仍然不能过桥，只好夜宿车中。车外斜风细雨，虽当夏季，车中也渐有凉意，司机提醒我们，这里太荒凉，睡觉时要警醒一点，以防不测。八九个人蜷缩在车中，我也渐渐入睡，在朦胧中听见有人打鼾，雨声渐停，蚊虫又开始袭扰，在伸手不见五指的车上，只有任其侵扰攻击。

在困扰中夜宿荒村直到天色微明，司机下车查看水情，洪水已经消退，小桥也没有问题，在朦胧的曙光中汽车向川北重镇广元进发。广元在嘉陵江的东岸，公路在西岸，车到嘉陵江的渡口，前面已经有不少汽车停在路边等待过渡，我们的邮政车直接开向岸边等待渡船，旁边的司机有点不满地说："唉！唉！你……"我们的司机大声回答："上边有规定，邮政车过渡可以优先。"在上船之前，渡口哨兵来盘查我们，他指着我问，你们几个是不是一起的？干啥的？到哪里去？我回答说："是学生，一起的，到甘肃去。"同时我又把学校的证明给他看，他看了一下，说："什么研究所？"我说："是艺术研究所。"他说："什么艺术？修脚、剃头也是艺术。"我有点沉不住气了，正待说明，司机在旁边说："几个年轻人到甘肃找个事干，混碗饭吃。"然后他又大声喊道："上车上车！渡船来了。"我也趁机离开了那个士兵，急忙上了车。后来才知道，因为广元是川北重镇，是通往陕西的必经之路，渡口哨卡对年轻人盘查得比较严格，要不是司机给我递眼色，如果我和那位士兵顶撞起来，我可能要吃亏，总算幸运地过了这一关。当晚住宿一小旅店中，夜间大风呼号，不断有屋瓦被吹落和树枝折断的声音。这些在成都平原我从未经历过。晨起问堂倌，得知广元夏季的这种大风，名叫"公猛风"。广元北面是秦岭，大概是受地形的影响吧，我也不知道。

五、到达双石铺

汽车沿着嘉陵江的右岸向北前进，在离广元两三公里的山崖上密密麻麻无数的佛龛，紧靠公路边上的已经残破不堪了，可能是修公路时受到的破坏。据司机告诉我们，这里叫"千佛崖"，当时我就联想到我们要去的敦煌是不是就是这个样子呢？我无法知道。在我去敦煌的路上，这个问题一直困扰着我的思绪，敦煌的洞子叫千佛洞，洞子一定是矮矮的深深的。我的老家新津有许多蛮洞子(古代的崖墓)，我小时候进去过，里面非常阴暗，我们几个同学一路上也老是议论这一话题，但是总也说不出什么名堂，刚刚过去的千佛崖，多少给了点想象的空间。千佛崖过去不久，江面越来越窄，山崖陡峻，公路是从山腰炸出的，路的里侧和上面都是山岩，另一侧就是下临江水的深渊，公路很窄，勉强可以通过两辆汽车。汽车在转弯的时候还可以看见公路下面山崖上有一排排整齐的方孔，同路的军官告诉我们，那就是古人修的栈道。山高路险，难怪诗人李白有"蜀道之难，难于上青天"的感叹。车在崇山峻岭之间蜿蜒盘旋而上，一会儿又逶迤曲折而下至深谷，峰回路转，两山之间的距离那么近，似乎说话都能听见。我们一行人都自小生活在成都平原，从没有见过这么高的山，这么陡的坡。路窄弯急，我的心也悬得紧紧的。路是抗战期间抢修完成的，道路相当简陋，似乎整天都在大山中迂回爬行。不过秦岭的险峻风光也令人赞叹。我记得在一处山谷中，有一处祠庙掩映在苍松翠柏之间，其间殿阁耸峙，环境十分清幽，很像是神仙洞府。同行人告诉我们，这是张良庙。为了赶路，司机没有让我们下车进去参观一下，真是可惜。

下午车到双石铺，据说这里就是三国演义中的"街亭"。川陕公路到双石铺以后，向北可以到宝鸡，向西北即进入甘肃，经两当、徽县到天水，是川陕甘交通的三岔口。我们乘坐的邮政车的目的地是宝鸡，在这里我们就要和同行四天的司机分手，另找汽车去甘肃了。双石铺是一个很小的镇子，这地方看起来很贫穷，街面上没有一间像样的房子，下车后有人带我们去了一个旅店，实际上是一个小得可怜的鸡毛店。爬了一段很陡的坡进入一个小门，门里没有院子，进门就是几间小屋。旅店的女主人打开一间小屋，进门的两旁各摆着一张床板。床板上没有卧具，我们问有没有好一点的房子，她说都一样。不得已只好将就住下，为了省钱，她们三人住一间，我住在她们隔壁的另一间，两屋之间只隔着很薄的板墙。我们四人都没有出过远门，没有住过这样的旅店，我心里暗暗为安全担心。住的问题勉强解决之后，明天怎么继续向天水前进还是问题。在天黑之前得找到去天水的汽车，经打听双石铺没有汽车站，过路的汽车就停在坡下的茶馆门前。这里地方很小，我很快就找到了茶馆，门前就停着一辆既破又旧的客车，在茶馆里找着了司机，是一个头发花白的小老头，一口川东口音，还是老乡。我向他说明情况，车是从宝鸡到天水的，路线正好。但他说车上人满了，我虽然出门不多，估计他说的不是真话，而是拿架子要我们买黄鱼票(司机私自卖的黑票)。我向他说了些好话，请他帮忙。他问我是干啥的，我说是学生，到甘肃谋生的。他听了很义气地说："看在我们是老乡的份上，明天一早你们就在这里上车。"后来又讲好了车钱，估计他多收了我们的钱，可是后来也给了我们一些方便，"黄鱼"终于是买对了。

　　早上搭上黄鱼车，顺利成行。我们按司机的安排在茶馆门前上车，车出小镇在一个小桥边还有两个"黄鱼"上车。我们的确是受到司机的优待，否则我们还要背着行李跑老远的路。车进甘肃境内，黄土山上草木稀少，景色逐渐变得荒凉。在两当境内又遇到一座小桥被洪水冲坏，正在等待修理。桥边已停了好几辆美国的十轮大卡，还有两个黑人大兵，他们也为不能过河而感到焦急。时过中午，这里也是前不靠村，后不靠店,幸好路边有几个农村小孩向我们兜售煮鸡蛋,我买了几个分着吃了。车过徽县时,街道虽然狭窄,但铺面比较整齐,可能此地较为富庶。车到天水前的一个小站,司机下车为我买了一张短程车票,我不知道是何用意,在快到车站的大街上,司机叫黄文馥她们三个下车步行到车站门口,因为我有一张车票,可以随车进站,就比较安全地在站上卸行李,这又是司机对我们的优待和照顾。当天我们住进一家旅店,据说是公家办的,比较宽敞清洁。经打听从这里有到兰州的班车,但一周只有一班,很不凑巧我们没有赶上,下一班车得等三四天,没有别的办法。好不容易等了四天,终于买到了兰州的车票。

六、到达兰州

车到兰州,我记不起汽车停在哪里,只记得住在邻近省政府的一条街上的惠东旅社。砖砌的门楼,门里有很深的院落,天井也比较窄,院内没有花草树木,感觉有点单调。四川老家凡是四合院,院内的地坪上多少都有点花木,可以增加点生活的情趣,我注意这些事情可能与我的专业有关吧。还是为了省钱,也可能是她们三个觉得不安全,所以四个人仍住一间大房子,一进门是一个大炕,大概长有五米吧,三位女同学住一头,我住另一头,中间摆放着四只箱子及一些杂物,作为我和她们之间的隔断。在华家岭已经睡过一夜的火炕,因为时间匆忙,不知怎样就过去了,在兰州可能要住好多天,所以如何睡炕,引起了我们的议论。上了炕究竟是头向外脚向里还是相反呢,如果是头向外,夜里一旦有小偷进来一下就摸着头了,那太吓人了。经过认真的议论,觉得还是脚在炕的外侧来得安全,于是我们都一律头朝里脚向外,店家看见我们的睡法，就笑话我们。他说："哪有像你们这样的睡法，上了炕还要爬着过去才能睡下，多不方便。"但我们依旧不改，我行我素，就这样在这个店里住了九天。

从成都出来一直到双石铺都是坐邮政车，比较顺利便捷。从双石铺到兰州买"黄鱼"坐班车，也还算顺利。从兰州到敦煌按薛德嘉的安排仍然坐邮政车，一切联系都依靠薛德嘉。为了等候这个班车，在兰州滞留了十天，记不起这十天是如何度过的。我们人生地不熟，也不知道去什么地方玩玩，只是记得到过黄河边上看了铁桥——天下黄河第一桥。给我印象比较深的是街上有许多驴子驮着两个木桶，桶里装的是黄黄的黄河水，沿街叫卖。街道上是土路，大热天尘土飞扬，后来有人告诉我说："兰州是无风三尺土，下雨一街泥"，把当时的兰州形容得恰如其分。

一路上我对饭食印象不深，我们都一样对大饼面条兴趣不大，到哪里都是找小馆吃米饭，在吃的问题上对兰州的印象是瓜果特别好，而且又便宜，好像满街都有卖瓜果的。过去从没有吃过甜瓜，只吃过西瓜，但兰州的西瓜真甜，比成都的西瓜好吃多了。从出门以来我是总管，管钱、管吃、管住。记得有一天，欧阳对我说："孙儒僴，今天我不吃饭，你把钱给我。"我说："为什么？"她说："你不要管，我买瓜吃。"这一天她就是没有吃饭，不知道她吃了多少瓜果。至今欧阳仍然喜吃瓜果，所以她的身体非常健康。在兰州住了六七天之后，才有了邮政汽车的消息。在我们继续西行的前一天，为了找到在"一只船"街的邮政车站，我们从住地出发，出南门一直向东，因为地方不熟，边走边打听，按我的想象"一只船"可能在靠河边的地方，出了城门，已经到了农村，又走了好几公里，好不容易才找到了邮政车站，站里有薛德嘉的熟人，买票乘车的问题很顺利地就解决了。在兰州住了9天之后，终于可以继续向西出发奔向敦煌了，满心欢喜。

七、到达武威

由兰州出发，车上除我们四位同学之外，同行还有三位衣着考究的军官，肩章表明他们都是校官。据他们自我介绍，他们是西北军政长官公署的参谋。因为汽车是崭新的，车行顺利，但车外景色平淡，一直都是丘陵地带。车过永登不久，就开始爬坡，同车的人相告，这里叫"乌鞘岭"，海拔有三千多米，虽是夏季但还是可以看见远山上的雪峰。车子一个劲地爬坡，山顶上凉风习习，山间的民居低矮破旧，山区树木稀少，草也并不丰茂，是那种浅浅地贴着地皮长的小草。汽车走过山区，又进入平原，下午四时前后（我们四位同学都没有手表）到达武威。因为天色尚早，我们到街上溜达。烈日当头，我们所见的城门、城墙和街道上的房屋都是土色，更觉得空气干燥炎热，因为找不到适当的旅店，只好夜宿邮车中。这里白天那么热，而夜间却又十分凉爽。晨起空气清新，又要开始新一天的行程。

八、走向张掖

离开武威县城，一路上还有树木村庄，渐往西行又走上大片的荒原，树木也没有了，草也生长得非常低矮。公路两侧不远处就是山，两山相距只有约几十公里，大概就是河西走廊吧。在满目荒凉中，突然看见一些断断续续的土墙，高 3 米～4 米，绵延几十公里。有时汽车又穿行在土墙之间，同车的军官告诉我们，这些土墙就是长城。我是第一次看见长城，有点半信半疑，这样的土墙，怎么能够抵御敌人呢？真是不可思议。时过中午才到山丹县城，县城很小，找到一个小饭馆吃米饭，一路上我对吃饭印象不深，能有米饭吃就行了，菜简单一点没有关系，目的还是为了省钱。因为我们是自费去敦煌，她们三个是刚毕业的学生，我虽然已经在社会上工作了半年，但时间不长，也没有什么积蓄，所以只得如此。山丹距离张掖不远，在走过一段荒漠地带之后，很快又看见了农村，林木也比较丰茂。据同行的军官们说，这里物产丰富，人称"金张掖"，昨天过去的武威叫"银武威"，都是甘肃的好地方。县城内街道比较整齐，街道两旁的大树参天，透出一种古老的气息。大概是我所学专业的关系，我一路都在观察各地方的房屋建筑，在街面上我看见一种门楼，下层是砖砌的，正中有方形的门道，门的过道较深，过道的两面有很密的排柱，门的顶上也有很密的木枋，与下面的排柱相对应，门道上面有三间小楼，门楼里是巷道，两旁有人家，路过天水时也看见过相似的门楼，但比较大，好像是城门，形象有点特别。

这里人家的房顶坡度比较平缓，也不盖瓦，屋顶上堆放柴火。邻里之间的房顶上设有木栅栏，使邻里之间的房顶不能随便逾越，是一种简单的安全防范设施。这里小饭馆的饭菜较好，价钱也公道，说明这里比较富庶。入夜又住在车上，等到感觉得有点凉意时天已有了曙色。记得四川乡镇上的小旅店，门上挂着一个红灯笼，上面写着"未晚先投宿，鸡鸣早看天"，对出门人来说是非常贴切的对联。

九、酒泉途中遇险

早晨从张掖出发，路途平坦。车过一个叫临泽的小县，顾名思义这里可能有湖泊，但是公路两侧是连绵不断的沙丘。我是第一次看见沙漠，沙丘上生长着一些零星的小草，有些地方沙已经覆盖到公路上了，路的两旁全都是沙，公路已经没有明显的边沿了。我们的车正在行进中，从后面过来几辆国民党的军车，车速很快，超车时紧靠我们擦肩而过，我们的车一再往右边避让，正在一个弯道上，后面又一辆军车接踵而来，在弯道上我们的车被逼出了路边，车轮陷入沙中，车身向外倾斜，车停下来了。我们及三位军官赶忙下车，三位军官连声大骂，并试图拦住后面的军车，但军车没有停下来，依然飞驰而去，一位军官情急之下，拔出手枪再拦后面的军车，并朝天发了两枪，后面的车才停下了，在问明原因之后连声给军官道歉，并说回去以后一定向他们的长官报告，追查肇事的军车，请长官原谅。当然我们也只是有惊无险，事情也就到此为止。好在我们的车陷得不深，经司机的努力车很快就出来了，车子所经之处是愈益荒凉的戈壁，敦煌的情况如何我们谁也不知道，对前途感到渺茫的情绪时时袭上心头。

十、路过嘉峪关

离开酒泉，同行的人告诉我们，前面不远就是万里长城的终点，也可以说是西面的起点。在公路右面的高地上，望见一座整齐的关城，城上有几座城楼，虽然已经很残破了，但是它的整体形象依然巍峨壮观。关城的左右不远都是高山，地势险要。因为要赶路，可惜没有登上关城，只在公路边上远望了一会。同路的军官说："你们没有到过西北，大概没有听说过'一出嘉峪关，两眼泪不干，前望戈壁滩，后望鬼门关'。"我说此话怎讲，他说出了嘉峪关，就更加荒凉了，一二百里地都没有人烟，过去出关的不是当兵吃粮，就是流放他乡，好一点的就是做生意。出了关谁也不知道能不能回来，现在世道也不好，客死他乡的事是常有的，所以一出了关，能不感到悲伤吗？也许我的处境还没有到那种程度，我还没有体会到那样的情感。

这里的戈壁滩上几乎寸草不生，真是越走越荒凉。时过中午，说是快到玉门县了，路边出现成行的大柳树。柳丝在微风中摇曳，树荫下凉风习习，与适才过去的戈壁滩上的荒凉景象恰成鲜明的对比。同路人告诉我们说这就是左公柳。记得当学生的时候，曾唱过一首歌，其中有"左公柳拂玉门晓，塞上春光好，天山融雪灌田畴，大漠飞沙旋落照，沙中水草堆，好是仙人岛"等句子，看来作者是有切身的体会，他没有写沙漠戈壁的荒凉与贫瘠，而是赞赏它的美景。说话之间车到玉门县，在这里午饭休息之后，沿着左公柳走了一段路程，车子走上了更加辽阔也更加荒凉的戈壁。公路在广阔无垠的戈壁上向前延伸，笔直笔直一眼望不到头，天是那么的蓝，蓝得发暗，又是那么的深远，连一丝云彩也没有，是完全的洁净无瑕。我的老家没有这样的天空，四川的天老是阴沉沉、灰蒙蒙的，反差太明显了。正在行进之中，我突然看见车的前方远远的地方出现一片辽阔的水面，湖的那面还有影影绰绰的树丛和小山，水中还有倒影。我真是惊奇不已，大喊起来："快看哪！那边有了湖了！"有位同行的军官说："你别高兴，那不是湖那是瀚海，是戈壁上出现的幻影。是什么原因我也说不清楚，你是永远也走不到那个湖边的。在戈壁上行路人在极为干渴时，如果去追寻那个水面，越追越远，最后只得渴死在戈壁上。"我有点半信半疑，正说话间那片水面真的消失了，这一路虽然没有青山绿水，但是这种浩瀚无垠的大戈壁，也是风光无限。

听说快到安西县了，路过一座木桥，看见河面满宽的，但几乎没有水流，只有一点点浅浅的水。同行的人告诉我说这叫疏勒河，我想这怎么能算是河哩，家乡一条小沟的水也比这里的大。对不起，我的心中总是充满了家乡的一切，事事都要和家乡比一比。我其实还不明白，天地大得很，我是孤陋寡闻，见过的事物实在是太少了。过了河很快就到安西县，远远地有一片矮矮的土城墙，城外没有街道，也没有树木，车进到城里，我们又要告别邮政车了，它在小邮局卸下邮包之后，明天将继续西去新疆，我们将在这里另外寻找汽车转道敦煌，跋涉了千山万水，总算离敦煌只有一步之遥了。

安西城很小，似乎只有一条街道，街上行人稀少，房屋低矮也显得破旧，在县政府的一侧有一个旅店，据说原来是新生活运动委员会办的，里面没有多少房子，已经住了一些客人，还有一辆老羊毛卡车（这是我新学到的知识，据说抗日战争时期，苏联用这种车子运军火援助我国，回去时拉上羊毛，因此得名）。明天去敦煌，我急着找司机，但他说车已经装满了。我缺少经验，不知道如何进一步和司机交涉，听说错过了这班车，就得等到下一个星期。正在为难之际，有一个中年人主动和我们交谈，并自我介绍他叫黎雄才，我知道他是有名的国画家，我在成都还看过他的展览，所以我也告诉他我们的情况。当他知道我们在找车去敦煌，主动帮助我们联系好了车，真是雪里送炭啊！明天就可以到达目的地了，我们都非常高兴。听说安西是"一年一场风，从春刮到冬"，意思是天天都在刮风，听说这里是风库，但愿明天不要刮风，使我们能顺利到达敦煌。

十一、到达敦煌

今天心情特别振奋，从安西出发，离县城不远，虽然风不是很大，但流沙像水一样贴着地面流动。公路上全是流沙，路已经看不出形式了，路的两旁全是沙堆，公路曲曲弯弯地向前伸展，汽车在沙中吃力而缓慢地前进。不知经过了多少公里，公路转了一个大弯，风的影响小了一些。中午，才到一个令人感兴趣的地方——甜水井。路边有一座很破旧的房子，周围堆着成堆的牛马粪，路的另一边有一口井，司机用桶从井里提水给汽车水箱加水，水很清澈。我问司机水是不是甜的，司机说："你喝一点尝尝。"我用手捧起一点水喝了一口，受到怪味的刺激，连忙吐了。井水又苦又涩，还有一股腥味，我从来没有喝过这样难喝的水。我问司机："这么难喝的水为什么叫甜水？"司机说："西北都是这样，大概是人们的良好愿望吧。"他说得有道理。这天是阴天，避免了烈日的暴晒，但是过了甜水井，天下起了小雨，汽车没有棚布，只好冒雨前进，后来衣服全湿透了。有一段公路行走在草滩上，车行十分颠簸，说话间车子很厉害地颠了一下，几件行李被抛了起来，又掉到了车外，幸好人都安全，只是吃了一惊。过此以后，远远地已经看见绿树和村庄了。根据几天来的经验，有了树木村庄，离城镇就不会太远了，敦煌在望了。当经过一段村庄之后，在绿树掩映之间我们看见了一段城墙，车进东门，街道虽不很宽，商铺倒也整齐。我们的联系地点是甘肃省银行敦煌县支行。在东街上找到了银行，经过联系，主人把我们迎进客厅，后来出来一位身材高大，身着灰布长衫，衣冠楚楚的中年人。经过介绍，他是银行的行长，他很客气地和我们寒暄一阵，表现出官场上的客套。晚上行长陪同我们吃晚饭，饭间我问行长我们什么时候去莫高窟，他说莫高窟离县城还有四五十里路，今晚先住下，明天再想法上山。我说上什么山，他回答说去莫高窟就简单地说上山，是这里的习惯。夜间我同一位银行职员同住一屋。闲谈一阵，我问他，莫高窟好不好。他说怎么说呢，那里就是一些佛爷、菩萨，看不懂也没啥意思。说实在的，从我决定到敦煌，我就开始考虑莫高窟究竟如何，这里给我做什么工作，我能做好吗？这些一直是我心中的悬念，现在莫高窟近在咫尺，很快就知道答案了。

十二、奔向莫高窟

今天是 9 月 15 日，从离开成都算起已经有一个月零三天了，带着悬念和希望开始关键的一天。这里天气很好，清晨凉爽宜人，就是觉得空气非常干燥，嘴皮都干裂了。我在街上溜达了一圈，我们住的地方是东街，可能是敦煌的繁华地段，早晨街上行人不多，商铺向外有很深的廊子，实际就是日常做生意的地方。这时店家的伙计们正在廊子里和街面上洒水，打扫卫生。又在银行吃早饭和午饭，我们和银行没有任何交往，这样的招待当然是研究所常书鸿先生的特意安排。午后，听说研究所来人接我们了，银行门外有几头驴子。说实在的，在四川西部没有这种牲口，我只在街上看见过一个卖膏药的走方郎中，牵着一匹又矮又瘦的驴子，非常可怜，现在竟要我骑在它的背上，真有趣！后来才知道，驴子是为我们驮行李的，有汽车来接我们。过不多久，银行门口来了一辆军用小吉普，向行长告辞之后，吉普车拉我们四位同学奔向莫高窟。路过一片农村之后，转向山间前进，路面不好，小车在颠簸中行进，有一段公路地势较高，远远望见一小片绿树丛。司机说，那就是千佛洞，远远的那一片绿色虽然是希望，但是它太小了，虽是惊喜又有点失望。司机不断地告诉我们千佛洞的情况，但我顾不上问他，只顾去看山崖上密密麻麻的小洞。不远处的绿树丛中露出一座红色的高楼，我们几个同学大声地喊着："到了，到了。"车子越过一片河滩，上了段小坡，转过一片小房，停在一座小庙的门口。门上的匾额上有"雷音禅林"四字，旁边还挂着"国立敦煌艺术研究所"的牌子。车一停稳，院子里陆陆续续地出来一些中年人及青年人。其中我认识范文藻，他是我们艺专的学长，经他介绍我认识了段文杰、霍熙亮，他们一行人把我们带到办公室，见到了我们久仰的常书鸿先生。常先生红光满面，气宇轩昂，一派学者风度。小小的会议室，一时热闹非常，一片寒暄之声。

一个多月的旅途，一个多月的辛苦结束了，总算到了敦煌——我们的目的地。晚饭之后，我们的行李由驴子驮回来了。一位高高的青年安排我们的住处，宿舍是一排低矮的房屋，我的邻居一侧是曾在艺专任教的霍熙亮先生，另一侧是刚见面的段文杰先生，三位女同学住在宿舍的另一头。宿舍不大，约十平方米，门窗做得比较简陋，不过窗户上是新糊的白纸。窗下有一个土桌子，靠后墙的主要位置有一个土炕，后墙的正中开着一个小通风窗，后墙另一侧墙上有一个壁橱，地面也是土地，屋顶上的檩条和椽子都是新新的，上面铺着席子，虽粗糙却也简洁清爽。炕边有一张小桌，有两个抽屉，这就是我们日常工作的地方。土桌上有一把茶壶，两个小茶杯，一盏有玻璃灯罩的煤油灯，壁橱旁墙角有脸盆架，脸盆是自己带来的。我的行李非常单薄，只有安顿下来再说。当天晚饭后，在饭厅闲话途中见闻，回到宿舍赶快书写报平安家信，因为长途旅行到达目的地之后，心情放松了，顿感疲乏，上炕以后坦然入睡，睡梦之中叮咚之声不绝于耳。天色未明，鸡鸣四起，从此开始了我的敦煌生涯，走向未知的未来。

我之所以走上敦煌路，是因为常书鸿先生的招聘，常先生已经离我们远去了，2004年是他的百年诞辰，特撰此文寄托对常先生的怀念。

2003年5月初稿于莫高窟二号公寓楼，8月改于兰州。

（原载《敦煌研究》2004年第3期）

"发蕴钩沉搜劫烬，长将心力护春华"^(注)
——常书鸿所长与石窟保护

敦煌研究院建院已经六十年了，谈到建院不能不想到常书鸿先生，今年是常书鸿所长诞辰一百周年，先生离开我们已经十周年了，现在我们在这里集会纪念常书鸿先生，缅怀他为敦煌事业所作的奉献，缅怀他几十年风风雨雨，历尽艰辛，艰苦奋斗，为祖国为人民研究和保护敦煌石窟的精神，希望后来者沿着他开创的敦煌事业，更加坚定、更加奋发地把敦煌事业继承下去，我想这可能是举办这次纪念活动的初衷之一。

我是 1947 年应常先生的招聘到敦煌工作的，很长时间都是在常先生的直接领导和影响下进行建筑史料的收集和石窟保护工作的，所以我就从这方面谈谈我的感受，表达对先生的深切怀念。

常书鸿先生是学者，同时也是知名的大画家，他虽然开创的是敦煌艺术研究所，但他在几十年的敦煌生涯中，始终把石窟保护放在他工作的重要日程上，并给予相当的关注，甚至有时倾注全部的精力。1943 年春，常先生初到敦煌，他不顾生活的困难，在没有经费，缺少人员的条件下开展多方面的石窟保护工作，当时由他主持的前期保护工作主要有以下几个方面：

注：邓拓先生为常书鸿先生的题词为"危崖千窟对流送，廿载辛劳万里家，发蕴钩沉搜劫烬，长将心力护春华"。

一、修建莫高窟围墙

修建保护石窟的围墙是常书鸿先生 1943 年初到敦煌做的第一件保护工作，于当年秋天完成，围墙范围包括南区石窟的第 131 窟南侧起沿窟前到达上中寺之间的一道大车门前（上寺在围墙外），又从中寺后院南墙向东到河岸前，折而向北至下寺北面再折向第 1 窟。现在第 1 窟以北的山坡上还保留着围墙终端的一道门。

围墙高度约 2 米，厚约 50 厘米，全长约 1000 米。围墙基本上是就地取土夯筑而成。在当时的条件下，修筑 1000 米围墙的艰难程度是难以想象的。围墙的完成加强了石窟区的管理，防止牲畜进入窟区，毁损林木，但围墙有一个更重要的象征意义，它明确宣告莫高窟有了保护机构，再也不能任人随意破坏了。当我到莫高窟时，看到的是完整的围墙。

二、开展各种治沙试验

20 世纪四五十年代，石窟前堆积了很多流沙，南区从第 131 窟到第 153 窟流沙堆积五六米高，直到石窟的底部，第 129 窟到第 109 窟流沙堆积到了石窟门口，第 108 窟到第 100 窟流沙已经封堵了窟门，从第 79 窟到第 21 窟流沙普遍比下层石窟高，这一段石窟中的多数石窟，特别是大型石窟如第 76、61、55、53 等窟的窟门都被流沙封堵了，第 71—46 窟一段还有不少的大沙堆比下层石窟的窟门高。经常要用人工把窟门外的沙子清开，否则下层石窟都进不去。有人提出用水冲沙，这种办法就是把大泉的水引到窟前，并用土堆筑几十厘米高的小坝，等水聚高以后，突然放水冲沙，沙堆可以削去一些，但是沙并没有流去多远，只是把它平摊到大范围的树林中了。这个办法用了一段时间后发现作用不大就停止了。1946年以后开始在石窟的崖边上修建防沙墙，第196窟、233窟及第256窟几处重点流沙处相继修建了防沙墙，土坯结构，墙高约150厘米，防沙墙的作用在于把流送聚集在墙的后面，减少经常的流沙，但过上一年两年，防沙墙后面的被流沙填满之后，如不及时清除，流沙就溢出墙外，防沙墙就失去作用了；但当时限于对治沙的认识，虽是消极的但多少起到些控制作用。20世纪50年代，敦煌文物研究所始终把防沙治沙作为石窟保护的重点工作，但是苦于对治沙缺少理论的指导和实践的借鉴，当时只是凭着对石窟保护的热情从事这项工作。1954年秋天，所里邀请了敦煌地方上一些老先生座谈石窟保护及有关问题，敦煌名士任子宜先生又提出在石窟崖边上修建防沙墙的建议，实际上1954年已经计划在流沙严重的几处如第372、412、326、256、205、182、194窟，以及第156窟附近的崖头上修建防沙墙，这几处都是流沙比较严重的地段，每一处防沙墙的长度大约有15米，其中第412窟的防沙墙长20米以上。

防沙墙全是土坯砌成，高约1.5米，墙的两面用草泥塓抹，上述几处防沙墙相继在1954至1955年完成，防沙墙所用的土坯是在莫高窟就地取土拓成的，砌墙的泥土也是就地取土，取土的地点在靠近中寺的一些较高地段。

为了让防沙墙能继续起到防沙的作用，人们在防沙墙的底部每隔两三米打一个洞，把防沙墙后面拦蓄的流沙放下来。在放沙的时候，防沙墙上面还得有工人把沙推向流沙孔，流沙的时候沙尘四处飘扬，附近的洞窟也受其影响。为了有控制地下流，用帆布缝成直径30多厘米的布筒，长约20米，布筒的上口紧靠在防沙墙的流沙孔上，下面固定在离洞窟较远的地方，用三脚架固定起来，这样流沙可以有控制地流向一定的地方，集中成很大的沙堆，这样可以较为方便地用牛车运走。但是好景不长，流沙筒很快就被流沙磨蚀得千疮百孔，这种清沙的办法还是比较可行的，只是在当时经费困难的条件下，经常更换帆布流沙筒是有一定困难。这些防沙墙后来在石窟加固工程期间陆续被拆除了。

三、挖防沙沟

在修防沙墙的后期，为了进一步防沙，1955 年 3 月 16 日开始，又在洞窟山顶上的平坦处开挖防沙沟，到 4 月 4 日共挖沟 1014 米，沟深 100 厘米、宽约 150 厘米，（这 1000 米长的防沙沟用工 471 个），挖起来的沙砾堆在沟的东面，目的也是拦蓄流沙，和洞窟崖头的防沙墙作用相同。1955 年相继完成了防沙墙和防沙沟，大概在两三年之间洞窟流沙的情况是减轻了。后来防沙沟也被流沙填满了，后来干脆把它填平了，现在山顶上还能隐约看见它的痕迹。以上介绍的虽然不是治沙的成功经验，但是说明常书鸿所长坚韧不拔地进行治沙时所遇到的困难与困惑。

虽然治沙防沙不是十分有效，20 世纪五六十代用了相当的人力和经费清除窟前堆积的上万立方米的流沙，却完成了一项重要的基础工作，为日常研究和保护工作创造了条件。

四、修建石窟之间的临时通道

敦煌艺术研究所成立之前，上几层石窟是很困难的，据说张大千为了上第 161 窟，搭了一个蜈蚣梯上去了，但是不敢下来，为了等待人们的帮助，这期间他在甬道北面用土红颜料画了一幅大胡子自画像，至今尚存。还有第196窟得从山顶上下来，为了解决石窟之间的交通问题，王圆箓把石窟之间的南北壁打通作为通道，破坏了大量的壁画，现在二层以上的石窟普遍如此。举例说吧，从第428窟可以通过洞窟之间的穿洞一直到达三层楼，从第285窟可以穿到第317窟。下层洞窟通往二层及二层通往三层的垂直交通，往往利用藻井较薄的部位向上打洞，从第72窟的藻井上打洞通到第254窟中心柱的北侧，第257窟中心柱的北侧有洞向上通到第258窟，第263窟窟顶打洞通到第264窟，第442窟西壁有洞通到第446窟，这个洞比较大且有台阶上下。之所以烦琐地举这些例子，是想说明敦煌艺术研究所建立之初，连上洞窟工作都是非常困难的，下层洞窟被沙封堵，上层洞窟之间没有通道，一切都得从零开始。

　　我是1947年到敦煌的，我来的时候，洞窟之间的交通已经基本改观了，举例说吧，前面说的第161窟已经有了简单的走道；第194窟到第196窟修了十多米长的走廊及台阶；第249窟到251窟；第259窟到263窟；第315窟到320窟、第276窟至280窟原来都没有通道，后来都就地取材因陋就简地修建了走廊，可以比较方便和安全地上下洞窟了。上面说的这些走廊通道在20世纪50年代都重新作了翻建，看起来稍为整齐和美观一些，也更为坚固一些。20世纪60年代进行加固工程时又全部拆除了。

五、安装洞窟门

　　原来洞窟是否有门不得而知，常书鸿先生为了保护洞窟，对一部分具有代表性的洞窟如第428、61、98窟等都安装了洞窟门，大部分是下层洞窟，因为没有经费，常先生在敦煌县城动员士绅官商们做功德捐献窟门，大概做了大小不等的几十副洞窟门。这些窟门一直使用到 20 世纪 60 年代加固工程时才被拆除。

上面提到的 1949 年前后的石窟保护工作都是在缺少经费、材料的情况下由老所长常书鸿先生亲自策划和领导下完成的。

1958 年常老调兰州任兰州艺术学院院长，1962 年艺术学院撤销，常老又担任甘肃省文联主席，但仍然兼任敦煌文物研究所所长，因为要兼顾两地，他在敦煌的时间就相对少了，但只要他在敦煌，总要上洞子察看保护情况。1958 年秋，试验性加固工程还在施工，他一回来马上就到工地查看情况。1963 年到 1966 年进行大规模的石窟加固，对工程设计方案的现场讨论，他几乎都在场参加讨论。几年之间加固工程共投入上百万元，这在当时是一笔较大的经费，但常老从没有借机挪用一点，改善我们的工作和生活条件。20 世纪 70 年代有人问我："你说常所长名气那么大，为什么二三十年研究所就没有修一点像样的房子？"这一点我比较清楚，当时国家经济比较困难，20 世纪五六十年代除了正常经费和石窟维修经费之外，基本上没有多少基建费，石窟维修经费常老从来不挪作他用。还从业务经费中节约一些钱修了一些业务用房，但都是因地制宜的土坯建筑，这些房子现在逐渐都拆掉了，而他的住房（寺院的老房子）一直维持了几十年，现在还是老样子。现在我们看见常老的故居，对常老艰苦奋斗的一生不能不由衷地感到敬仰和怀念。

上面谈的只不过是常老在石窟保护方面做了一些力所能及的工作，有些工作虽然简单，如壁画的边沿加固，做得很及时，保证了壁画的安全，是一些基本和基础的工作。在石窟保护工作中一些原则是当时定下来的，非常重要，这里我着重说说：不管是敦煌艺术研究所还是敦煌文物研究所，壁画临摹都是当时的重点业务，制作画稿是临摹的第一步，也是关键的一步。听说张大千在20世纪40年代初在敦煌临摹壁画，就是在壁画上直接印摹画稿，当时缺少透明纸，就用普通纸涂上煤油使其透明，然后覆盖在壁画上印摹画稿。用这种方法摹印画稿可能使壁画受到损失。常老创办研究所以后，摒弃了这种不好的临摹方法，改为素描起稿，以后又发展为用幻灯放稿的方法。这成为研究院美术工作长期遵循的准则。

在洞窟内进行各种修缮活动中，不能修改壁画和塑像，要保持文物的原状，虽然还没有明确提出"修旧如旧"的原则，但实际是这样做的。我们从没有对壁画塑像进行过画蛇添足的修补工作，对古代壁画进行修补改画中外不乏这种例子，意大利文艺复兴时期达·芬奇的作品《最后的晚餐》历史上就做过多次补画，莫高窟历史上也不断地对壁画涂抹重画，这一点看似简单，实际上正反映了常老对待文物认识的高水平，也是我们长期石窟保护的工作准则。1987年，在莫高窟申报世界文化遗产名录的过程中，联合国教科文组织派来莫高窟考察的专家，对莫高窟保存这么多珍品近几十年的保护工作中竟没有作过修补，他们感到十分惊奇。这些重要的原则也是在常老领导期间确立的，成为我们长期共同遵守的准则。

以上事例说明常老深爱着莫高窟，深爱着祖国的文化，深爱着祖国。他为我们树立了楷模，让我们踏着常老的足迹，跟随着他开创的敦煌事业，坚定地走下去，使敦煌文化更加发扬光大。

（注）邓拓先生为常书鸿先生题词"危崖千窟对流沙，廿载辛劳万里家。发蕴钩沉搜劫烬，长将心力护春华"。

（原载《2004年石窟研究国际学术会议论文集》）

后 记

在敦煌从事石窟保护工作 40 多年，应该有一些成果。可是在我中青年精力正旺盛的年代，走的却是十分坎坷的道路。所幸 20 世纪 80 年代以后，虽然已经到了晚年，仍力争做了点工作，但也算不上什么成绩。这本小册子的内容大多都是退休以后的东西，是我工作和生活的经历，借此对一生在莫高窟从事石窟保护工作做个交代，仅此而已！

这本小册子能够出版，有赖于敦煌研究院诸位先生的帮助。近年来我以多病之身，文章及图版的搜集整理、插图的绘制全靠我女儿孙毅华的努力，一并在此致谢！

孙儒僴

2007 年元月于兰州